高士其（摄于 1949 年）

生命啊
你是一隻神鳥
你的運動
是飞翔和歌唱
你是一頭野兽
你的運動
是奔跑和追逐
生命啊
運動是你的理想
一切希望
在于運動

高士其手迹

高士其
科普作品精选

高士其◎著

中国科学技术协会◎组编

科学普及出版社

·北　京·

图书在版编目（CIP）数据

高士其科普作品精选 / 高士其著，中国科学技术协会组编 . -- 北京 : 科学普及出版社 , 2025. 9.
-- ISBN 978-7-110-10829-1
Ⅰ . Z228
中国国家版本馆 CIP 数据核字第 202457VS97 号

策　　划	申永刚　高立波	**责任编辑**	王　菡　夏凤金
封面设计	今亮后声 · 闫磊	**版式设计**	蚂蚁设计
责任校对	张晓莉	**责任印制**	徐　飞

出　　版	科学普及出版社
发　　行	中国科学技术出版社有限公司
地　　址	北京市海淀区中关村南大街 16 号
邮　　编	100081
发行电话	010-62173865
传　　真	010-62173081
网　　址	http://www.cspbooks.com.cn

开　　本	787mm × 1092mm　1/16
字　　数	252 千字
印　　张	20.5
版　　次	2025 年 9 月第 1 版
印　　次	2025 年 9 月第 1 次印刷
印　　刷	北京博海升彩色印刷有限公司
书　　号	ISBN 978-7-110-10829-1 / Z · 281
定　　价	88.00 元

本书编委会

主　任　贺军科

副主任　王进展

委　员（按姓氏笔画排序）

王　挺　王大鹏　宁方刚　李红林　沈林芑

宋玉荣　张利洁　陈　玲　周少敏　庞晓东

秦德继　符晓静　谭华霖

出版说明

高士其先生的科普作品创作于 20 世纪 30 年代至 80 年代，本书精选了其中的 48 篇。受当时科学认知水平的限制，作品中部分表述和内容与当今的科学知识存在差异。例如，早期对微生物的研究方法和一些科学概念的表述，随着现代科学技术的发展，已经发生了显著变化。为保证本书在科学上的准确性，兼顾作品的完整性，我们对个别表述作了必要的注释，并在文中以脚注形式标明。对未注释之处，也希望读者结合作品创作的时代背景加以理解。同时，随着时代的发展，一些科技名词、专有名词也有所变化，为方便读者查阅和理解，我们整理成了相关名词的旧称、现称对照表。此外，大部分作品标注了写作时间，以便读者了解作品的创作背景。其余作品未能查明确切写作时间，未予标注，敬请读者谅解。

本书编辑组

2025 年 5 月

前　言

科技兴则民族兴，科技强则国家强。我们党始终高度重视科普事业发展，把科普工作作为一项长期的战略任务，发挥其在推动社会主义现代化建设中的重要作用。党的十八大以来，以习近平同志为核心的党中央高度重视科普工作，习近平总书记提出“科技创新、科学普及是实现创新发展的两翼，要把科学普及放在与科技创新同等重要的位置”，强调“科学普及是实现创新发展的重要基础性工作”“要加强国家科普能力建设，深入实施全民科学素质提升行动”。《中华人民共和国科学技术普及法》《全民科学素质行动规划纲要（2021 — 2035年）》《关于新时代进一步加强科学技术普及工作的意见》等一系列法律与政策的相继出台，为科普工作注入了强大动力，使其焕发出前所未有的蓬勃生机，有力推动了科普事业的高质量发展。

高士其先生是我国著名的科学家、科普作家，是中国科普事业的先驱和奠基人。他在身陷病痛折磨、几近瘫痪的苦厄逆境中，仍以坚如磐石的信念和百折不挠的坚韧，倾心铸就了一大批兼具科学严谨与趣味盎然、思想深邃而语言质朴、通俗性突出、叙事手法灵活多样、科学与人文交相辉映的科普佳作。他累计数百万字的作品，涉及生物学、医学、物理、化学等诸多领域，其内容从人们日常可感可见的辽阔大海、葱郁森林、肥沃土壤、五谷粮食、缭绕烟火到肉眼不可见的时间流转、微妙气味、超声波探秘、奇妙梦境乃至微生物世界“小宝宝”真菌、“小人国里的居民”细菌，等等。他以独特的文笔和深邃的科学见解，将复杂的科学知识转化为通俗易懂的文字，让无数读者在阅读中领略科学的魅力。

即使在今天，高士其的科普作品仍具有独特的时代价值。当我们再次翻开高士其的科普作品时，依然能够感受到那份来自心灵的科学交流和知识启迪。他的作品不仅是对科学知识的普及和传播，更是对人类智慧和文明的传承与弘扬。

2025年适逢高士其先生120周年诞辰，我们策划出版《高士其科普作品精选》，以此纪念这位在科普领域独树一帜、深深影响了几代中国人的科普先驱。此书不仅承载着对高士其先生的深切缅怀，更是一次对其科普创作生涯的回顾与致敬。

《高士其科普作品精选》秉持“优中选优、精益求精”的原则，在全面整理高士其毕生科普作品的基础上，精选出最具代表性、经典性、科学性与时代感的佳作。我们相信，本书的出版，不仅能为公众提供一份珍贵的原创优质科普读物、引领他们走进科学的殿堂、感受科学的魅力，同时也为各相关领域的科普创作者和科技工作者提供科普指引和有益借鉴，激励他们创作精品力作，推动科普事业迈向新高度。

目录

人与健康

人与自然

生命的奥秘

菌儿自传

我的名称

这一篇文章，是我老老实实的自述，请一位曾直接和我见过几面的人笔记出来的。

我自己不会写字，写出来，就是蚂蚁也看不见。

我也不曾说话，就有一点声音，恐怕苍蝇也听不到。

那么，这位笔记的人，怎样接收我心里所要说的话呢?

那是暂时的一种秘密，恕我不公开吧。

闲话少讲，且说我为什么自称作“菌儿”。

我原想取名为“微子”，只是中国有位古人已经用过了这名字，而且我嫌“子”字有点大人气，不如“儿”字谦卑。

自古中国的皇帝，都称为天子。这明明要挟老天爷的声名架子，以号召群众。古来的圣贤名哲又都被尊为子，什么孔子、老子、庄子、孟子……真是“子”字未免太名贵了，太大模大样了，不如“儿”字来得小巧而逼真。

我的身躯，永远是那么幼小。人家由一粒细胞出身，能积成几千，几万，几万万。细胞变成一根青草，一把白菜，一株挂满绿叶的大树，或变成一条蚯蚓，一只蜜蜂，一头大狗、大牛，乃至于大象、大鲸，看得见，摸得着。我呢，也是由一粒细胞出身，虽然分裂得格外快，格外多，但只恨它们不争气，不团结，所以变来变去，总是那般一盘散沙似的，孤单单的，一颗一颗，又短又细又寒酸。惭愧惭愧，因此今日自命作“菌儿”。为“儿”的原因，是因为小。

至于“菌”字的来历，实在很复杂，很渺茫。屈原所作《离骚》中，有这么一句：“杂申椒与菌桂兮，岂惟纫夫蕙茝。”这里的“菌”，是指一种香木。这位失意的先生拿它来比喻贤者，以讽刺楚王。我的老祖宗，有没有那样清高，那样香气熏人，也无从查考。

不过，现代科学家都已承认，菌是生物之中一大类[①]。菌族菌种，很多很杂；菌子菌孙，布满地球。你们人类所最熟识者，就是煮菜煮面所用的蘑菇等真菌，那些像小纸伞似的东西，黑圆圆的盖，硬短短的柄，实是我们菌族里的大汉。当心呀！勿因味美而忘毒，那大菌，有的很不好惹，会毒死你们贪吃的人呀。

至于我，我是菌族里既小又轻的一种。小得即使你们肉眼看得见灰尘的纷飞，却看不见我也夹在里面飘游；轻得我好几十万挂在苍蝇脚下，它也不觉着重。真的，我比苍蝇的眼睛还小，不到它的千分之一；比顶小一粒灰尘还轻，不够它的百分之一。

因此，自我的始祖，一直传到现在，在生物界中，混了这几十亿年，没有人知道有我。大的生物，都没有看见过我，都不知道我的存在。

不知道也罢，我也乐得过着逍逍遥遥的生活，没有人来搅扰。天晓得，后来偏有一位异想天开的人，把我发现了，我的秘密，就渐渐地泄露出来，从此多事了。

这消息一传到众人的耳朵里，大家都惊慌起来，觉得我比黑暗里的影子还可怕。然而始终没有和我对面会见过，仍然是莫名其妙，恐怖中总带着半信半疑的态度。

---

① 细菌和真菌虽然名称中都有“菌”字，但它们在生物分类上差异巨大，前者是原核生物，后者是典型的真核生物。

“什么‘微生虫’？没有这回事，自己受了风，所以肚子痛了。”

“哪里有什么病虫？这都是心火上冲，所以头上脸上生出疖子疔疮来了。”

“寄生虫就说有，也没有那么凑巧，就爬到人身上来，我看，你的病总是湿气太重的缘故。”

这是我亲耳听见过三位医家对三位病家所说的话。我在旁暗暗地好笑。

有些传统观念中，病不是风生，就是火起，不是火起，就是水涌上来的，而不知冥冥之中还有我在把持活动。

因为冥冥之中，人们看不见我，所以又疑云疑雨地叫道：“有鬼，有鬼！有狐精，有妖怪！”

其实，哪里来的这些魔物，他们所指的，就是指我，而我却不是鬼，也不是狐精，也不是妖怪。我是真真正正、活活现现、明明白白的一种生物，一种非常小的生物。

既也是生物，为什么和人类结下这样深的大仇，天天害人生病，时时暗杀人命呢？

说起来也话长，真是我有冤难申，在这一篇自述里面，当然要分辩个明白。那是后文，暂搁不提。

因为一般人，没有亲见过，关于我的身世，都是出于道听途说，传闻失真，对于我未免胡乱称呼。

虫，虫，虫——寄生虫，病虫，微生虫，都有一个字不对。我根本就不是动物的分支，当不起“虫”字这尊号。

称我为寄生物，为微生物，好吗？可这又太笼统了，配得起这两个名称的，又不止我这一种。

唤我作病菌，对不对？那只是我的罪名，致病并不是我的职业，只算是我非常时期的行动，真是对不起。

是了，是了，细菌是了。那固然是我的正名，却有点科学绅士气，不合于大众的口头语，而且还有点西洋气，把姓名都颠倒了。所以我自愿称作“菌儿”。以后你们如果有机缘和我见面，请不必大惊小怪，从容地和我打一个招呼，叫声“菌儿”好吧。

我的籍贯

我们姓菌的这一类，多少与植物不大一样。

植物是有地方性的，这也是为着气候的不齐。热带的树木，移植到寒带去，多活不成。你们一见了芭蕉、椰子之面，就知道是从南方来的；荔枝、龙眼的籍贯是广东与福建，谁也不能否认。

我菌儿却是地球通，不论是地球上哪一个角落里，只要有一些水汽和“有机物”，我都能生存。

我本是一个“流浪者”。像游牧部落，逐着水草而搬移。

我又是大地上的清道夫，替大自然清除腐物烂尸，全地球都是我工作的区域。

我随着空气的动荡而上升。有一回，我正在天空四千米之上飘游，忽而遇见一位满面胡子的科学家，驾着氢气球上来追寻我的踪迹。那时的我身轻不能自主，被他收入一只玻璃瓶子里，带到他的实验室里去受罪了。

我又随着雨水的浸润而深入土中。但时时被大水所冲洗，洗到江河湖沼里面去了。那里的水，我真嫌太淡，不够味，往往不能得一饱。

犹幸我还抱着一个很大的希望，希望娘姨大姐、贫苦妇人，把我连水挑上去淘米洗菜，洗碗洗锅；希望农夫工人、劳动大众，把我一口气喝尽了：希望由各种不同的途径，到人类的肚肠里去。

人类的肚肠，是我的天堂，
在那儿，没有干焦冻饿的恐慌，
那儿只有吃不尽的食粮。

然而事情往往不如意料的美满，这也只好怪我自己太不识相了，不安分守己，饱暖之后，又肆意捣毁人家肚肠的墙壁，于是乱子就闹大了。那个人的肚子，觉着一阵阵的痛，就要吞服蓖麻油之类的泻药，或用灌肠的手续，不是油滑，便是稀散，使我立足不定，这么一泻，就泻出肛门之外了。

从此我又颠沛流离，如逃难的灾民一般，幸而不至于饿死，辗转又归到土壤了。

初回到土壤的时候，一时寻不到食物，就吸收一些空气里的氮气和土壤中的氮元素，以图暂饱。有时又把这些氮合成了硝酸盐，直接和豆科之类的植物换取别的营养料；有时遇到了鸟兽或人的尸身，那是我的大造化，够我几个月乃至几年的享用了。

天晓得，20世纪以来，美国的生物学者渐渐注意到伏于土壤中的我。有一次，被他们掘起来，拿去化验了。

我在化验室里听他们谈论我的来历。

有些人就说，土壤是我的家乡。

有的以为我是水国里的居民。

有的认为我是空气中的浪子。

又有的称我是他们肚子里的老主顾。

各依各人的实验所得而报告。

其实，不但人类的肚子是我的大菜馆，人身上哪一块不干净，哪一块有裂痕伤口，哪一块便是我的酒楼茶店。一切生物的身体，不论是热血或冷血，也都是我求食借宿的地方。只要环境不太干，不太热，我都可以生存下去。

干莫过于沙漠，那里我是不愿去的。干之外再加以防腐剂，我就万万不敢去了。埃及古代帝王的尸体，所以能保藏至今而不坏者，也就为着我不能进去的缘故。

热到了 60℃以上，我就渐渐没有生气；一到了 100℃的（水的）沸点，我就基本没有指望了（但有一些耐热性强的杆菌或芽孢仍可以生存）。我最喜欢的是热血动物的体温，那是在 37℃左右罢。

热带的区域，既潮湿，又温暖，所以我在那里最惬意，最恰当。因此又有人认为我的籍贯，大约是在热带罢。

在很多的猜想中，有一位欧洲的科学家站起来说，说是我应属于荷兰籍。

说这话的人的意见以为，在 17 世纪以前，人类始终没有看见过我，而后来发现我的地方，却在荷兰国，德尔夫市政府一位看门老头子①的家里。

这事情发生于 1675 年。

这位看门先生是制显微镜的能手。他所制的显微镜，都是单用一片镜片磨成，并不像现代的复式显微镜那么笨重而复杂，而他那些镜头的放大力，却也不弱于现代科学家所用的。我是亲尝过这些镜头的滋味，所以知道得很清楚。

这老头儿，在空闲的时候，便找些小东西，如蚊子的眼睛，苍蝇的脑袋，臭虫的刺，跳蚤的脚，植物的种子，乃至于自己身上的皮屑之类，放在镜头下聚精会神地细看，那时我也杂在里面，有好几番都

① 德尔夫市即今荷兰代尔夫特市。所谓“看门老头子”是指荷兰显微学家列文虎克（1632—1723），他改进了显微镜，是微生物学的开拓者。

险些被他看出来了。

但是不久，我终于被他发现了。

有一天，是雨天吧，我就在一小滴雨水里面游泳，谁想到这一滴雨水就被他寻去放在显微镜下看了。

他看见了我在水中活动的影子，就惊奇起来，以为我是从天而降的小动物，他看了又看，疯狂似的。

又有一次，他异想天开，把自己的齿垢刮下一点点来细看，这一看非同小可，我的原形都现于他的眼前了。原来我时时都伏在那齿缝里面，想分吃一点“入口货”，这一次是我的大不幸，竟被他捉住了，使我族几千万年以来的秘密，一朝泄露于人间。

我在显微镜底下，东跳西奔，没处藏身，他眼也看红了，我身也疲乏了，一层大大厚厚的水晶上，映出他那灼灼如火如电的目光，着实可怕。

后来他还将我画影图形，写了一封长长的信，报告给伦敦“英国皇家学会”。不久消息就传遍了全欧洲，所以至今欧洲的人，还有以为我是荷兰籍者。

老实说，我既是这边住住，那边逛逛，飘飘然而来，渺渺然而去，到处是家，行踪无定，因此籍贯实在有些决定不了。

然而我也不以此为憾。我这小小的生物，素来不大为人们所注视，又哪里有记载可寻，历史可据呢！

不过，我既是生物中的小玲珑，自然也有个根源，不是无中生有，半空中跳出来的。那么，我的籍贯，也许可从生物的起源这问题上寻出端绪来吧！但这问题并不是一时所能解决的。

我的家庭生活

我正在水中浮沉，空中飘零，
听着欢腾腾一片生命的呼声，
欢腾腾赞美自然的歌声；
忽然飞起了一阵尘埃，
携着枪箭的人类陡然而来，
动物都如惊弓之鸟四散了。
逃得稍慢的都一一遭难了。
有的做了刀下之鬼；有的受了重伤；
有的做了终身的奴隶；有的饱了饥肠。
大地上遍满了呻吟挣扎的喊声，
一阵阵叫我不忍卒听尖锐的哀鸣。
我落荒而走。

我因为短小精悍，容易逃过了人眼，就悄悄地度过了好几万载。虽然在 17 世纪临了，被发觉过一次，幸而当时欧洲的学者都当我是科学的小玩意，只在显微镜上瞪瞪眼，不认真追究我的性状，也就没有什么过不去的事了。

又挨过了两世纪的辰光，法国出了一位怪学究[①]，毫不客气地疑惑

① 指巴斯德（1822—1895），法国微生物学家、化学家。

我是疾病的元凶，要彻底清查我的罪状。

无奈呀，我终于被囚了！

被囚入那无情的玻璃小塔了！

我看他那满面又粗又长的胡子，真是又惊又恨，自忖：这是我的末日到了。

也许因为我的种子繁多，不易杀尽；也许因为杀尽了我，断了线索，扫不清我的余党；于是他就暂养着我这可怜的薄命，在实验室的玻璃小塔里。

在玻璃小塔里，气候是和暖的，食物是源源地供给，有如许的便利，一向流浪惯的我，也顿时觉着安定了。从初进塔门到如今，足足混了六十余年的光阴，因此这一段的生活，从好处着想，就说是我的家庭生活吧。

家庭生活是和流浪生活对立而言的。

然而，这玻璃小塔于我，仿佛也似笼之于鸟，瓶之于花，是牢狱的家庭，家庭的牢狱，有时竟是坟墓了，真是上了科学先生的当。

虽说上当，毕竟还有一线光明在前面，也许人类和我的误会，就由这里而进于谅解了。

把牢狱当作家庭，
把怨恨消成爱怜，
把误会化为同情，
对付人类只有这办法。

这玻璃小塔，是亮晶晶、透明的，一尘不染，强酸不化，烈火不攻，水泄不通，薄薄的玻璃造成的，只有塔顶那圆圆的天窗，可以通气，又塞满了一口的棉花。

说也奇怪，这塔口的棉花塞，虽有无数细孔，气体可以来往自如，却像《封神演义》里的天罗地网,《三国演义》里的八阵图，任凭我有何等通天的本领，一冲进里面，就绊倒了，迷了路，逃不出去，所以看守我的人，是很放心的。

过惯了户外生活的我，对于实验室中的气温，本来觉着很舒适。但有时刚从人畜的身内游历一番，回来就嫌太冷了。

于是实验室里的人，又特别为我盖了一间暖房，那房中的温度和人的体温总是一样，门口装有一只按时计温的电表，表针一离了37℃的常规，看守的人就来拨拨动动，调理调理，总怕我受冷。

记得有一回，胡子科学先生的一个徒弟，带我下乡去考察，还要将这玻璃小塔，密密地包了，存入内衣的小袋袋，用他的体温，温我的体，总怕我受冷。

科学先生给我预备的食粮，色样众多。大概他们试探我爱吃什么，就配了什么汤，什么膏，如牛心汤、羊脑汤、糖膏、血膏之类。还有一种海草，叫作“琼脂”，是常用作底子的，那我是吃不动，摆着做样子，好看一些罢了。

他们又怕不合我的胃口，加了盐又加了酸，煮了又滤，滤了又煮，消毒了而又消毒，有时还掺入或红或蓝的色料，真是处处周到。

我是著名的吃血的小霸王，但我嫌那生血的气焰太旺，死血的质地太硬，我最爱那半生半熟的血。于是实验室里的大司务，又将那鲜红的血膏放在不太热的热水里烫，烫成了美丽的巧克力色，这是我最精美的食品。

然而，不料有一回，他们竟送来了一种又苦又辛的药汤给我吃了。这据说是为了要检查我身体的化学结构而预备的。那药汤是由各种单纯的，无机和有机的化合物，含有细胞所必需喝的十大元素配合而成。

那十大元素是一切生物细胞的共有物。

碳为主；
氢、氧、氮副之；
钾、钙、镁、铁又其次；
磷和硫居后。

我的无数种子里面，各有癖好，有的爱吃有机之碳，如蛋白质、淀粉之类；有的爱吃无机之碳，如二氧化碳、碳酸盐之类；有的爱吃氨气之氮；有的爱吃亚硝酸盐之氮；有的爱吃硫；有的爱吃铁。于是科学先生各依所好，酌量增加或减少各元素的成分，因此那药汤，也就不大难吃了。

我的呼吸也有些特别。在平时固然尽量地吸收空气中的氧，有时却嫌它的刺激性太大，氧化力太强了，常常躲在低气压的角落里，暂避它的锋芒。所以黑暗潮湿的地方最适合我繁殖，一件东西将要腐烂，都从底下烂起。又有时我竟完全拒绝氧的输入了，原因是我自己的细胞会从食料中抽取氧的成分，而且来得简便，在外面氧的压力下，反而不能活。生物中不需氧气而能自力生存的，恐怕只有我这一种吧[①]。

不幸，这又给饲养我的人，添上一件麻烦了。

我的食量无限大，一见了可吃的东西，就吃个不停，吃完了才罢休。一头大象，或大鲸的尸身，若任我吃，不怕花去五年十载的工夫，也要吃得精光。大地上一切动植物的尸体，都被我这清道夫给收

① 这里指厌氧菌。

拾得干干净净。

何况这小小玻璃之塔里的食粮是极有限的，于是又忙了亲爱的科学先生，用白金丝挑了我，搬来搬去，费去了不少的亮晶晶的玻璃小塔，不少的棉花，不少的汤和膏，三日一换，五日一移，只怕我绝食。

最后，他们想了一条妙计，请我到冰箱里去住了。受冰点的寒气包围，我的细胞缩成了一小丸，没有消耗，也无须饮食，可经数月的饿而不死。这秘密，几时被他们探出了？

在冰箱里，像是我的冬眠。但这不按四时季节的冬眠，随着他们看守者的高兴，又不是出于我的自愿，他们省了财力，累我受了冻饿。

从前胡子科学先生和他的徒弟们，都以为我有不老的精神，永生的力量，说我每 20 分钟就变作两个，8 小时之后就变成 1600 万个，24 小时之后也竟有 500 吨的重量了，岂不是不久就要占满了全地球吗？

现在胡子先生已不在人世，他的徒子徒孙对我的态度有些不同了。

他们说，我的生活也可以分作少、壮、老三期，这是根据营养的盛衰、生殖的迟速、身材的大小、结构的繁简而定的。

最近，有人提出我的婚姻问题了。我这小小的家庭里面，也有夫妻之别、男女之分吧？这问题，难倒了科学先生了。有的说，我在无性的分裂生殖以外，还有有性的交合生殖。他们眼都看花了，意见还都不一致。我也不便直说了。

科学先生的苦心如此，我在他们的娇养之下，无忧无虑，不愁衣食，也“乐不思蜀”了。

但是，他们一翻了脸，要提我去审问，这家庭就宣告破产，而变成牢狱了，唉！

无情的火[①]

我从踏进了玻璃小塔之后，初以为可以安然度日子了。

想不到，从白昼到黑夜又到了白昼，刚刚经过了 24 小时的拘留，我正吃得饱饱的，懒洋洋地躺在牛肉汁里，由它浸润着，忽然塔身震荡起来，一阵热风冲进塔中，天窗的棉花塞不见了，从屋顶吊下来一条又粗又长、明晃晃的、热烘烘的白金丝，丝端有一圈环子，救生环似的，把我钩到塔外去了。

我真着慌了。我看见那位好生面熟的科学先生，坐在那长长的黑漆的实验桌旁，五六个穿白衫的青年都围着看，一双双眼睛都盯着我。

他放下了玻璃小塔，提起了一片明净的玻璃片，片上已滴了一滴清水，就将右手握着那白金丝上的我，向这一滴水里一送，轻轻地大涂大搅，搅得我的身子乱转。

这一滴水就似是我的大游泳池，一刹那，那池水已自干了。于是我的大难临头了。

我看见那酒精灯上的火焰，心里已自兀突兀突地跳了。果然那狠心的科学先生，一下子就把我往火焰上穿过了三次，使那冰凉的玻璃片立时变成热烫热烫的火床了。我身上的油衣都脱化了，烧得我的细胞焦烂，死去活来，终于晕倒不省“菌”事了。

据说，后来那位先生还对我的同类洗以酒，浸以酸，毒以碘汁，灌以色汤，使我们披上一层黑紫衣，又披上一件大红衣，都是为着便

① 本篇写作时间为 1936 年 4 月。

利于检查我们的身体、认识我们的形态[①]。当时我是热昏了，全然不知不觉地，一任他的摆弄就是了，又有什么法子想呢？

自从此后，每隔一天，乃至一星期，我的同类们就要被提出来拷问，来受火的苦刑。

火，无情的火，我们菌类的痛苦，多半都是由于和它碰头。

这又引起我早年的回忆了。

我本是逐着生冷的食物而流浪的，这在谈我的籍贯那一篇已说得明明白白了。

在太古蛮荒的时代，人类都是茹毛饮血，茹的是生毛，饮的是冷血。那时口关的检查不太严，食道可以随意放行，我也自由自在无阻无碍地，跟着那些生生冷冷的鹿肉呀、羊心呀，到人类的肚肠去了。

直到有一位据说叫燧人氏的，钻木取火，教老百姓熟食，我们菌类的生计问题，曾经发生过一次极大的恐慌。

后来还亏这些老百姓不大认真，炒肉片吧，炒得半生半熟，也满不在乎地吃了。不然就是随随便便地连碗底都没有洗干净就去盛菜，或是留了好几天的菜，味都变了，还舍不得吃，这就给我一个“走私”“偷运”的好机会了，他们都看不出我仍在碗里活动。

热气腾腾的时候，我固然不敢走近；凉风一拂，我就来了。

我最得力的助手，还是蝇大爷和蝇大娘。

我从肚肠里出来，就遇着蝇大爷。我紧紧地抱着它的腰，牢牢地握着它的脚。它“嗡”的一声飞到大菜间里去了。它“扑”的一下停落在一碗菜的上面，身子一摇，把我抛下去了。我忍受着菜的热气，欢喜那菜的香味，又有得吃了。

---

① 指细菌染色，即为了观察研究细菌，利用染料使细菌细胞着色的方法。

我吃得很惶惑，抬起头来，听见一个人在自言自语：

“上帝，你创造了亚当和夏娃，又创造了无数鸟兽鱼虫、花草木兰来陪伴他们，服侍他们，你的工作真是繁忙啊！你果真于六天之内就造成了这么多的生物么？你真来得及么？你第七天以后还有新的作品么……

“近来有些学者对于你怀疑了，怀疑有好些小动物都未必是由你的大手挥成。它们都可以自己从烂东西里，自然而然地产生出来，就如苍蝇、萤火虫、黄蜂、甲虫之流，乃至于小老鼠，都是如此产生。尤其是苍蝇，苍蝇的公子哥儿的确是自然而然地从茅厕坑里跳出来的啊！”

我听了暗暗地好笑。

这是 17 世纪以前的事。那时的人，都还没有看见过苍蝇大娘的蛋，看见了也不知道是什么。

不久之后，在 1668 年的夏天，有一回我跟着苍蝇大娘出游，游到了意大利一位生物学先生的书房里。她停落在一张铁纱网的面上，跳来跳去，四处探望。我但闻一阵阵的肉香，不见一块块的肉影。她更着急了，用那一只小脚子乱踢，把我踢落到那铁纱网的下边去了。原来肉在这里①！

这是那位生物学先生的巧计。防得苍蝇，却防不了我。小苍蝇虽不见飞进去，而那一锅的肉却依旧酸了烂了。

从此苍蝇的秘密被人类发觉了。但人们还不知道，我是无孔不钻，无缝不入的。

有一回，是 1745 年的秋天吧，我到了爱尔兰，飞进了一位神父的家里。他正在热烈的火焰上烧着一大瓶的羊肉汤，我闻着羊肉气，

---

① 1668 年，意大利宫廷医生弗朗切斯科·雷迪用实验证明，腐肉生蛆是蝇类产卵的结果，他是西方科学界首位对“自然发生说”提出异议的。

心怦怦地动。又怕那热气太高，不敢就下手。

他煮好了，放在桌上，把瓶口紧紧密密地塞上了木塞子。他不知道我们菌类是无处不在的[①]。

初到肉汤的一刻，我还嫌太热，一会儿就觉得温和而凉爽了，一会儿忽然又热起来了。那肉汤不停地乱滚，滚了一刻钟，这才歇息了。我一上一下地翻腾，热得要死，往外一看，吓得我没命，原来那神父又在火焰上烧这瓶子了！烧了约莫一个钟头的光景。

我幸而没有被烧死，逃过了这火关，就痛快地大吃了一顿，把这一瓶清清的羊肉汤搅混得不成样子了，仿佛是水中的乱云飞絮似的上下浮沉。那阔嘴的神父，看了又看，又挑了一滴放在显微镜下再看，看完之后，就大吹大擂起来了。他说："我已经烧尽了这瓶子里的生命，怎么又会变出这许多来了？这显然是微生物会从羊肉汤里自然而然地产生出来的呀！"

我听了又好气又好笑。

这样糊里糊涂地又过了 24 年。

到了 1768 年的冬天，从意大利又发出反对这种"自然发生学说"的呼声，这是一位秃头教士的声音。他说："那爱尔兰神父的实验不理想，塞没有塞好，烧没有烧透，那木塞子是不中用的，那一点钟是不够用的。要塞，不如密不通风地把瓶口封住了；要烧，就非烧到一小时以上不可。要这样才……"[②]

---

① 1745 年，生物学家约翰·尼达姆利用肉汤做了一系列的实验。他将肉汤煮沸以杀死其中的微生物，然后将它们立即密封。结果发现，即使这样煮沸后立即密封的肉汤也会由清变浊，说明其中依然有微生物的生长。因此，他支持"自然发生说"，认为生命从无生命物质自然发生。

② 1768 年，博物学家拉扎罗·斯帕兰扎尼认为尼达姆的实验在设计上可能存在问题，即在煮沸和密封这两个步骤之间可能存在微生物被引入的可能，从而导致污染。

我听了这话，吃惊不小，叫苦连天。

一则有绝食的恐慌，二则有灭身的惨祸。

这是关于我的起源的大论战。教士与神父怒目，学者和教授切齿。他们起初都不能决定我出身何处，起家哪里，从不知道或腐或臭的肉呵，菜啊，都是我吃饱了的成绩。他们却瞎说瞎猜，造出许多新名词来，什么“生长力”呀，什么“氧化作用”呀，一大堆的论文，其实那黑暗的主动者就是我，都是我，只有我！

仿佛又像诸葛亮和周瑜定计破曹操似的，这些科学的军师们，一个个的手掌心里都不约而同地写着“火”字。他们都用火来攻我，用火来打破这微生物的谜。

火，无情的火，真害我菌儿死得好苦也！

这乱子一直闹了一世纪，一直闹到了1864年的春天，这才给那位著名的胡子科学先生的实验，完完全全地解决了①。

说起来也话长，这位胡子科学先生真有了不起的本事，真是细菌学军营里的姜子牙。我这里也不便细谈他的故事了。

单说有一天吧，我飘到了他的实验室里了。他的实验室我是常光顾的，这一次却没有被邀请，而是我独自闲散地飞游而来了。

我看见满桌上排着二三十瓶透明的黄汤，有肉香，有甜味。那每一只的瓶颈，都像鹤儿的颈子一般，细细长长地向下弯了那么一大弯。我禁不住地就想从一只瓶口扬长地飞进去。可是，瓶颈里面几乎

---

① 1864年，法国微生物学家、化学家巴斯德公布了他自1860年以来所进行的一系列严密而精确的实验，证明了微生物只能由散布在空气、土壤、水或各种物体上的微生物孢子（胚种）发育而成，并不能自然发生。如果环境中的微生物不曾进入有机液体中，有机液体就不会自然产生任何生命。根据这些实验结果，巴斯德进一步得出了“一切生物皆来自同类生物”的著名结论，从而使“生源论”最终驳倒了“自然发生说”。

没有空气流动，我费尽气力也爬不上去，真是苦了我，罢了罢了！

那胡子科学先生一天要跑来看几十次，看那瓶子里的黄汤仍是清清明明的，阳光把窗影射在上面，显得十二分可爱，他脸容上现出一阵一阵的微笑。

这一着，他可把“自然发生学说”的饭碗完全打翻了，为的是我不得到里面去偷吃，那肉汤，无论什么汤，就不会坏，永远都不会坏了。

于是，他的学生们携着几十个瓶子，到处寻我，到巴黎的大街上，到乡村的田地上，到天文台屋顶的空房里，到黑暗的地窖里。到了瑞士，爬上阿尔卑斯山的最高峰去寻我。他最终发现空气愈稀薄，灰尘愈少，我也愈稀，愈难寻。

寻我也罢，我不怪他。只恨他又拿我去放在瓶子里烧。最恨他烧我又一定要烧到110℃以上，120℃以上，乃至170℃；用高压力来烧我，用干热来烧我，烧到了一个钟头还不肯止咧！

火，无情的火，是我最惨痛的回忆啊！

现在胡子科学先生虽已不见了，而我却被囚在这玻璃小塔里，历万劫而难逃，那塔顶的棉花网，就是他所想出的倒霉的法子。至于火的势力，哎哟！真是大大地蔓延起来了。

火，无情的火，实验室的火，医院的火，检疫处的火，到处都起了火了。果真能灭亡了我吗？

我的儿孙布满陆地、大海与天空。

毁灭了大地，毁灭了万物，才能毁灭我的菌群！

水国纪游[①]

实验室的火要烧焦了我，快了。

渴望着水来救济，期待着水来浸洗。

无情的火处处致我灼伤，有情的水杯杯使我留恋。世间唯水最多情！

水，我似听见你的流声，我在昏睡中惊醒！

五月的东风，卷来了一层密密的黑云，遮满了太平洋的天空。

我听见黄河的吼声，扬子江的怒声，珠江的喊声，齐奔大海。

这万千的水声，洪大，悲壮，激昂，打动了我微弱的胞心，鼓起了我疲惫的鞭毛。陡然地增长了我斗争的精神。

水，我对于你，有遥久深远的感情，我原是水国的居民。

水，你是光荣的血露，神圣的流体！

地面上的万物都要被你所冲洗。

水，我也爱你的浊，也爱你的清。

清水里，氧气充足，我虽饿肚皮，却能延长寿命。

浊水里，有那丰富的有机物，供我尽情地受用。

气候暖，腐物多，我就很快地繁殖。

气候冷，腐物少，也能安然地度日。

气候热，腐物不足，我吃得太速，那生命就很短促了。

---

① 本篇写作时间为 1936 年 4 月 21 日至 5 月 13 日。

水，什么水？是雨水，把我从飞雾浮尘，带到了山洪、溪涧、河流、沟壑。浮尘愈多，大雨一过，下界的水愈遍满了我的行踪。

我记起了阿比西尼亚雨季的滂沱。法西斯头子墨索里尼纵使并吞了阿比西尼亚，也消灭不了那滂沱，更止不住我从土壤冲进了江河。

雨季连绵下去，雨水已经澄清了天空，扫净了大地，低洼处的我，虽不会再加多，有时反而被那后降的纯洁的雨水逐散了，然而大江小河，这时已浩浩荡荡满载着我，这将给饮食不慎的人群以相当的不安啊！

水，什么水？是雪水。我曾听到胡子科学先生得意洋洋地说过，山巅的积雪里寻不见我。我当然不到那寂寞荒凉的高峰去过活，但将化未化的美雪，仍然是我冬眠的好地方。

雪花飞舞的时候，碰见了不少的灰尘，我又早已伏在灰尘身上了。瑞典的京城，地处寒带而多山，日常饮用的水，都取自高出海面160米的一个大湖。平时湖水还干净，阳春一发，雪块融化，拖泥带土而下，卫生当局派人来验，说一声：“不好了！”我想，这又是因为我的再活动吧！

水，什么水？是浅水，是山泽、池沼及一切低地的蓄水。最深不到五尺，又那么静寂，不大流动。我偶尔随着垃圾堆进去，但那儿我是不大高兴住久的。那儿是蚊大爷的娘家，却未必是我的安乐窝。

尤其是在大夏天，太阳的烈焰照耀得我全身发昏。我最怕的是那太阳中的“紫外光”，残酷的杀菌者。深不到五尺的死水，真是使我叫苦，没处躲身了。五尺以外的深水才可以暂避它的光芒。最好上面还挡着一层污物，挡住那太阳！

我又不喜那带点酸味的山泽的水，从瀑布冲来了山林间的腐木烂叶，浸成了木酸叶酸[①]，太有刺激性了。

如果这些浅水里，含有水鸟鱼鳖的腥气，人粪兽污的臭味，那又是我所欢迎的了。

水，什么水？是江河的水。江河的水满载着我的粮船，也满载着我的家眷。印度的恒河就是一条著名的“霍乱”河，法国的罗尼河也曾是一条著名的“伤寒”河，德国的易北河又是一条历史的“霍乱”河，美国的伊利诺河又是一条过去的“伤寒”河。“霍乱”和“伤寒”，还有“痢疾”，是世界驰名的水疫，是由我的部下和人类暗斗而发生。这期间，自有一段恶因果，这里且按下不表。

有人说，江河的水能自清。这是诅咒我的话意，不是骂我早点饿死，就是讥笑我要在河里自杀。我不自尽，江河的水怎的会清呢？

然而，在那样肥美的河肠江心里游来游去，好不快活，我又怎肯无端自杀，更何至于白白地饿死。

然而，毕竟河水是自清了。美国芝加哥大学有一位白发斑斑的老教授，曾在那高高的讲台上说过，当他在三十许壮年的时候，初从巴黎游学回来，对我极感兴趣，曾沿着伊利诺河的河边，检查我菌儿的行动。他在上游看见我是那样的神气，是那样的热闹，几乎每一滴河水里都围着一大群。到了下游，就渐渐地稀少了。到了欧他奥的桥边，我更没有精神了。他当时心下细思量，这真奇怪，这河里的微生物是怎样地衰落的呢？难道河水自己能杀菌吗？

河水于我，本有恩无仇。无奈河水里常常伏着两种坏东西在威胁我的生存，它们也是微生物，我看它们是微生物界的捣乱分子，专门和我做对头。

---

① 这里指静水环境中的腐木和烂叶，在一系列作用下，转变成腐殖酸、黄腐酸等有机质酸的过程。

一种比我大些儿，它们是动物界里的小弟弟，科学先生叫它们“原虫”，恭维它们作虫的“原始宗亲”，我看它们倒是污水烂泥里的流氓强盗。最讨厌的是那鞭毛体的原虫，它们的鞭毛，比我的又粗又大，也活动得厉害，只要那么一卷，便把我一口吞吃而消化了。它们的家庭建筑在我的坟墓上，我恨不恨?

一种比我还要小，体积不足我的几千分之一的，能很自由地钻进我身子里，去胀破我那已经很紧的细胞，因此科学先生就唤它作“噬菌体”。你看它的名字就已明白地和我作对，它真是小鬼中的小鬼!

水，什么水?是湖水。静静的，平平的，明净如镜，树影蹲在那儿，白天为太阳哥拂尘，晚上给月姐儿洗面，没有船儿去搅它，没有风儿去动它，绝不起波纹。在这当儿，我也知道湖上没有什么好买卖，也就悄悄地沉到湖底归隐去了。

这时候，科学先生在湖面寻不着我，在湖心也寻不出我，于是他又夸奖那停着不动的湖水有自清的能力呀。

可是，游人一至，游船一开，在酣歌醉舞中，瓜皮与果壳乱抛，在载言载笑间，鼻涕和痰花四溅，那湖水的情形又不同了。

水，什么水?是泉水，是自流井的水，是地下喷出来的水。那水才是清。那儿我是不易走得近的。那儿有无数的石子沙砾绊住我的鞭毛，牵着我的荚膜不放行。这一条是水国里最难通行的险路，有时我还冒着险前冲，但都半途落荒了。

水，什么水?是海水。这是又咸又苦著名的盐水。咸鱼、咸肉、咸蛋、咸菜，凡是咸过了七分的东西，我就有些不肯吃，最适合我胃口的咸度，莫如血、泪、汗、尿，那些人身的水流，如今这海水是含盐的苦水，我又怎样愿意喝?

不过，海底还是我的第一故乡，那儿有我的亲戚故旧，我曾受着海水浸润。现在虽飘游四方，偶尔回到老家，对于故乡的风味，虽然咸了些，也有些流连不忍即去吧。

我在水里有时会发光。所以在海上行船的人，在黑夜里，不时望见那一望无阻的海面，放出一闪一闪的磷光，那里面也夹着一星一星我的微光。

我自从别了雨水以来，一路上弯弯曲曲，看见了不少的风光人物：不忍看那残花落叶在水中荡漾，又好笑那一群喜鸭在鼓掌大唱，不忍听那灾民的叫爹叫娘，又叹息那诗人的投江！

五月的东风，
吹来一片乌云，
遮满太平洋的天空。
我到了大海，
观着江口河口的汹涌澎湃。
涌起了中国的怒潮！！
冲倒了对岸的狂流！
击破了那翻天的白浪！
洗清了人类的大恨！
……

看到这里，我想，那些大人们争权夺利的大厮杀，和我这微生物小子有什么相干呢？

生计问题[①]

游完了水国，我躺在海洋上，听那波涛的荡漾。仰看白云在飘游，我羡慕着它们的自由。

在海天一色的包围中，海风吹起浪花溅，浪花呵！它无力送我上云霄。那海水又太咸了，不中吃。我真觉着有些苦闷了。

我只得期待着鱼儿，它会鼓着腮儿来吞我。鱼儿要被渔夫捕，我伏在鱼腹里，就有再到岸上的机缘了。到了岸上，我的生活就不致发生恐慌了。

我打算在厨子先生洗鱼肚的时候，我可以一溜就溜到垃圾桶里去。在垃圾桶里，我跟生物社会的接触一多，谋食更不难了。

不幸而溜不过去，那就只有混在生鱼粥里的希望了。总之，我先在那半生半熟的鱼身里偷活，再到那半臭半腥的人肚里寄生罢了。然而，我终于又厌倦了胃肠里的沉闷的生活，痛快地随着大便而出来了。

经过曲曲折折的途径，不久，我和我的家人以及亲友又都回到土壤的老家团聚。

这里我得补叙一下，在未到岸上之前，那海鱼肚子里的环境，于我有时是不利的，它的消化力是太强了。

于是，我又曾趁着潮水的高涨，回到河肠江心，去央求淡水的

① 本篇写作时间为 1936 年 7 月 28 日至 8 月 13 日。

鱼，顺便又疏通了螃蟹虾蛤蚌螺之类人类所爱吃的水中生物，请它们帮忙。它们也都答应了。当中，蚝似乎和我最有交情。它在污水里每小时一收一放的水量，竟有二升之多。我也就混在那污水里进去，它的蚝壳就成为我临时的住宅了。

据说，岸上有很多人，因吃了没有煮熟的蚝，都得了伤寒病啦。那科学先生就又怪我了，说什么蚝之类的生物还是我暗杀人类的秘密机关啰。这我以后当然要申辩的，这里不便多啰嗦了。

且说，我既从水国回到了土乡，天天又望见那时放异彩的浮云，好不逍遥自在，我渴想着和它交游。但那时地上仍是很湿，连我身上的鞭毛都被泥土所黏，鼓舞不起来，更何能高飞远扬呢？虽有时攀着苍蝇的毛腿出游，那它又是低着头飞，至多也飞不上半里路，就停下来一脚把我踢落在地上了，虽然在地上我是不愁衣食的。

然而我对于天空的幻想，又使我希望秋之来临了。那时天高气爽，尤其是在中国北平，和美国中部第一大城、密歇根湖畔的芝加哥，这两个著名的“灰尘的都市”，一到了秋冬，就刮大风，将沙尘卷入天空，当时我就骑在沙尘身上而高翔了。风力益健，我竟直飘上青天 4000 米以上，那固然是罕有的事，我也真可以傲飞鸟而笑白云了。

记得 19 世纪初期，英国的年轻诗人雪莱，曾唱着《西风之歌》，他愿意做一瓣浪花，一片落叶，一朵白云，躺在西风里任它飘荡去，把他一切的思想、情感、希望都寄托着西风去散播了。我想，我这一次得上青天驾白云，也该感谢风爷的神力呵。

我正在这样想，忽然记起了一件伤心惨目的往事，那就是世界各地的旱灾。

旱灾一来，全生物界都起了恐慌。那时大地涨红了脸，甚至于破裂，生物焦的焦死，饿的饿死，看不见点绿滴青，看见的尽是枯干瘦木，那原因一半由于暴日的肆虐，一半由于风爷的发狂。

那风爷也太发狂了，云和雨都被它吹散了，在大旱的期间，连西风也不怀好意了。

有的人还以为地面上堆着这许多的尸体腐物，是我口福的大造化，我可以乘风四游，到处得食了。哪里知道当这大旱的临头，我也万分地焦急，我虽有坚实的芽孢，可以在空气中苟延性命，也经不起热与干长期的压迫。地上的干粮虽堆积如山，没有一些水汽的浸润，我是吃不动的呀。君不见大沙漠中，哪有我的影踪。

我爱的是湿风，我怕的是热风。

我的小身子又是那样轻飘，我那一粒单细胞还不及一千兆分之一克重。我既上升，就不易下降，终日飘飘在天空。只有雨雪霜露方能使我再落尘间。罢了，罢了，在大旱天我是受着风爷的欺骗了。

我凄凉地度过了冰雪的冬天，到了春风和畅的季节，下雨量充足，草木茂盛，虫鸟交鸣，生物都欣欣然有喜色。那时，我早已暗恨着天空的贫乏，白云的无聊，思恋着地上的丰饶。

于是那善变的风爷又改换了方向来招我下凡了。

我别了白云，下了高山，随着风爷到农村。农村上遍地花红叶绿，我逢花采花，逢叶摘叶，凡是吃得动的植物，无所不吃。这也为着植物间的气候、植物的体温和当时空气的温度相去不远，我又新从天空来的，当然先以它们的身上为合宜的寄食之所了。

我尤喜那似胶似漆富有黏液的果皮瓜皮，那潮湿而有皱痕的菜叶菜管，它们都是我的天然宿舍旅馆，我的家人亲朋成亿成兆地在这儿过活。

研究发现，在蒲菜身上，每一克重的分量里面，就有我“菌儿”25万个在迅速地生殖着。这不是一个很惊人的数目么？！

我随着风爷而飘游，走遍了七大洲，就连小的植物，我是都光顾到了的。就是抵抗力强盛的大松大柏，它们的风味，我也一一都领略过了。算得出的，在有花植物之部，我曾吃过了 66 科 150 目。在隐花植物之部，就记不清了。

不过，植物之遭我暗算，人类是从来不知道的，以为是它们自己内部的溃烂，或专去骂昆虫那些小妖物的恶作剧。

谁知道，有一回我在法国南部的田园里大啖葡萄的时候，又被那位多疑的胡子科学先生发觉了。从此他的徒弟徒侄们，就加紧地研究我和植物种种不正常的关系，并宣布了我的罪状。于是农民们就痛恨我，说我太不讲情理了，破坏他们的农作物，用药用火，千方百计来歼灭我。这真是冤枉，我也是为着生计问题所迫而来呀！吃的都是大自然所分赠的食物呀！

它们又没有注定给人类，这生物的特殊阶级，单独的享用呀！

我在生物界中要算是最不安定的分子了。四方飘游，到处奔流，无非为着自由而努力，为着生活而奋斗。浮大海，吃不惯海水的咸味；居人肚，闷不过小肠的束缚；返土壤，受不住地方的限制；飘上天空，又嫌那天空太空虚了。历尽水旱的苦辛，结识了鱼儿和风爷，最后到了农村，那儿食粮充足，行动比较自由，我自认为是乐土了。难料那自私自利的人类，忽来从中作梗，从此我将永远不得安宁了，唉！

呼吸道的探险[①]

我在乡村的田园上，仍然过着颠沛流离的生活，处处靠着灰尘的提携。

那灰尘真像是我的航空母舰，上面载着不少的游伴。

这些游伴的分子也太复杂了，矿、植、动三大界都有，连我菌儿也在内，一共是四色了。

矿物之界，有煤烟的炭灰，有火山的破片，有海浪的盐花，有陨星的碎粒，还有各式矿石的散沙，都随着大风而远扬。

植物之界，有花蕊、花球的纷飞，有棉絮、柳丝的飘舞，有种子、芽孢、苔藻、淀粉、麦片以及各样各式的植物细胞的乱奔狂跌。

动物之界，有皮屑、毛发、鸟羽、蝉翼、虫卵、蛹壳以及动物身上一切破碎零星的组织东颠西扑。

菌物之界，有一丝一丝的霉菌，有圆胖圆胖的酵母，在空中荡来荡去，最后就是我菌儿和真菌这一群了。

这是灰尘的大观。这之间以我族最为活跃。我在灰尘中算是身子最轻，活动的范围也最广了。

这些风尘仆仆中的杂色分子，又像是一群流浪儿，一群迷途的羔羊呵。

我紧牵着这一群流浪儿的手，在天空中奔逐，到处横冲直撞，不

---

① 本篇写作时间为 1936 年 9 月。

顾一切利害。

记得有一回，还是在洪荒时代吧，我正在黑夜的森林中飞游，忽然碰了一个响壁，原来是蝙蝠的鼻子。我在暗中摸索，坠进了它鼻孔的深渊，觉得很柔滑很温暖。但不久，被它强有力的呼吸一喷，就打了几个筋斗出来了。

后来，我冲进它的鼻孔里去的机会愈来愈多了。然而，它这一类动物，呼吸道的抵抗力颇强，颇不容易攻陷，它的“扁桃腺”也发育得不大完全。

“扁桃腺”这东西是“淋巴组织”的结合，淋巴腺之一大种。在腭部有腭扁桃腺，在咽喉间有咽扁桃腺。如此之类的扁桃腺，自我闯入动物体内之后，都曾一一碰到了。

动物体内之有“淋巴组织”是含有抵抗作用的。淋巴细胞也就是抗敌的细胞，白血球之一种。所以淋巴这草黄色的流液，实富有排除外物的力量呀，我往往为它所驱逐而逃亡。

那么，扁桃腺就是淋巴组织最高的建筑物，就是动物身内抗菌的大堡垒了。当我初从鼻孔或口腔进到舌上喉间的时候，真是望之而生畏。

后来走熟了这两条路，看出了扁桃腺的破绽与弱点。原来它的里外虽有很多抗敌的细胞把守，而它的四周空隙深凹之处可真不少，那里的空气甚不流通，来来往往的食货污物又好在此地集中，留下不少的渣滓，反而成为我藏身避难的好所在了。

我就在这儿养精蓄锐，到了有机可乘，一战而占领了扁桃腺，作为攻身的根据地了。于是那动物就发生了扁桃腺炎了。

这在人类就非常着急！认为扁桃腺在人身上有反动的阴谋，和阑尾是一流的下贱东西，无用而有害，非早点割弃它不可。

其实人身的扁桃腺及其他淋巴腺愈发达，尤其是呼吸道的淋巴腺愈发达，愈足以表现出人菌战争之烈。

人若得胜，淋巴腺则是防菌的堡垒；我若得胜，这堡垒则变成为我的势力区了。

淋巴腺，在动物的进化过程中，还是比较新进的东西。这是由于我的长期侵略，它们的积极抵抗，相持既久，它们体内就突然生出了这种防身的组织。

我生平对于冷血动物素以冷眼看待，不似对于热血动物那般的热情，所以我在它们体内游历的时候，也没有见过有什么淋巴腺、扁桃腺之类的组织，这是因为我很少侵略它们的内部器官，我不过常拿它们的躯壳当作过渡时期的驻屯所罢了。有时还利用它们为我投奔高等动物身内的天梯或桥梁哩。这之间，就以昆虫之类最肯帮我的忙，尤以苍蝇、蚊子、臭虫、跳蚤、虱子、八角虫之流，这些人类所深恶的东西，更喜欢和我密切地合作，这是后话。不过，我如想从鼻孔进攻人兽之身，那还须靠灰尘的牵引。

我曾经游遍了普天下动物的身体，以哺乳类的淋巴腺为最发达。到了人，这淋巴腺的交通网更繁密了。人原是可以得很多病的动物呵，淋巴腺在进化途中实是传染病的一种纪念碑呵。

高空的飞鸟绝不会得肺结核[①]，它们常吸新鲜的空气，它们的呼吸道里我是不大容易驻足的，因此这条道上的淋巴腺也没有它们消化道的肠膜下的淋巴腺那样多。

肺结核虽有鸟、牛、人之分，而关系鸟的部分受害者也只限于鸡鸭之群，人类篱下的囚徒罢了。于是它们呼吸道里的淋巴腺，是比飞

① 飞鸟接触到带菌土壤或水源，也可能感染鸟型分枝杆菌。

鸟的增加了。

至于蝙蝠这夜游的动物，好在檐下或树林间盘旋飞舞，我自从那一回碰到了它的鼻子之后，就渐渐地熟悉它呼吸道上的情形。我见它当初也没有什么扁桃腺，后来为了对付我而新添了这件隆起的东西。

由此可见，我和动物的呼吸道发生了关系之后，扁桃腺及其他淋巴腺所处地位变得崇高而重要了。所以，我在这个自传里，特地先记述它们。它们的发生是由于我的刺激，我的行动又以它们为路碑，我和它们的关系是多么密切呵。

我冲进鸟兽和人的鼻孔的机会固然很多，然而这也要看灰尘的多寡、鸟兽之群及人口的密度如何。

高阔的天空不如山林的草原，农村的广场不如都市的大街，公园不如戏院，贵人的公馆不如十几个人窝在黑暗一间的棚户。总之，人烟愈稠密，人群愈拥挤，我从空中到鼻子、从鼻子又到别的鼻子的机会也愈多了。

我在乡村的田园上飞游之时，生活过于空虚，颇为失意。于是，就趁着乡下人挑担上城的时候，我就附着他的身上，到这浮尘的都市观光来了。

在都市的热闹场所，我的生意极其兴隆。这儿不但有灰尘代我宣扬，还有痰花口沫的飞溅而助我传播了。

从此呼吸道上总少不了我的影子。这条入肺的孔道，我是走得烂熟了，它的门户又是永远开放的。

虽然，婴儿初离母胎的当儿，他的鼻孔和口腔以内，几乎没有我的踪迹。但经过了数小时之后，我就从空气中一批一批地移民来此垦殖了。

我的移民政策是以呼吸道的形势与生理上的情形来决定的。要看那块地方，气候的寒暖如何，湿度如何，黏膜上有无隙缝深凹之处，氧气的供给是否太多，组织和分泌汁的反应是酸是碱抑或是中间性，细胞胞衣上的纤毛，它们的活动力是否太强烈了。须等到这些条件都适合于我的生活需要了，然后这曲折蜿蜒海岸线似的呼吸道才有我立身插足之地呵！

此外，还有临时发生的事件，也足以助长我的势力。如食货和外物的停积，是加厚了我的食粮；如黏膜受伤而破裂，是便利了我的进攻；更有那不幸的矿工，整天呼吸着矽灰，他的肺瓣是硬化了，变成了矽肺，这矽肺是我所最喜盘踞的地方。我家里那个最不怕干的孩子，人们叫它作“痨病菌”的，便是常在这矽肺上生长繁殖，于是科学先生就说，矽肺乃是肺结核的一种前因。这是矿工受了工作环境的压迫，没有得到卫生的保障，我才有机可乘。

在十分柔滑而又崎岖不平的呼吸道上，我的进行有时是如许的顺利，而有时又甚艰险了。因此，我这一群里，有的看呼吸道如“天府之国”，有久居之意；有的又把它当作牢狱似的，一进去就巴不得快快地出来；又有的则认为是临时的旅舍，可以来去无定。这样地，终主人的一生，他的呼吸道上，我的形影是从不会离开的。

这呼吸道又很像一条自由港，灰尘的船只可以随意抛锚。就我历次经验所知，这条曲曲折折的自由港又可分为里、中、外三大湾。

里湾以肺为界岸，出去就是支气管，而气管，而喉。中湾界于口腔与鼻洞之间，是呼吸道和食道的三岔路口，是入肺入胃必经的要隘，隆肿的扁桃腺就在这里出现，这一湾的地名就叫作“口咽”。“口咽”之上为“鼻咽”，那是外湾的起点了。“鼻咽”之前就是迂曲的鼻洞，分为两道直通于外。

迂曲的鼻洞，我是不大容易居留的，那里时有大风出入，鼻息如雷，有时鼻涕像瀑布一般滚滚而流，冲我出来了。所以在平时，鼻洞里的我大都是新从空气中游来的，而且数目也较为不多。我本是风尘的游客，哪配久恋鼻乡呢？何况前面还有森严的鼻毛，挡住我的去路啊！

可是，鼻洞里的气候明明在转变着，寒暖无常，有时会使鼻禁松弛了，我也就不妨冒险一冲，到了鼻咽里来了。

在鼻咽里，我是较易于活动，而能迅速地繁殖着。但，我的繁荣，究竟是受了当地食粮的限制，于是我不得不学成侵略者的手段了。但我也是为着生计所迫，所以不能不和鼻咽以内的细胞组织斗争呵！

而到了鼻咽以后，我的性格就不似从前在空中时那样的浪漫与无聊，真变成泼辣勇猛多了。

由鼻咽到口咽，一路上准备着厮杀，准备着进攻。我望见那红光满目的扁桃腺，又瞥见那一开一合的大口，送进一闪一闪的光明，光明带来了许多新鲜的空气。我在这歧路上徘徊观望，逡巡不敢前进。久而久之，习惯使我胆壮，我就在口咽的上下、扁桃腺的四周埋伏，等候着乘机起事。所以在人身，我的菌众与种类，除了盲肠的左右以外，要算以咽喉之间为最多了。

我在呼吸道上进攻的目的地，当然是肺。

那儿有吃不尽的血粮，
那儿有最广阔的地场，
肺尖又脆，肺瓣又弱，
我可以长期地繁殖着，
但我在未达到肺腑前，
要尝尽千辛万苦；
一越过了软骨的音带，

突然就遇着诸种危害：
四围的细胞会鼓起纤毛来扫荡我，
两旁的黏膜会流出黏液来牵绊我，
喷嚏、咳嗽、说话与呼吸又来驱逐我，
沿途的淋巴腺满布着白血球突来捕捉我。

我真是无可奈何了。所以在天气好的日子，从咽喉到肺这一条深港是平静无事的，我就偶尔跌进里头去，也没敢多流连呀！

一旦云天变色，气候骤寒，呼吸道上忽然遇着冷风的袭击，我一得了情报，马上就在扁桃腺前，召集所有预伏的菌兵菌将，会师出发，向着肺门进攻。

当那时，全咽喉都震撼了。

肺港之役

肺港之役是我的优胜纪录，是我生平最值得纪念的一件轰轰烈烈的大事，是我进攻呼吸道的大胜利。在这胜利的过程中，我几乎征服了全人类，全生物界为之震惊。

虽然，在这之前我还有许多其他伟大的战绩，但都因布置不周，我作战的秘密一一都被科学先生所揭穿了。如 14 世纪横行欧洲的黑死病，就是我利用了家鼠与跳蚤攻人皮肤的大胜；如扫荡全世界六次的大水疫①，就是我勾结苍蝇与粪水攻人肚肠的大胜。谁知道自 19 世纪末期以来，科学先生发明了抵抗我军的战略，从此卫生先进的国家都很严密地防范我，我哪里再敢从这两条战线上大规模地进攻人类呢？鼠疫和水疫打得人类如落花流水，也是我两番光荣的胜利呵，在以后还要详细地追述，这里不过提一提罢了。

至于肺港之役，是我出奇兵以制胜人类，使聪明的人类摸不着防御我的法门而甘拜下风呀。

自那位胡子科学先生提出了抗菌的口号以来，他的徒弟徒子等相继而起，用着种种计策，在各种传染病的患者身上，到处逮捕我。从 1874 年，我有一个淘气的孩子，在麻风患者的身上细嚼他的烂皮肉的时候，突然被一位科学先生捕捉了去②，此后二十五年里，欧洲各

---

① 指霍乱。

② 1874 年，挪威医生汉森借助显微镜发现麻风杆菌，自此麻风病的处理有了细菌学上的依据。

处实验室里高燃着无情之火，正是捕菌运动最紧张的时期，我的家人亲友被囚入玻璃小塔里的真是不计其数。他们（指实验室里的工作人员）用严刑来拷问我们，用种种异术来威胁我们，灌我们以药汤，浸我们以酸汁，染我们以色料，蒸我们以热气，无非要迫我们现出原形于显微镜之下。

更有所谓传染病的三原则是一位著名的德国医生所提出的，他们都拿来作为我们犯罪的标准①。

假如，据他们实验观察的结果，我们和某种传染病的关系都合了下面所举的三原则，就判定我们的罪状，加我们以某种传染病的罪名。我们菌儿这一群，平时大家都在一起共同生活，有血大家喝，有肉大家吃，不分彼此，不立门户，也不必各起名称，大家都是菌儿，都叫作菌儿罢了。这是这一篇自传里我的一贯主张。而今不幸，多事的科学先生却偏要强将我们这一群分门别类，加上许多怪名称，呼唤起来，反而使我觉着怪麻烦的。何况，像我们这多样而又善变的生活方式，若都一一追究出来，我们的种类又岂止几千种。这便不免在命名上发生纠纷，成为问题了。

闲话少讲。先谈谈这传染病的三原则吧。

我常听到科学先生说，每一种特殊的传染病，一定都有一种特殊的病菌在作祟，所以他们要认清病菌，寻出真凶，而后才可以下手防御，发出总攻击令，不然则打倒的若不是凶手，凶手却仍在放毒杀人，病仍是不会好的呵。他们似乎又在讲正义了，并不盲目地加害于我的全体。

---

① 德国细菌学家罗伯特・科赫提出的科赫法则。科赫法则最初包含三条法则，后又加入一条，即从接种的病株上以相同的分离方法应能再分离出病原，且其特征与由原病株分离者应完全相同。

那么，传染病的凶手是怎样判定的呢？这要看他们如何检查我那个特殊的淘气的孩子的行动了。

他们的第一条原则是：要在每一个得了这特殊的传染病的患者身上，捉到我这行凶的孩子，而且它就捕的地点也应该就是行凶的地点。这是说，若在其他不相干的地方抓到它，而真正的伤口上反而不能寻获，那证据就有些靠不住了。我这一群来来往往在人身做“过客”的很多很多，自然不可以随意指出一个说它是凶手，要在出事的地点常常发现的才是“嫌疑犯”。

第二条原则是：这凶手要活生生地捉到，并且把它关在玻璃小塔里面，还能养活它，并且还会一代一代地传种传下去，别的菌种都不许混进来，以免有所假冒，以免鱼目混珠，要永远保持那凶手的单独性。若凶手早已死去，或因绝食而自毙，则它的犯罪的情形将何从拷讯？它的真相将何以剖明？

假定凶手是活擒到了，它也能在外界继续地生长着，独囚一室，不和异种相混，然而也不能就此判定它是这病的主犯，有时也许是抓错了，也许它不过是帮凶而已，而正凶反而逃脱。怎么办呢？那就要用第三条原则来决定了。

第三条原则就是动物试验。把那有嫌疑的菌犯注射进试验动物的体内，如果它们也发生同样的病状，那就是这特殊传染病的正凶之铁证，不能再狡赖了。

我在旁听了之后，不禁叹服这位科学先生的神明，他能这样精巧地定计破贼，真是科学公堂上的包拯呵！然而，这使我为着那一批专和人类作对的蛮孩子担心了。

科学先生的狡计虽然是厉害，我们攻人的计划几乎一一都被他们破坏了。但是，强中还有强中手，我家里有三个小英雄，就不为他们的严刑所恫吓，就不受这传染病的三原则所审理。

肺港之役，我连战皆捷，就是这三位小英雄安排好的巧计，真是难倒了科学先生，他们至今还没有法子可以破除。

这三位我的小英雄，科学先生已给它们起了传染病的罪名了。

第一名，他们说它是猩红热的正凶，叫它作溶血性链球菌。

第二名，他们说它是肺炎的主犯，称它作肺炎双球菌。

第三名，他们说它是流行性感冒的祸首，唤它作流行性感冒杆菌①。

他们是根据传染病的三原则而建议的。然而，我的这三个孩子的行动并不是这么单纯。它们的犯案累累，性质又未必皆相同。如第一名，不仅使人发生猩红热，什么扁桃腺炎、丹毒、产褥热、蜂窝组织炎之类的疾病，也都是由它们而起。我这里所谈的肺港事件，就与它们有密切的关系。总之，这三位小英雄在侵略人体时，都是随机应变，它们的生活是多方面的。可见这些科学的命名也免不了有些附会牵强了。我们切不可认真，认真了就有以名害实的危险呵。在我的自传里，提起孩子的名称这还是第一遭，所以特地声明一下。

我这三位小英雄，都是最爱吃血的微生物。为了要吃血，它们奋不顾身地往肺港里冲。它们又恐怕遭敌人的暗算，所以常是前呼后应地结成联合阵线，胜则同进，败则同退，不但白血球应接不暇，就是科学先生前来缉凶的时候也迷惑了，弄不清楚哪一个是真正的凶手呀。

当我在扁桃腺前会师出发，往着肺门进攻的时候，一路上遇到不少的挫折，我的其他孩子们都在半途战死，独有这三位小英雄在这肺港里横冲直撞，所向无敌。

---

① 流行性感冒杆菌是19世纪末在流感患者鼻咽部发现的，曾被误认为是流感致病菌。后科学家证实流感真正的致病原因是流感病毒。

肺港是一个曲折的深渊，前半段，从咽喉的门户到肺叶的边界，是呼吸道的里湾，肺叶以内分为无数肺泡，这些肺泡便是呼吸道的终点。

我进了肺港之后，若不遇到阻挡，就一直往下滚，滚，滚过了支气管，然后是小支气管，再后是最小支气管。它们像树枝一般渐渐地小下去，渐渐地展开，我也顺着那树枝的形势快快地蔓延起来。一进了肺叶，那管口更愈分愈细了。穿过了一段甬道似的肺泡小管，便是空气洞，再进则为空气房，合空气洞与空气房便是一个肺泡。新旧的空气就是在这儿交换。所以我在途中前后都有大风，冷风推我前进，热风迫我后退。

在肺泡的壁上，满布着血川的支流。心房如大海，血管似江河，血川就算是微血管的化名了。在这儿，我看见污血和新血的交流，我看见血球在跳跃，血水在汹涌澎湃，我细胞的饿火燃烧起来了。

全肺所有肺泡的表面积，胀得满满的时候，约有 90 平方米，这比全皮肤的面积还大了好多倍。因此在这儿，血川的流域甚广甚长，况且肺泡的墙壁又是那么薄弱，那壁上细胞的纤毛这儿又都已不见了。到了这里，血川是极容易攻陷的，我吃血是便当的事了。

为了吃血的便当，我这三个爱吃血的孩子就常常深入肺泡，强占肺房，放毒纵兵，轰炸细胞，冲破血管，与白血球恶战，与抗毒体肉搏，闹得人肺发硬作病流血出脓，而演成人身的三大病变——伤风、流行性感冒、支气管肺炎——一次比一次紧张，一回较一回危急。

伤风是我的小胜，流行性感冒是我的大胜，支气管肺炎是我的全胜。

在人生的旅途中，谁个不得过几次或轻或重的伤风呢？在流行性感冒大流行时期，三人行必有一人被传染，尤其是在 1918 年至 1919

年那一次，全世界都发生了流行性感冒的恐慌，我的声势之大真是亘古所未有，几个月之间，人类之被害者比第二次世界大战在欧洲战场四年死亡的总数还要多。至于支气管肺炎，那更是人人所难逃免的病劫。人到临终的前夕，他的肺都是异常虚弱，我的群众竞来争食，因而他的最后一次的呼吸，往往是被支气管肺炎所割断了。这可见，我在肺港之役的胜利是一个伟大而普遍的胜利，人类是无可奈何了。

伤风是人类司空见惯的病了，多不以为意。流行性感冒，中国人有时叫它作重伤风。那支气管炎也就可以说是伤风达到最严重的阶段了。他们都只怪风爷的不好，空气的腐败，却哪里知道有我，有我这三个在肺港里称霸的孩子在侵害。

我这三个孩子当中，尤以那被称为流行性感冒杆菌的为最英勇。它在肺港之役是我的开路先锋。它先冲进肺泡里，到了血川之旁去散毒。它并不直接杀人，也不到血液里去游泳，而它的毒素不尽地流到血液里，会使人身的抵抗力减弱了。它却留着刽子手的勾当，给我那后来的两个孩子做。

于是，在伤风患者的鼻咽里，科学先生最常发现它；在流行性感冒患者吐的痰里，它仍常寻得见；在支气管肺炎患者的血脓里，则寻见的不是它，只剩下我那两个孩子——肺炎双球菌和溶血性链球菌了。

所以，伤风不会杀人，流行性感冒也不会杀人，然而它们却往往造成了杀人的局势，而把死刑的执行交给支气管肺炎了。

科学先生当初以为我那孩子是流行性感冒唯一的凶手，因此加它以这样一个沉重的罪名。后来因为它的罪证并不完全，在传染病的三原则上很难通过，就减轻了它的罪，判它为流行性感冒的第二凶手，而把第一凶手的嫌疑，疑惑到比我还要小很多的微生物——病毒的身上了。

科学先生感到这肺港里的三大病变的复杂性了。这使他们的免疫苗的防御不中用，血清的抵抗不见效，预防乏术，治疗亦无法。科学先生也无可奈何了。

自从科学之军崛起，我在其他方面进攻人类都节节败退，独有肺港之役，我获得最大的胜利。这是我那三个小英雄之功。

将来的发展如何，我不知道，但因为我在人身有极重大的经济利益，我始终要求人类承认我在肺港的特殊地位，承认我的侵略权。

肺港里还有其他的纠纷事件，如肺痨、百日咳、大叶性肺炎、肺鼠疫，如此之类，以及要封锁港口的白喉，那都因为性质不大同，都不及在此备载了。

吃血的经验

从血川到血河，一路上冲锋陷阵，小细胞和大细胞肉搏，鞭毛和伪足[①]交战，经过无数次的恶斗，终于是我得胜了，占领了血河，而人得败血症的病死了。

于是科学先生就板起面孔来，在实验室里大骂我是穷凶极恶的暗杀党，谋害了宝贵的人命，他们一定要替人类复仇，发明新武器来歼灭我。

这不但于我的名声有损，而且连我在生物界的地位都动摇了。我在这一章里是要述明我的立场哩。

古人不是说过嘛："民以食为天。"我是生物界的公民之一，当然也以食为天，不能例外。

我的生活从来是很艰苦的。我曾在空中流浪过，水中浮沉过，曾冲过了崎岖不平的土壤，穿过了曲折蜿蜒的肚肠，也曾饿在沙漠上，也曾冻在冰雪上，也曾被无情之火烧，也曾被强烈之酸浸，在无数动植物身上借宿求食过，到了极度恐慌的时候，连铁、硫和碳之类的矿盐，也胡乱地拿来充饥，我虽屡受挫折，屡经忧患，仍是不断努力地求生，努力维护我种我族的生存，不屈服，不逗留，勇往直前迈进。我这样地无时无刻不在艰苦生活之中挣扎着，我的生活经验，可以算是比一般生物都丰富得多了。我这样地四方奔走，上下飘舞，都是为

① 由白细胞、巨噬细胞或原生生物暂时伸出的片状或条状突起。

着吃的问题没有解决呀！

我想，生物的吃，除了一般植物它们所吃是淡而无味的无机盐而外，其他的如动物界中的各分子及植物界中之有特别嗜好者，它们所吃就尽是别的生物的细胞。它们不但要吃死去的细胞，还要吃活着的细胞。

吃人家的细胞以养活自己的细胞，这可以说是生物界中的一种惯例吧，于是各生物间攘争掠夺互相残杀的事件层出不穷了。

我菌儿虽是弱小的生物，在生物界中似乎是居最末位的，但我对于吃的问题也不能放松！

我几乎是什么都吃的生物，最低贱的如阿米巴[①]的胞浆，最高贵的如人类的血液，我都曾吃过。我所吃，所爱吃的，绝不像植物所吃的那样淡泊而没有内容。我的吃是复杂而兼普遍，我是最能适应环境的生物。

但是，我因感着外界的空虚、寂寞而荒凉，我的细胞时有焦干冻饿的恐慌，所以特别爱好在动物身上盘桓，尤其是哺乳类的动物，人和兽之群。他们的体温常是那么暖和，他们又能供给我以现成的食料。我在他们的身上，过惯了比较舒适的生活，就老不想离开他们的圈子了。于是我的大部分群众就在这圈子之内无限制地生长繁殖起来了。

人和兽之群，在我看去真是一座一座活动的肉山啊！

我初到人兽身上的时候，看见那肉山上森严地立着疏疏密密的森林似的毛发须眉，又看见散乱地堆着重重叠叠的乱石似的皮屑。我就随便吃了这些皮屑过活，那时我的生活仍然是很清苦的。

---

① 原虫的一类，又称变形虫、阿米巴原虫。

后来我又发现肉山上有一个暗红的山洞，从那山洞进去，便是一个弯弯曲曲无底的深渊，那就是人兽的肚肠。肚肠是我的天堂，那儿有来来往往的食货。我就常常混在里面大吃而特吃。但不幸我在洞里又遇到了一种又酸又辣的液汁，我受不住它的浸洗。所以除了我那些走熟这一条路的孩子们以外，我的大部分的群众都不能冲过去。

有一回，人的皮肤上忽像火山一般地爆裂了，流出热腾腾红殷殷的浓液。当时我很惊异这东西是从哪里来的呢？后来我在肺港里是见惯了它，它的诱惑力激动了我的食欲和好奇心。我的细胞就往往不自禁地跳进它的狂流之中去。我尝了它的美味，从此我对于人兽的身体就抱着很大的野心了。

人类本来都茫然不知道我在暗中的活动，我的黑幕都是给多疑的科学先生所揭穿的。他们老早就疑惑到我和人兽之血的交恶关系了。于是他们就时常在人血兽血中寻找我的踪迹。因为在初生的婴孩，他的肠壁的黏膜还不十分完整与坚实，他们想，我到了那里，一定是很容易通行的。又因为在猪牛之类的肌肉和组织里，他们时常发现我，因此他们对于我是更加疑忌了。但是在健康之人的血液里，他们老寻不着我，罪证既不完全，他们就不能决定我会在活血里行凶呀。这是因为在平时血液的防卫很严密，我很不易攻入。我就是偶尔到了活血里面，不久也就被血液里的守军杀退了。

血液是那样密密地被包在血管里，围在皮肤和黏膜之内，我要侵入血流中，必先攻陷皮肤和黏膜。所以在平时，皮肤的每一角落，黏膜的每一处空隙，都满布着我的伏兵，我在那里静候着乘机起事哩。

皮肤和黏膜的面积虽甚广大，处处却都有重兵把守。皮肤是那样坚韧而油滑，没有伤口即不能随便穿过。眼睛的黏膜有眼泪时常在冲洗，眼泪有极强大的杀菌力量，就是把它稀释到四万分之一，我还不敢在那里停留。不这样，你们的眼睛将要天天发红起肿了。呼吸道的黏膜又有纤毛，会扫荡我出来。胃的黏膜会流出那酸溜溜的胃汁，来溶化我。尿道和阴户的黏膜也有水流在冲洗，我也不能长久驻足。此外是鼻涕、痰和口津之类也都会杀害我。真是除了汗、尿和人们不大看见的脑脊髓液而外，人和兽之群乃至于一切动物，甚至于有些植物，它们的体内，哪一种流液，哪一种组织，不在严防我的侵略，不有抵抗的力量呀！

至于血，当然啰，那是高等动物所共有的最丰富的流体，它的自卫力量更是雄厚了。

血，据科学先生的报告，凡体重在150磅[①]左右的人都有5升的血，昼夜不息、循环不已地在奔流着，在荡漾着，在汹涌澎湃着。血，它是略带碱性的流体，我在血水里闻到了“蛋白质”“糖类”和“脂肪”的气味了，我见过了钠的盐、钙的盐的结晶体了，我尝到了“内分泌”和氧的滋味了。

在血的狂流中，我又碰到了各种各式的血球在跳跃着，在滚来滚去地流动着。

我最常遇到的是像车轮似的血球，带点青黄的颜色，它的直径只有7微米半，它的厚度只有2微米半，它的胞内没有核心，它像一只一只的粮船，满载着蛋白质和脂肪，在我的身旁掠过。我看它那样又肥又美的胞体，我的饿火上冲了。我曾听科学先生说过，它的胞体里还有一种特殊的色料，叫作“血色素”，那是最珍奇的一种食宝。我远远地就闻见动物的腥味，那就是从这血色素里所放出来的气味吧。我的少壮细胞爱吃人兽之血，目的也就在它的身上吧。

---

① 1磅≈453.59克。

但我在血的狂流中，又遇到了一群没有色素的血球了。它们的胞体内却有了核心。那核心的形状又有好些种：有的核心是蛮大的，几乎占满了血球的全身；有的核心是肾形的；有的核心的形状是凹凸不平的。它们这一群都是我的老对头，我在血中探险的时候，常受着它们的包围与威胁，它们会伸出伪足来抓我。

我又看到了一种卵形无色的小细胞，它有凝结血液的力量，我常被它绑住了。有人说它是白血球的分解体，叫它作“血小板”。①

还有一种一半是蛋白质一半是脂肪的有色的细粒，科学先生叫它作“血尘”，大约它们就是死去的红血球的后身吧。

此外，更奇怪的就是，我在血流中奔波的时候，我的细胞常中途而死，不知是中了谁的暗算，这我在后来才知道是所谓“抗体”之类无形的东西在和我作对呀。

血液是我所爱吃，而血管的防卫是那么周密；红血球是我所爱吃，而白血球的武力是那么可怕，每600粒红血球就有一粒白血球在巡逻着，保卫着它们！在这种情势之下，我有什么法子去抢它们来吃呢？

我的经验指示我了：

第一要看天时。在天气转变的时候，人兽的身体骤然遇冷，他们皮肤和呼吸道的黏膜都瑟瑟缩缩地发抖起来，微血管里的血液突然退却，在这时候我的行军是较顺利的。或是外界的空气很潮湿，很温暖，我虽未攻入人体的内部，也能到处繁殖，所以在热带的区域，在人兽的皮肤上，常有疔疮、疖子之类的东西出现，那都是我驻兵的营地呀。

第二要看地利。皮肤一旦受了刀伤、枪伤而破裂，我就从这伤口

---

① 血小板不是完整的细胞，也并非由白细胞分解而来，而是由巨核细胞质裂解而成。

冲入。有时人的皮肤偶为小小的针尖所刺，不知不觉地过了数小时之后，忽然作痛起来，一条红线沿着那作痛的地方上升，接着全身就发烧了，这就是我的先锋队已从这刺破的小孔进攻，而节节得胜了呀。

然而在抵抗力强盛的身体，这是不常有的事。在平时，我一冲进皮肤或黏膜以内，血液就如风起潮涌一般狂奔而来，涌来了无数的白血球，把我围剿了。这就是动物身体发炎的现象，发炎是他们的一种伟大的抵抗力量啊！

但是身体虚弱的人，他们的抵抗力是很薄弱的，发炎的力量不足以应对危机。于是我就迅速地在人身的组织里繁殖起来了，更利用了血管的交通，顺着血水的奔流，冲到人身别的部分去了。有时千回百转的小肠大肠，会因食物的阻塞、外力的压迫而突然破裂，那时伏在肠腔里的我就趁势冲进腹膜里去，辗转多地，最终流到血的狂流中去。这是我由肠壁的黏膜而入于血的捷径。

我又有时在外物与腐体的掩护之下攻入血中，我伏在外物或腐体里，白血球和其他的抗菌分子就不能直接和我作战了。例如在人类不知消毒的时代，产妇的死亡率很高，那就是我伏在产妇身上横行无忌的缘故。

第三要看我的群力。我进攻人身的内部，必须利用群体的力量，单靠着一粒一粒孤军无援的细胞作战是不济事的，我必须用大队的兵马来进攻。例如人得伤寒之病，是因为他们所吃的食物里早就有我的群众伏在那里繁殖了。

第四要看我的战术。我要攻入血管，有时须勾结了蚊子、臭虫和虱子之类的吮血虫作我的先驱，作我的桥梁。

第五要看我的武器。我有时又当使用毒素之类凶险的武器，那毒素是屠杀动物细胞最厉害无比的利器，我常伏在人兽之身的一个小角落里施放这毒素。

总之不论用什么法子，从哪一个门户进攻，我的大队兵马一旦冲进了血管里面，占领了血河，在血的狂流中横冲直撞，战胜了白血球，压倒了抗体，解除了血液的武装，把一个一个红血球里的血色素尽量地吃光了，那个人的生命就不保了。

人死后，我可在那尸体里大餐大宴，那就是我的菌众庆功论赏的时候了。

不幸，近来殡仪馆的人得到了消毒的秘诀，常把尸身浸在杀菌的药水里；又不幸，有些地方的民俗常用火葬，把尸体全烧成灰，那真是我的晦气。不料我在完全侵占了人身之后，竟同趋于灭亡，而我便全军覆没了！

乳峰的回顾

红润而滑腻的肠壁，充满了血腥和乳臭，壁上的黏膜还不十分完整，黏膜里一排一排的上皮细胞还不十分紧连密接，从胃的下口不时流进了一滴滴雪白的乳汁。

这是一个新生婴儿的肠道。在这样的一个新肠道里，我是第一个小旅客。我也就是伏在那些乳汁里面混进来的呵。

这时候，肠道里的情形很荒凉，寂寞的空气笼罩着我的四周，一点儿杂色的货物也没有，就是流进来的乳汁，一忽儿也都白干了，剩下我，孤单地在肠道彷徨着。

虽然，我知道不久就会热闹起来，不久将有更多的乳汁流进，各种不同性质的食物也会源源而来，那时我的远近亲友，微生物界里形形色色的分子，都会争先恐后地齐来垦殖这新开拓的土地。

然而，目前这婴儿肠道里的环境，是那么冷落空虚，孤独的心情压迫着我的核心，使我再也不能忍受下去了。曲折蜿蜒的肠子，又不停地在蠕动着，震荡得我几乎要晕倒在它的黏液中了。

在黏液中，我似梦非梦地在独自思念着，想起了无限缠绵悱恻的往事。

我想起了占领“人山”的经过。自从我那回攻入她的血管以后，我的生活就非常紧张，没有一刻不在战斗中过日子，而且还有与人同归于尽的危险。于是我不得不去另觅出路了。

我在“人山”上爬行，常望见她的胸前有两座圆而高耸的乳峰，遥遥相对着。我初以为它们是和熄灭了的火山一样，极其平静无事的。我抱着好奇的心理到了那峰口去探望。

我就从这峰口进去，一进去便是一间萎缩了的空囊，曾贮藏过什么东西似的。再进去就是自来水管似的圆洞，一共有 15 洞至 20 洞之多。愈入愈深，那圆洞也越分越细，最后到了一间最小的空房，便碰了壁，不能再前进了。

我沿途都望见有厚厚薄薄的“结缔组织”，包围着乳洞乳房的墙壁。在那壁上，我又看见有不少的脂肪在填积着。我想，那乳峰之所以会那样肿胖而隆起，大约就是这些“结缔组织”和脂肪在撑持着吧。可是，有的“人山”上的乳峰并不怎样高，有时竟萎缩到像平地上的一个小阜而已，那也就是因为脂肪太缺少，“结缔组织”又都已退化了吧。

我陡然地，又在那些“结缔组织”里面发现了神经的支末，发现了动脉和静脉的血管、微血管以及淋巴管之类的东西在跳动着。我想，神经和血管都派有代表在这儿驻扎，那不久一定就会发生大变动呀。于是我就静伏在乳峰的四周，不时又爬到那峰口里去窥探，打听有什么消息。

许久，许久，一些动静也没有。那“人山”却一天比一天长大起来了，山地上涌出的油和汗也加多了，那两座乳峰总是那么沉寂。我失望了。我就离开了这“人山”，又飘到了别的“人山”去视察了。

我这样地辗转流徙，到过了不少的“人山”，登上了不少的乳峰，最后我来到了一座丰满而肥大的“人山”，那山上的乳峰也格外高耸而膨胀，我觉着有些异样，忽然如地震一般，那“人山”动荡得非常厉害，又如雷响一般，“哇”的一声，什么东西坠地了。

我惊慌了，我疲乏了，我昏然地跌倒在那散满了油汗的山地上。

过了几个时辰，我正懒洋洋地躺在那儿休息，忽然一盆温水似的从上头浇下来，我的细胞浑身都透湿了。我四围一看，望见像山巅积雪融化了似的，白茫茫的乳汁，从那峰口涌出，滚滚而下。

在那白茫茫的乳汁里，我遇见了不少的小乳球，不少的珍物奇货，都是脂肪、糖、蛋白质之类的好东西，都是我的顶上等的食品，我真喜出望外了。

脂肪之类，有液脂、软脂、磷脂等，都非常可口。

糖之类，就有那著名的乳糖，我所爱吃。

蛋白质之类，有干酪素、乳球蛋白、胆脂素、尿素、肌肉素等等，都是不可多得的。

此外，还有酵素，还有无机盐，还有其他零星的小东西，如药料、香料，等等，数也数不清了。

有这样多这样美的食品，装在一颗一颗的小乳球里，在白茫茫的乳汁中荡漾着，我可以大吃特吃了。

我吃过了乳球，觉得它比血球更好吃，而且乳汁虽也有一点杀菌的力量，可是薄弱得很，那我是不必怕的。况且乳汁又不像血液那样密密地包封在血管里面，它终于是要公开地流露在外界的。好了，那我要吃乳球是便当的事了。

然而，真奇怪，这么多的乳球和乳汁是从哪里跑出来的呢？好奇的心理又引我重新爬进那峰口里去探视。

这时候，萎缩的空囊已经高涨起来了，乳洞乳房里都涨满了乳汁。结缔组织已经大大地减少了。乳房壁上的细胞，一个个都异常地活跃。我看见有几粒立方形的细胞正在渐渐地拉长，变成了圆柱形了，在它的一头，一点一点的油点不停地在涌出。这些油点积少成多，不久就结成了一颗大得可观的乳球，比我的身子要大了好几倍。

这些乳球，又愈聚愈广，出了乳峰之口，就如喷水池一般倾泻而下了。

我记得，当我在血河里抢吃红血球的时候，似乎并未曾遇见过干酪素和乳糖之类的东西。显然地，这些罕见的东西是乳球所特有，是乳房壁上的细胞自己制造出来的。不但如此，就是乳汁里的脂肪，它的内容，也和血液里的脂肪有些不同；就是乳汁里所含的各种无机盐的成分，和血液里所含的无机盐的成分也不一样。这样看来，在内容上，乳汁比血液是更复杂丰富而精美了。

然而乳汁，在原料上，那无疑地还是仰给于血液，还是红血球代它运送来的。那么，血管与乳房之间是有路可通了。

我在血河里，正苦着没有正当的出路，到了没有法子的时候，也只得随着眼泪、汗汁、尿水、鼻涕、口津、痰之类人们所厌弃的流液而出奔，不然则“人山”一旦崩溃，我将随着它的尸身，又回到我的土壤故乡去了。这是我所不愿意的。

我一生最大的希望，最野心的企图，就是在征服“人山”，尤其是幼小无力的“人山”，开拓我的新殖民地，使我族可以无限制地繁殖下去。现在我既发现了这乳峰里的秘密，就可以布置新的交通网了。

我可以从血管里冲进乳房，在乳囊里集中，在乳峰口会合出发，一喷就喷到婴儿口里去了。

我知道乳汁前途的环境是非常温暖而舒适，在它的浸润中，我绝不至于冻饿，一到了婴儿的肚肠里，更是饱暖无忧了。

虽然，人到底是爱干净的动物，现代人的母亲更加讲究了。在哺乳之前，必有一番清洁的准备，用硼酸水或用酒精来洗刷她的乳峰，在这种消毒力量威胁之下，伏在乳峰四沿的我早已四散逃避了。

然而，我有一群淘气的孩子会从血管里冲过来，预先和乳汁混在一起，有荚膜的鼓起它们的荚膜，有鞭毛的舞着它们的鞭毛，怒气冲冲地，预备一出去，一踏上婴儿的食道就大显身手。不幸，这消息已被科学先生所侦察到了。讨厌的科学先生就大肆提倡什么验血验乳的勾当。什么“梅毒反应”，什么“结核菌素反应”之类，都是故意与我为难，禁止我再入婴儿的口，绝我求生之路，我真愤恨极了。

“人山”上的戒备既是这样的严密，我的这一个侵略婴儿的计划，算是失败了，于是我又有占领“牛山”“羊山”上的乳峰作为攻人的根据地的企图。

其实，大如老虎狮子，小如兔儿鼠子，哪一个哺乳类的动物，它的乳峰上没有我的踪迹？正因为牛和羊的乳汁是被人类夺去了作为日常的饮料，这些乳汁到了人口之前，不知要经过了多少的曲折，多少的跋涉，这之间，我就有机可乘，所以我特别爱好在它们的乳峰上盘桓，等候着机会的来临，等候着乳峰的开放。

在“牛山”上的乳峰开放了以后，我的菌众就纷纷地争来求食了。

有的从牛粪里飞上了“牛山”，又由“牛山”辗转而来到了乳峰之下；有的从牧场上的灰尘泥土奔来；有的从摄乳的人的手指、喉咙里、衣服上送来；又有的就预先伏在乳桶、乳锅、乳瓶、乳杯里等候了。从乳峰到人口，凡是乳汁游行所必经之路，一站一站的莫不有我的兵队，在黑暗里埋伏着。

乳汁来了，它把乳峰内外四旁的菌众，都冲到乳桶里去了。乳汁是最适合我的胃口的滋补品，于是我的菌众在那儿迅速地繁殖起来了。

所以普通没有消毒过的牛乳，一到了人口，已满载着我的菌众。我的菌数之多，实足以惊人，为卫生专家所嫉视。科学先生为了这问题，更担心了。他们曾费了一番苦心来研究，据他们的报告，在一切饮用的流液之中，我的数目，当以牛乳里所含为最多。于是他们就定下了一种检查牛乳的法规，要加我以限制。我吃牛乳而已，与他们有什么相干，难道人可夺母牛之乳而饮，就不许我在乳汁里沾一点光吗？

我到了乳汁里之后，就择所好而吃，牛乳的内容本来也和人乳一样的丰富，不过它的干酪素较多，它的乳糖和脂肪则较少罢了。

我吃了乳糖，把它化成乳酸，这样含有乳酸气味的酸牛奶常为很多人所喜吃，说是有助于消化，可以治胃肠的病，可见我的生活过程，对于人类，不全是有害，有时还有很大的好处，这酸牛奶的功用便是一个好例子。以后我还要举出许多别的例子来，这里不再唠叨了。

有时我吃了乳糖，不但产酸，而且产气，所产的酸，又不是乳酸，而是带点苦味的醋酸，那牛乳人就不肯吃了。

我在乳汁中，又会放出两种酵素：一种有分解干酪素的力量，另一种会破散其他的蛋白质。那乳汁先凝结成乳块，再化成清清的乳水了。

至于乳汁里的脂肪，我也常吃，吃了就把那脂肪“碱化”了，使那乳汁又变成黄黄的透明之水了。

在上述这些情形之中，在我大吃特吃之后，乳汁都发生了重大而显露的变化，人眼可望而见，人鼻可嗅而知，人口可拒之而不饮，就不至于发生什么变故了。

然而有时“牛山”上的情形很恶劣，山谷里净是乌烟瘴气，我的一群淘气的孩子已在山里东冲西突，乱抢乱劫，它们一得到了乳峰开放的消息，一定会狂奔而来，混在乳汁里捣乱。呀！在我的菌众中，它们是最刁滑无比的一群，它们可以不动声色地偷偷地在那里吃乳。它们吃过了之后，那乳汁也不会发生任何变化，人不知不觉地若吃了这样的乳汁，那才危险哩。

就这样，我的这一群野孩子就随着乳汁深入人身的内地去了。由于它们行凶的结果，所造成不幸的事件就有结核、伤寒、副伤寒、痢疾、白喉、猩红热、脓毒性的喉痛，乃至于“布鲁氏菌病”之类的疫病。不知什么时候这消息又被科学先生的情报处所侦知了。于是在“人山”的食洞里，在乳汁所走过的路途上，在“牛山”的乳峰里，他们就大肆搜捕我的菌众，我的儿孙们无辜而被牵连入狱者不计其数。

最后，科学先生得到了完全的罪证，他们才知道，这些从乳汁所传染来的疫病，都是我那一群淘气的孩子所干的事，和我普通的菌众无干。

他们又发现了我的孩子们的弱点。我那些淘气的孩子们，都是顶怕热的微生物，热一过了 60℃，经过了 20 分钟之久，它们多数就失去活性了，而耐热的芽孢杆菌，则仍可以在 100℃甚至更高的温度下偷生。

所以在今日，牛奶的消毒，都是根据了这个原理。这使他们似乎是顾全了我全体的生命，不用蒸煎的法子来歼灭我的全部，而其实他们是为着自己的利益，因为牛奶一经煮开，它滋养的内容就会损坏了不少呀。

我听说，这种消毒法，又是那位胡子科学先生所想出来的花样，他真处处和我为难。哎呀，那胡子，他真是我的老对头！

食道的占领

食的问题真够复杂而矛盾了。

除了无情的水、无情的空气、无情的矿盐而外，一切生命的原料，都是有机体，都是各种生物的肉身。

地球上各种生物，都有吃东西的资格，也都有被吃的危险。不但大的要吃小的，小的也要吃大的。不但人类要宰鸡杀羊，寄生虫也要拿人血人肉来充饥。这不是复仇，不是报应，这是生物界的一贯政策，生存竞争。

在生物界中，我是顶小顶小的生物，我要吃顶大顶大的东西，不，我什么东西都要吃，只要它毒不死我。一切大大小小的生物，都是我吃的对象。因此，我认为我谋食最便当的途径，就是到动物的食道[①]上去追寻。我渺小的身体，哪一种动物的食道去不得?

为了食的追求，我曾走遍天下大小动物的食道。在平时，我和食道的老板都能相安无事。我吃我的，它消化它的。有时，我的吃，还能帮助它的消化咧。牛羊之类吃草的动物，它们的肚肠里若没有我在帮助着它们吃，那些生硬的草的生硬的纤维素，就不易消化呵。

虽然，有些动物的食道，我是不大愿意去走的。蝎儿的肠道我怕它太阴毒，某种蠕虫儿的肚子我嫌它太狭窄。北极的白熊，印度的蝙蝠，它们的食道，我也很少去光顾，这我是受不了不良环境与气候的

① 食道，在这里泛指消化道。

威胁呀！

我到处奔走求食，我在食道上有深久的阅历，我以为环境最优良最丰腴的食道，要推举人类的肚肠了。这在前面我已宣扬过了。

人类的肚肠，是我的天堂，
那儿没有干焦冻饿的恐慌，
那儿有吃不尽的食粮。

人类肚子里，独有我菌儿这一群，能偷偷地渡过了他们的胃汁，于是他们肠子里的积蓄，就变成我的粮仓食库了。在消化过程中的菜饭鱼肉，就变成我的沿途食摊了。在这条大道上，我一路吃，一路走，冲过了一关又一关，途中风光景物，真是美不胜收，几乎到处都拥挤不堪，我真可谓饱尝人中的滋味了。虽然，我有时也曾厌倦了这种贵族式的油腻生活，就巴不得早点溜出肛门之外呀。

然而，在平时，我的部分菌众认为人类的肠腑是我最美满的乐土，尤其是在这人类称霸的时代，地球上的食粮尽归他们所统治，他们的食道，实在是食物的大市场，食物的王国呵。我若离开他们的身体再到别的地方去谋生，那终于是要使我失望的呵。

这种道理，我的菌众似乎都很明白，因此，不论远近，只要有机可乘，我就一跃而登人类的大口，这是占领食道的先声。

在他们的大口里，就有不少的食物的渣滓皮屑，都是已死去的动植物的细胞和细胞的附属品，在齿缝舌底之间填积着，可供我的浅斟慢酌，我也可以兴旺一时了。然而，我在大口里，老是站不住脚的。口津如温泉一般地滚流不息，强盛的血液又使我战栗，吞食的动作又把我卷入食管里面去了。不然的话，我一旦得势，攻陷了黏膜，那张堂皇的大口，就要臭烂出脓了。

到了食管，顺着食管动荡的力量，长驱直入，我的先头部队，早已进抵胃的边岸了。“扑通”一声，我堕入黑洞洞、热滚滚、酸溜溜、毒辣辣的胃汁的深渊里去了。不幸我的大部分菌众都白白地浸死了，剩下了少数顽强的分子，它们有油滑的荚膜披体，有坚实的芽孢护身，一冲都冲过了这食道上最险恶的难关，安然达到胃的彼岸了。

有的人，胃的内部受了压迫，酿成了胃细胞怠工的风潮，胃汁的产量不足，酸度太淡，消化力不够强，我是不怕他的了，就是从来渡不过胃河的菌众，现在也都踉跄地过去了。

有的时候，胃壁上陡地长出一团团的怪东西，是一种畸形的、多余的发育，科学先生给它一个特殊的名称叫作“癌”。“癌”，这不中用的细胞的大结合，我就毫不客气地占领了它，作为我攻人的堡垒了。

一越过了有皱纹的胃的幽门，食道上的景色就要一变，变成了重重叠叠的有“绒毛”的小肠的景色了。酸酸的胃汁流到了这里，就渐渐地减退了它的酸性。同时，黄黄的胆汁自肝来，清清的胰汁自胰腺来，黏黏的肠汁自肠腺里涌出。这些人体里的液汁，都有调剂酸性的本能。经过了胃的一番消化作用的食物，一到小肠，就渐渐成为中间性的食物了。中间性是由酸入碱必经的一个段落。在这个段落里，我就敢开始我吃的劳作了。

不过，我还有所顾忌，就是那些食物身上还蕴蓄着不少的“缓冲的酸性”，随时都会发生动摇，而把大好的小肠，又变成了酸溜溜的可能。所以在小肠里，我的菌众仍是不肯长久居留，我仍是不大得意的呵！

蠕动的小肠，依照它在食道上的形势和它的绒毛的式样，可分为三大段。第一段是十二指肠，全段只有 12 个指头并排在一起那么长，紧接着胃的幽门。第二段是空肠，食物运来了这里，是随到随空的，不是被肠膜所吸收，就是急促地向下推移。第三段是回肠，它的蜿蜒曲折千回百转的路途，急煞了混在食物里面的我，我的行动是受了影响了，而同时食物的大部分珍美的滋养料，也就在这里，都被肠壁的细胞提走了。

我辛辛苦苦地在小肠的道上，一段一段地推进，一步一步地我的胆子壮起来了。不料刚刚走到了环境的酸性全都消失的地方，好吃的东西出乎不意地又都被人体的细胞抢去吃了。我深恨那肠壁四周的细胞。

小肠的曲折，到了盲肠的界口就终止了。盲肠是大肠的起点。在盲肠的小角落里，我发现了一条小小的死巷堂，是一条尾巴似的突出的东西，食物偶尔堕落进去，就不得出来。我也常常占领了它作为攻人的战壕，因此“人山”上就发生了阑尾炎的恐慌。

到了大肠了。大肠是一条没有绒毛的平坦大道，在“人山”的腹部里面绕了一个大弯。已经被小肠榨取去精华的食物，到了这里，只配叫作食渣了。这食渣的运输极其迟缓，愈积愈多，拥挤得几乎通不过气。我伏在这食渣上，顺着大肠的趋势，慢慢儿往上升，慢慢儿横着走，慢慢儿向下降，过了乙状结肠，到了直肠，这食道上最后的一站，就望见肛门之口，别有一番天地了。

食渣一到了大肠的最后的一段，一切可供为养料的东西，都已被肠膜的细胞和我的菌众洗劫一空了，所剩下的只是我无数菌众的尸身和不能消化的残余，再染上胆汁之类的彩色，简直只配叫作屎了。屎这不雅的名称，倒有一点写实的意思呀。

多事的科学先生曾费了一番苦心去研究屎的内容，他们发现了屎的总量的 6%~9% 都是尸，尸就是指我而言。据说，我的菌群，从成人的肛门口所逃出的，每天约有 128 000 000 000 000 000 000 之多的菌尸。128 之后，又拖上了 18 个零，这数字是多么惊人[①]。由此可以想见大肠里的情形是如何的热闹了。

然而，在十二指肠的时候，我先从死海里逃生，我的神志，犹昏昏沉沉，我的菌数，殆寥寥无几，这些大肠里异常热闹的菌众，当然是到了大肠之后才繁殖出来的。我的先头部队，只需在每一群中，各选出几位有力的代表，做开路的先锋，以后就可以生生世世坐在肠道里传子传孙了。

在我的先头部队之中，最先踏进肠口的，是我的一个最可疼的孩子。它是不怕酸的一员健将，它顶顶爱吃的东西就是乳酸。它常在乳峰里鬼混，它混在乳汁里面悄悄地冲进婴儿的食道里来了。在婴儿寂寞的肠道里，感到孤独的悲哀而呻吟的，就是它。它还有一位性情相近的兄弟，那是从牛奶房里来的，也老早就到"人山"的食道上了。

在婴儿没有断乳以前的肠道，这两弟兄是出了十足的风头，红极一时的。婴儿一断了乳，四方的菌众都纷纷而至，要求它俩让出地盘。它们一失了势，从此就沉默下去了。

这些后来的菌众之中，最值得注意的，是我的两个最出色的孩子，这两个都是爱吃糖的孩子。它们吃过了糖之后，就会使那糖发酵。发酵是我菌儿特有的技能。为了发酵，不知惹出了多少闲气来，这是后话不提。

这两个孩子，一个就是鼎鼎大名的"大肠杆菌"，看它的名字，就晓得它的来历。它的足迹遍布了天下动物的肚肠，只有鱼儿蛤儿之

① 此处可能为 12 个零。据估算，成年人通过排泄粪便，每天大约排出数万亿到十几万亿个细菌。

类冷血动物的肠道，它似乎住不惯。科学先生曾举它做粪的代表，它在哪儿，哪儿便有沾了粪的嫌疑了。

另一个，也有游历全世界肚肠的经验。它身上是有芽孢的，它的旅行是更顺利了。不过，它有一种怪脾气，好在黑暗没有空气的角落里过日子，有新鲜空气的地方，反而不能生存下去。这是“厌氧菌”的特色。肚肠里的环境，恰恰适合了这种奇怪的生活条件了。

我的孩子们有这种怪脾气的很多，还有一个，也在肚肠里谋生。它很淘气，常害人得“破伤风”的大病，在肠道里，它却不作怪。工人的肠道里，就收留了不少它的芽孢。这大概是由于劳苦的工人多和土壤接近吧！我的这个孩子本来伏在土壤里面。尤其是在北平，大风刮起漫天的尘沙，人力车夫张着大口喘息不定地在奔跑，它的机会就来了。

其实，我要攀登“人山”上食道的机会，真多着哪！哪一条食道不是完全公开的呢？我的孩子们，谁有不怕酸的本领，谁能顽强抵抗人体的攻击，谁就能一堑一堑冲进去了。在这“人山”正忙着过年节的当儿，我的菌众就更加活跃了。

我虽这样地占领了食道，占领了人类的肚肠，仍逃不过科学先生法眼。有时人们会叫肚子痛，或大吐大泻，于是他们的目光，又都射到我的身上了，又要提我到实验室审问去了。那胡子科学先生的门徒又在作法了，号称天堂的肚肠，也不是我的安乐窝了。唉！

肠道里的会议

崎岖的食道，纷乱的肠道，
我饱尝了“糖类”和“蛋白质”的滋味。
我看着我的孩子们，一群又一群，
齐来到幽门之内，开了一个盛大的会议，
有的鼓起芽孢，有的舞着鞭毛，
尽情地欢宴，
尽量地欢宴。
天晓得，乐极悲来，好事多磨，
突然伸来科学先生的怪手，
我又被囚入玻璃小塔了，
无情之火烧，毒辣之汁浇，
我的菌众一一都遭难了。
烧就烧，浇就浇，我是始终不屈服！
他的手段高，我的菌众多，我是永远不屈服！
这肠道里的会议是值得纪念的。
这肠道里的“菌才”是济济一堂的。

从寂寞婴儿的肠道，变成热闹成人的肠道，我的孩子们，先先后后来到此间的一共有八大群，我现在一群一群地来介绍一下罢。

俨然以大肠的主人翁自居的“大肠杆菌”，酸溜溜从乳峰之口奔下来的“乳酸杆菌”，以不要现成的氧气为生存条件的“厌氧杆菌”，这三群孩子我在前一篇已经提出，这里不再啰嗦了。其他的五大群呢？其他的五大群也曾在肠道里兴旺过一时。

第四群，是“链球儿”那一房所出的，它的身子是那样圆圆的小球儿似的，有时成串，有时成双，有时单独地出现。科学先生看见它，吃了一惊，后来知道它在肚子里并不作怪，就给它起了一个绰号，叫作“吃屎链球菌”。“链球菌”这三字多么威风！这是承认它是肺港之役曾出过风头的“吃血链球菌”的小兄弟了。而今乃冠之以屎，是笑它的不中用，只配吃屎了。我这群可怜的孩子，是给科学先生所侮辱了，然而这倒可以反映出它在肠道里的地位呵！

第五群，是“化腐杆儿”那一房所出的，它的小棒儿似的身体，蛮像“大肠杆菌”，不过，它有时变为粗短，有时变为细长，因此科学先生称它作“变形杆菌”。它浑身都是鞭毛，因此它的行动极其迅速而活泼。它好在阴沟粪土里盘桓，一切不干净的空气，不漂亮的水，常有它的踪迹。它爱吃的净是些腐肉烂尸及一切腐败的蛋白质，它真是腐体寄生物中的小霸王。它在哪儿发现，哪儿便有臭腐的嫌疑。它闻到了这肠道里臭味冲天，料到这儿有不少腐烂的蛋白质在堆积着，因此它就混在剩余的肉汤菜渣里滚进来了。

在肠腔里，它虽能安静地干它化解腐物的工作，但它所化解出来的东西，往往含有一点儿毒质，而使肠膜的细胞感到不安。科学先生疑它和胃肠炎的案件有关，因此它就屡次被捕了。

如今这案件还在争讼不已，真是我这孩子的不幸。

第六群，是“芽孢杆儿”那一房所出，也是小棒儿似的样子，环境改变时，它会从头上或中心开始变成透明的芽孢。它性格温和，行动飞快。它的地盘也很大，乡村的土壤和城市的空气中，都寻得着它。它爱喝的是咸水，爱吃的是枯草烂叶。它也是有名的腐体寄生物，不过它的寄生多数都是植物的后身，因此科学先生呼它作“枯草杆菌”。它大概是闻知了这肠道里有青菜萝卜的气味，就变成芽孢，而飘来这里借宿了。有那样坚实的芽孢，胃汁很难浸死它，它这一群冲进幽门的着实不少呵。

在新鲜的粪汁里，科学先生常发现一大堆它的芽孢。它又常到实验室里去偷吃玻璃小塔中的食粮，因此实验室里的掌柜们都十分讨厌它。但因为它毕竟是和平柔顺的分子，在大人先生的肚子里并没有闹过乱子，科学先生待它也特别宽容，不常加以逮捕。这真是这吃素的孩子的大幸。

第七群，是“螺旋儿”那一房所出。它的态度有点不明，而使科学先生狐疑不定。它一被科学先生捉了去，就坚决地绝食以反抗，所以那玻璃小塔里，是很难养活它的。后来还亏东方木屐国有一位什么博士，用活肉活血来请它吃，它的真相乃得以大明①。它的像螺丝钉一般的身儿，弯了一弯又一弯，真是在高等动物的温暖而肥美的血肉里娇养惯了，一旦被人家拖出来，才有那样的难养。大概我的孩子们过惯了人体舒适的生活的，都有这样古怪的脾气，而这脾气在“螺旋儿”这一群，是显得格外厉害的了。

虽然，我这“螺旋儿”，有时候因为寻不着适当的人体公寓，暂在昆虫小客栈里借宿，以昆虫为中间宿主。在形态上，在性格上本来已经有“原动物”的嫌疑的它，更有什么“中间宿主”这秘密的勾当，益发使科学先生不肯相信它是我菌儿的后裔了。于是就有人居间调停了，叫它作“螺旋体”，说它是生物界的中立派，跨在细

① 日本细菌学家、生物学家野口英世博士设计出培养过去从未在试管中生长的微生物的方法，成功培养了梅毒螺旋体。

菌与原虫之间吧。这些都是科学先生的事，我何必去管。

要等它溜进血川血河里，这才大显其身手，它原是血水的强盗。不过它还有一所秘密的巢窝，是人间所讳言的神秘之窟。其实，那有什么了不起呢？我的一生成功的秘诀，就在生殖得快而且多呀！正因为愚夫愚妇铤而走险，人类生殖器便成为这“螺旋儿”的势力区了。

第八群，是“酵儿”和“霉儿”①。它们并不是我自己的孩子，而是我的大房二房兄弟所出的，算起来还是我的侄儿哩。它们都是制酒发酵的专家。不过它们也时常到人类肚子里来游历，所以在这肠道里集会的时候，它们也列席了。

那“酵儿”在我族里算是较大的个子，它那像小山芋似的胖胖的身儿是很容易认得的。它的老家是土壤，它常伏在马蜂、蜜蜂之类的昆虫的脚下飞游，有时被这些昆虫带到了葡萄之类的果皮上，它就在那儿繁殖起来，那葡萄就会变酸了，它也就是从这酸葡萄酸茶之类的食物滚进“人山”的口洞里来了。酒桶里没有它，酒就造不成，这在中国的古人早就知道了，不过看不出它是活生生的生物罢了。它的种类也很多，所造出来的酒也各不相同。法国的酒商曾为这事情闹到了胡子科学先生的面前。

那“霉儿”，它的身子像游丝似的，几个十几个细胞连在一起。它是无所不吃的生物，它的生殖力又极强，气候的寒热干湿它都能忍耐过去，尤其是在四五月之间毛毛雨的天气里，它最盛行了。因此它的地盘之大，我们的菌众都比不上它。它有强烈的酵素，它所到的地方，一切有机体的内部都会起变化，人类的衣服、家具、食品等的东西是给它毁损了。然而它的发酵作用并不完全有害，人类有许多工业

① 这里指酵母菌和霉菌，它们都属于真菌，是真核生物；而细菌是原核生物。

都靠着它来维持哩。

关于这两群孩子的事实还很多，将来也要请笔记先生替它立传，我这里不过附带声明一声罢了。

以上所说的八大群的菌众，先后都赶到大肠里集会了。

“乳酸杆儿”是吃糖产酸那一房的代表。

“大肠杆儿”是在肠子里淘气的那一房的代表。

“厌氧杆儿”是讨厌氧气那一房的代表。

“吃屎链球儿”是球族那一房的代表。

“化腐杆儿”是吃死肉那一房的代表。

“芽孢杆儿”是吃枯草烂叶那一房的代表。

“螺旋儿”是螺旋那一房的代表。

“酵儿”和“霉儿”是发酵造酒那二房的代表。

这八群虽然不足以代表大肠的全体菌众，但是它们是大肠里最活跃、最显著、最占有势力的分子了。

在前文的自传里，我并没有谈到我自己的形态，在这里我也只略略地提出。那是因为你们没有福气看到显微镜的大众，总没有机会会见我，我就是描写得非常精细，你们的脑袋里也不会得到深刻的印象呵。在这里，你们只需记得我的三种外表的轮廓就得了：就是球形、杆形和螺旋形三种呵。还有芽孢、荚膜、鞭毛也是我身上的特点，这里我也不必详细去谈它们。

然而，我认为你们应当格外注意的，就是我在大肠里面是怎样的吃法。这是和你们的身体很有利害的关系呵。

我这八群的孩子，它们的食癖，总说起来可分为两大党派：一派是吃糖，糖就是碳水化合物的代表；另一派是吃肉，肉是蛋白质的代表。

它们吃了糖就会使那糖发酵变酸。

它们吃了肉就会使那肉化腐变臭。

这酸与臭就是我的生理化学上的两大作用呀。

然而大肠里蛋白质与碳水化合物的分布是极不平均的。和尚尼姑的大肠里大约是糖多，阔佬富翁的大肠里大约是肉多。

糖多，我的爱吃糖的孩子们，如“乳酸杆儿”之群，就可以勃兴了。

肉多，我的爱吃肉的孩子们，如“变形杆儿”之群，就可以繁盛了。

“乳酸杆儿”勃兴的时候，是和你们大人先生的健康有益的，因为它吃了糖就会产出大量的酸。

在酸汁浸润的肠道里，吃肉的群众是永远不会得志的，而且就是我那一群淘气的野孩子们，偶尔闯进来，也会立刻被酸所扫灭了。所以在“乳酸杆儿”极度繁荣的肠道里，“人山”上是不会发生伤寒病之类的乱子。所以今天的科学医生常利用它来治疗伤寒。

伤寒的确是你们的极可怕的一种肠胃的传染病，是我的一群凶恶的野孩子在作祟。这群野孩子就是“大肠杆儿”那一房所出的。在烂鱼烂肉那些腐败的蛋白质的环境里，它们就极容易发作起来。害人得痢疾的野孩子也是这一房所出的，害人得急性胃肠病的也是这一房所出的。它们都希望有大量的肉渣鱼屑，从胃的幽门运进来。还有霍乱那极淘气的孩子，也是这样的脾气。

就是这些野孩子不在肠道里的时候，如果肠道里的蛋白质堆积得过多，别的菌众也会因吃得过火，而使那些蛋白质化解成为毒质。

专会化解蛋白质成为毒质的，要算是著名的“腊肠毒杆儿”了，这杆儿是我的“厌气”那一房孩子所出的。这些厌气的孩子们，身上也都带着坚实的芽孢，既不怕热力的攻击，又不怕酸汁的浸润，很容易就溜进肠道里来了。

那八大群的菌众是肠道会议中经常出席的，这些淘气的野孩子是偶尔进来列席旁听的。我们所讨论的议案是什么？那是要严守秘密的呵！

不幸这些秘密都被胡子科学先生的徒子徒孙们一点一点地查出来了。

于是这人人群的孩子们，淘气的野孩子们以及其他的菌众一个个都啷当啷当地入狱，被拘留在玻璃小塔里面了。

科学先生是要研究出对付我们的圆满的办法呵。

清除腐物

真想不到，我现在竟在这里，受实验室的活罪。
科学的刑具架在我的身上，
显微镜的怪光照得我浑身通亮；
蒸锅里的热气烫得我发昏，
毒辣的药汁使我的细胞起了溃伤；
亮晶晶的玻璃小塔里虽有新鲜的食粮，
那终究要变成我生命的屠宰场。
从冰箱到暖室，从暖室又被送进冰箱，
三天一审，五天一问，
侦察出我在外界怎样地活动，
揭发了我在人间行凶的真相。
于是科学先生指天画地地公布我的罪状，
口口声声大骂我这微生物太荒唐，
自私的人类，都在诅咒我的灭亡，
一提起我的怪名，
他们不是怨天，就是“尤人”（这人是指我）！

怨天就是说：“天既生人，为什么又生出这鬼鬼祟祟的细菌，暗地里在谋害人命？”

“尤人”的就说：“细菌这可恶的小东西，和我们势不两立，恨不得将天下的细菌一网打尽！”

这些近视眼的科学先生，和盲目的人类大众，都以为我的生存是专跟他们作对似的，其实我哪里有这等疯狂？

他们抽出片段的事实，抹杀了我全部的本相。

我真有冤难申，我微弱的呼声打不进人人先生的耳门。

现在亏了有这位笔记先生，自愿替我立传，我乃得向全世界的人民将我的苦衷宣扬。

我菌儿真的和人类势不两立吗？这一问未免使我的小胞心有点辛酸！

在生存竞争的过程中，哪个生物没有越轨的举动？人类不也在宰鸡杀羊，折花砍木，残杀了无数动物的生命，伤害了无数植物的健康。而今那些传染病暴发的事件，也不过是我那一群号称“毒菌”的野孩子们，偶尔为着争食而突起的暴动罢了。

我本是土壤里的劳动者，大地上的清道夫，我除污秽，解固体，变废物为有用。

在生物界的分工合作中，我菌儿微弱的单细胞所尽的薄力，虽只有看不见的一点一滴，然而我集合无限量的菌众，挥起伟大的团结力量，也能移山倒海，也能呼风唤雨呀！

我移的是土壤之山，
我倒的是废物之海，
我呼的是酵素之风，
我唤的是氮气之雨。

我悄悄地伏在土壤里工作，已经历过数不清的年头了。我化解了废物，充实了土壤的内容，植物不断地向它榨取原料，而它仍能源源地供给不竭，这还不是我的功绩吗？

我怎样地化解废物呢？

我有发酵的本领，我有分解蛋白质的技能，我又有溶解脂肪的特长呵。

在自然界的演变途中，旧的不断地在毁灭，新的不断地从毁灭的余烬中诞生。我的命运也是这样。我的细胞在不断地毁灭与产生，我是需要向环境索取原料的。这些原料大都是别人家细胞的尸体。人家的细胞虽死，它内容的滋养成分不灭，我深明这一点。但我不能将那死气沉沉的内容，不折不扣地照原样全盘收纳进去。我必须将它的顽固的内容拆散，像拆散一座破旧的高楼，用那残砖断瓦，破栋旧梁，重新改建好几所平房似的。

因此，我在自然界里面有一大部分的职务，便是整天整夜地坐在生物的尸身上，干那拆散旧细胞的工作。虽然有时我的孩子们因吃得过火，连那附近的活生生的细胞都侵犯了。这是它们的唐突，这也许就是我菌儿所以开罪于人类的原因吧！

那些已死去的生物的细胞，多少总还含点蛋白质、糖类、脂肪、水、无机盐和维生素等 6 种成分吧。这 6 种成分，我的小小而孤单的细胞里面也都需要着，一种也不能缺少。

这 6 种中间，以水和维生素最容易消失，也最容易吸收。其次就是无机盐，它的分量本来就不多，也不难穿过我的细胞膜。只有那些结构复杂而又坚实的蛋白质、糖类和脂肪等，我才费尽了力气，将它们一点一点地软化下去，一丝一丝地分解出来，变成了简单的物体，然后才能引渡它们过来，作为我新细胞建设与发展的材料了。

是蛋白质吧，它的名目很多，性质各异，我就统统要使它一步一步地返本归元，最后都化成了“氨”“一氧化氮”“硝酸盐”“氮”“硫化氢”“甲烷”，乃至于“二氧化碳”及“水”，如此之类最简单的化学品了。

这种工作，有个专门名词，叫作“化腐作用”，把已经没有生命的腐败的蛋白质化解走了，这时候往往有一阵怪难闻的气味冲进旁观的人的鼻孔里去。

于是那旁观的人就说：“这东西臭了，坏了！”

那正是我化解腐物的工作最有成绩的当儿呵！担任这种工作的主角，都是我那一群“厌气”的孩子们。它们无须氧的帮忙，就在黑暗潮湿的角落里，腐物堆积的地方，大肆活动起来！

是糖类吧，它的式样也有种种，结构也各不同，从生硬的纤维素、顽固的淀粉，到较为轻松的乳糖、葡萄糖之类，我也得按班就绪地逐渐把它们解放了，变成了“酪酸”“乳酸”“醋酸”“蚁酸”“二氧化碳”及“水”之类的货色了。

是脂肪吧，我就得把它化成“甘油”和“脂酸”之类的初级分子了。

蛋白质、糖类和脂肪，这许多复杂的有机物，都是以碳为中心。碳在这里实在是各种“化学元素”大团结的枢纽。我现在要打散这个大团结，使各元素从碳的链锁中解放出来，重新组织适合于我细胞所需要的小型有机物，这种分解的工作，能使地球上一切腐败的东西都现出原形，归还了土壤，使土壤的原料无缺。

然而有人又要非难我了，说：“腐物的化解，也许是‘氧化’作用吧！你这小东西连一粒灰尘都抬不起，有什么能力，用什么工具，竟敢冒称这大地上清除腐物的成绩都是你的功劳呢？”这问题使19世纪的科学先生曾闹过一番热烈的论战。

在这里最能了解我的，还是那我素来所憎恨的胡子科学先生。他花了许多年的工夫，埋头苦干地在实验，结果他完全证实了发酵和化腐的过程，并不是什么氧化作用。没有我这一群微生物在活动，发酵是永远发不成功的呵！

我有什么特殊的能力呢？

我的细胞里面有一件微妙的法宝。

这法宝，科学先生叫它作“酵素”，中文的译名有时又叫作“酶”，大约这东西总有点酒或醋的气息吧！

这法宝，研究生理化学的人，早就知道它的存在了。可惜他们只看出它的活动的影响，看不清它的内容的结构，我的纯粹酵素人们始终不能把它分离出来。因此多疑的科学先生又说它有两种：一种是有生机的酵素，另一种是无生机的酵素。

那无生机的酵素，是指“蛋白酵”“淀粉酵”之类那些高等动植物身上所有的分泌物。它们无须活细胞在旁监视，也能促进化解腐物的工作。因此科学先生就认为它们是没有生机的酵素了。

那有生机的酵素，就是指我的细胞里面所存的这微妙的法宝。在酒桶里，在醋瓮里，在腌菜的锅子里，胡子科学先生的门徒们观察了我的工作成绩，以为这是我的新陈代谢的作用，以为我这发酵的功能是我细胞全部活动的结果，因而以为我菌儿的本身就是一种有生机的酵素了。

我在生理化学的实验室里听到了这些理论，心里怪难受的。

酵素就是酵素，有什么有生的和无生的可分呢。我的酵素也可以从我的细胞内部榨取出来，那榨取出来的东西，和其他动植物体内的酵素原是一类的东西。

虽是细胞的产物，它却都能离开细胞而自由活动。它的行为有点像化学界的媒婆，它的光顾能促成各种化学分子加速地结合或分离，而它自己的内容并不起什么变化。

在化学反应的过程中，这酵素永远是站在第三者的地位，保持着自己的本来面目。然而它却不守中立，没有它的参加，化学物质各分子间的关系不会那样紧张，不会引起很快的突变，它算是有激励化学的变化之功了。

没有酵素在活动，全生物界的进展就要停滞了。尤其是苦了我！它是我随身的法宝。失去它，我的一切工作都不能进行了。

虽然，我也只觉着它有这神妙的作用罢了。我有了它，就像人类有了双手和大脑，任何艰苦的生活，都可以积极地去克服。有了它，蛋白质碰到我就要松，糖类碰到我就要分散，脂肪碰到我就要溶解，都成为很简单的化学品了。有了它，我又能将这些简单的化学品综合起来，成为我自己的胞浆，完成了我新陈代谢的工作，实践了我清除腐物的使命。

这样一说，酵素这法宝真是神通广大了。它的内部结构究竟是怎样呢？这问题，真使科学先生煞费苦心了。

有的说：酵素的本身就是一种蛋白质。

有的说：这是所提取的酵素不纯净，它的身体是被蛋白质所玷污了，它才有蛋白质的嫌疑呀！

又有的说：酵素是一个活动体，拖着一只胶性的尾巴，由于那胶性尾巴的勾结，那活动体才得以发挥它固有的力量呵！

还有的说：酵素的活动是一种电的作用。譬如我吧，我之所以能化解腐物，是由于以我的细胞为中心的“电场”，激动了那腐物基质中的各化学分子，使它们阴阳颠倒，而它们内部的结构发生变动了。

这真是越说越玄妙了！

本来，清除腐物是一个浩大无比的工程。腐物是五光十色无所不包，因而酵素的性质也就复杂而繁多了。每一种蛋白质，每一种糖类，每一种脂肪，甚而至于每一种有机物，都需要特殊的酵素来分解。属于水解作用的，有水解的酵素；属于氧化作用的，有氧化的酵素；属于复位作用的，有复位的酵素。举也举不尽了。这些错综复杂的酵素，自然不是我那一颗孤单的细胞所能兼收并蓄。这清除腐物的责任，更非我全体菌众团结一致地担负起来不可！

酵素的能力虽大，它的活动却也受了环境的限制。环境中有种种势力都足以阻挠它的工作，甚至于破坏它的完整。

环境的温度就是一种主要的势力。在低温度里，它的工作固甚迟缓，温度一高过70℃，它就很快地感受到威胁而停顿了。由35℃到50℃之间，是它最活跃的时候。虽然，我有一种分解蛋白质的酵素，能短期地经过沸点热力的攻击而不灭，那是酵素中最顽强的一员了。

此外，我的酵素，也怕阳光的照耀，尤其怕阳光中的紫外线，也怕电流的震荡，也怕强酸的浸润，也怕汞、镍、钴、锌、银、金之类的重金属的盐的侵害，也怕……

我这不厌其详地叙述酵素的情形，因为它是生物界一大特色，是消化与抵抗作用的武器，是细胞生命的靠山，尤其是我清除腐物的巧妙的工具。

我的一呼一吸一吞一吐，
都靠着那在活动的酵素，
那永远不可磨灭的酵素。
然而，在人类的眼中，它又有反动的嫌疑了。
那破坏血球的溶血素，不也是一种酵素么？

那麻木人类神经的毒素，不也是酵素的产物么？
这固然是酵素的变相，我那一群野孩子是吃得过火，
请莫过于仇恨我，这不是我全体的罪过。
您不见我清除腐物的成绩吗？
我还有变更土壤的功业呢！
这地球的繁荣还少不了我，
我的灭绝将带给全生物界以难言的苦恼，
是绝望的苦恼！

土壤革命

土壤，广大的土壤，是我的祖国，是我的家乡，
我从不知道时候的时候起，就把生命隐藏在它的怀中，
我在那儿繁殖，我在那儿不停地工作，
那儿有我永久吃不尽的食粮。
有时我吃完了人兽的尸肉，就伴着那残余的枯骨长眠；
有时我沾湿了农夫的血汗，就舞起鞭毛在地面上游行。
在神农氏没有教老百姓耕种的时候，
我就已经伏在土中制造植物的食料。
有我在，荒芜的土地可变成富饶的田园；
失去我，满地的绿意，一转眼，都要满目凄凉。
广袤的沙漠，一片枯黄，
就为了那儿，我没有立足的地方。
在有内容的泥土里，我不曾虚度一刻的时辰，
都为着植物的繁荣，为着自然界的复兴。
有时我随着沙尘而飞扬，叹身世的飘零；
有时我踏着落叶，乘着雨点而下沉；
有时我从肚肠溜出，混在粪中，颠沛流离。
经过曲曲折折的路途，也都回到土壤会齐。
我在地球上虽是行踪无定，
我在土壤里却负有变更土壤的使命。

变更土壤就是一种革命的工作，
是破坏和建设兼程并进的工作。
这革命的主力虽是我的活动，
也还有不少其他杂色的成员。
土壤，广大的土壤，原是微生物的王国，
并且，是微生物的联邦。
有小动物之邦，有小植物之邦。

在小动物之邦里，有我所痛恨的原虫，有我所讨厌的线虫，有我所望而生畏的昆虫。

看哪！那原虫，我在“人山”上旅行的时候，已经屡次碰见过了。在肚肠里，酿成一种痢疾的祸变的，不是变形虫的家属吗？在血液里，闹出黑热病的乱子的，不是鞭毛虫的亲族吗？变形虫和鞭毛虫都是顶凶顶狠毒的原虫，它们和我的那一群不安分的野孩子的胡闹，似乎是连成一气的。

它们不但在谋害高贵的人命，连我微弱的胞体也要欺凌。我正在土壤里工作的时候，老远就望见它们了。那耀武扬威的伪足，那神气十足的粗毛，汹汹然而来，好不威风。只恨我，受了环境的限制，行动不自由，尽力爬了二十四小时，爬不到一英寸[①]，哪里回避得及，就遭它们的毒手了。

这些可恶的原虫们所盘伏的地层，也就是我所盘伏的地层。在每一克重的土块里，它们的群众，有时多至一百万以上，少的也有好几百，其中以鞭毛虫最占多数。它们的存在，给我族的生命以莫

① 1英寸≈2.54厘米。

大的威胁。它们真是我的死对头。

看哪！那线虫，也是一种阴险而凶恶的虫族，其中以吸血的钩虫为尤凶。它借土壤的潜伏所，不时向人类进攻。中国的农民受它的残害者，不知有多少，它真是田间的大患。这本与我无干，我在这里提一声，免得你们又来错怪我土壤里的孩子们呵。

看哪！如蚯蚓蚂蚁之徒，是土壤联邦显要的居民。它们的块头颇大，面目狰狞，有些可怕，钻来钻去，骚扰地方，又有些讨厌。不过，它们所走过的区域，土壤为之松软，倒使我的工作顺利。我又有时吃腻了大动物的血肉，常拿它们的尸体来换换口味，也可以解解土中生活的闷气。

这些土壤里的小动物们的举动，在我们土壤革命者的眼中，要算是落后，而且有些反动的嫌疑。

土壤里的公民，就比较的前进了。

虽然那苔藓之群，它们的群众密布在土壤的上层，它们有娇滴滴的胞体，绿油油的色素，能直接吸收太阳的光力，制造自己的食粮。然而它们对于土壤的革命，有什么贡献呢？恐怕也只是一种太平的点缀品，是土壤肥沃的表征吧。它们可以说是土壤国的哥儿小姐，过着闲适的生活了。

土壤里真正的劳动者，算起来都是我的同宗。“酵儿”和“霉儿”就是那里面很活跃的两群。

“酵儿”在普通的土壤里还不多见，但在酸性的土壤里，在果园里，在葡萄园里，我常遇着它们。没有它们的工作，已经抛弃在地上的果皮花叶，一切果树的残余，怎么会化除完尽呢？

“霉儿”能过着极简单的生活，在各样各式的土壤里我都遇到它们。它们这一房所出的角色真不算少，最常见的，有“头状菌”，有

“根足菌”，有“曲菌”，有“笔头菌”，有“念珠状菌”，这些怪名都是描写它们的形态。它们在土中，能分解蛋白质为氨，能拆散极坚固的纤维素。酸性的土壤，是我所不乐居的，它们居然也能在那儿蔓延，真是做到我所不能做的革命工作了。

和我的生活更接近的，要算是放线菌那族了。它们那柳丝似的胞体，一条条分支，一支支散开。它们的祖先什么时候和我菌儿分家，变成现在的样子，如今是渺渺茫茫无从查考了。但在土壤里，它们仍同我在一起过活，然而它们的生存条件，似乎比我严格点，土壤深到了三十英寸，它们就渐渐无生望，终至于绝迹了。它们在土壤里最大的任务，是专分解纤维素的，它们似乎又有推动氧化其他有机物之功哩。

最后，我该谈到我自己了，我在土壤联邦里，虽是个子最小，年纪最轻[①]，而我的种类却最繁，菌众却最多，革命的力量也最伟大。

我的菌众，差不多每一房每一系，都是在土壤里起家。所以在那儿，还有不少球儿、杆儿、螺儿的后代，也有不少硝菌、硫菌、铁菌的遗族，真是济济一堂。

我的菌众估计起来，每一克重的土块，竟有三百万至二万万之多。虽然，这也要看入土的深浅，离开地面二英寸至九英寸之深，我的菌数最多。以后入土越深，我也就越稀少了。深过了四英尺[②]，我也要绝迹。然而，在质地轻松的土壤，我可以长驱直入达到十英尺以内，还有我的部队在垦殖哩。

有这么多的菌群，在那么大那么深的土壤盘踞着，繁殖着，无怪乎我声势的浩大，群力的雄厚，我的微生物同辈都赶不上了。

我们这一大群一大群土壤联邦的公民，大多数都是革命的工作者。

---

① 土壤里还可能含有比细菌更小的生物，如病毒等。

② 1 英尺≈ 30.48 厘米。

土壤革命的工作，需要彻底的破坏，也需要基本的建设，因而我们这些公民，又可分为两大派别。

第一派是“营养自给派”，是建设者之群。它们靠着自身的本事，有的能将无机的元素如硫、氢之类，有的能将无机的化合物如氨、二氧化氮、硫化氢之类，有的能将简单的碳化物如一氧化碳、甲烷之类，都氧化起来，变成植物大众的食粮；又有的能直接吸收空气中的二氧化碳，以补充自己的内容。

在建设工作进行中，这派所用的技术又分两种。有的用化学综合的技术，如硝菌、硫菌、氢菌、甲烷菌、铁菌等，我的这些出色的孩子们，就是这样一群技手能手，看它们的名称就可知道它们的行动了。有的用光学综合的技术，那满身都是细菌叶绿素（或含有类似于叶绿素的色素）的光合细菌，就是这一类的技手。

然而，没有破坏者之群做它们的前驱，预备好土中的原料，它们也有绝食之忧呵。

第二派是“营养他给派”，那就是土壤的破坏者之群了。它们没有直接利用无机物的本领，只好将别人家现成的有机物，慢慢地侵蚀，慢慢地分解，变成了简单的食粮，一部分饱了自己的细胞，其余的都送还土壤了。

然而有时它们的破坏工作是有些过激了，连那活生生的细胞也要加害，这事情就弄糟了。生物界的纠纷，都是由此而兴，而互相残杀的惨变层出不穷了。我所痛恨的原虫就是这样残酷的一群。

至于我菌儿，虽也是这一派的中坚分子，但我和我的同志们（指“酵儿”“霉儿”及放线菌等）所干的破坏工作，是有意识的破坏，是化解死物的破坏，是纯粹为了土壤的革命而破坏。

土壤的革命日夜不停地在酝酿着，我们也一刻没有休息过。然而这浩大无比的工程，是需要全体土壤公民的分工合作。破坏了而又建设，建设了而又破坏，究竟是谁先谁后，如今是千头万绪，分也分不清了。

总之，没有营养他给派的破坏，营养自给派也无从建设；没有营养自给派的建设，营养他给派也无所破坏。这两派里，都有我的群众参加，我在生物界地位的重要是绝对不可抹杀的事实。而今近视眼的科学先生和盲目的人类大众，若只因一时的气愤，为了我的那些少数不良分子的蠢动而诅咒我的灭亡，那真是冤屈了我在土壤里的苦心经营。

经济关系

我正伏在土壤里面，日夜不停地在做工，忽然望见一片乌云，遮满了古城的天空。顷刻间，暴风狂雨大作，冲来了一阵火药的气味，几乎使我的细胞窒息。

不幸战事倘若延长下去，就有这样黑心眼的人要想利用细菌战了。这几年来，细菌战的声浪，不是也随着大战的呼声而高扬吗？

那是说，他们要请出我那一群蛮狠凶顽的野孩子们——人们所痛恨的病菌，来助战了，使我菌儿也卷入战争的旋涡了。这如何不引起我的特别注意呀！

本来，我的野孩子们平日都在和人作战。战争一发，更造成了它们攻人的机会，它们自然就会闻风赶到了。

我想到这里，不禁打了一个寒噤，我的荚膜和鞭毛都战战栗栗抖动起来了。

将来战事一旦结束，人类触目伤心，能不怪我的无情吗？在平时，我本有传染病的罪名，在战时，我又加上帮凶的暴行呀！他们要更加痛恨我了。

呵呵！我的这些孩子们，真是害群之马，由于它们的猖獗，使人类大众莫不谈“菌”色变，使许多人犹认为“细菌”二字是多么不祥而可怕的名词。这真是我菌儿的大耻呵。

老实说，我的大部分菌众，不像资本家，靠着榨取而生存；不像帝国主义者，靠着侵略而生存；不像病菌，靠着传染病而生存。我的大部分群众都是善良的细菌，生物界最忠实的劳动者，靠着自身劳动所得而生存。

我在土壤革命的过程中，经常地担任几部门最重要的工作。这在前面已经述过了。

在土壤里，我不但会分解腐物以充实土壤的内容，我还会直接和豆科之类的植物合作哩。

在豆根的尖头，我轻轻地爬上它弯弯的根须，爬进了豆根的内质，飞快地繁殖起来，由内层复蔓延到外层，使豆根肿胀了，长出一粒一粒的瘤子。这就是“豆根瘤”的现象。

这样地，我和豆根的细胞，取得密切联络，实行同居了。隐藏在豆根瘤里面的我的菌众，都是技术能手。它们都会吸收空气中的氮，把它变成了硝酸盐，送给豆根的细胞，作营养的礼物，而同时也接收了豆根的细胞送给它们的赠品——大量的糖类。

这真是生物界共存共荣的好榜样，一丝儿也没有侵略者的虚伪的气息。

种植豆科植物可以增进土壤的肥沃，这在中国古代的农民，老早就知道了。可惜几千年以来，吃豆的人们，始终没有看见过我的活动呀。

直到 1888 那年，有一位荷兰国的科学先生出来仗义执言，由于他研究的结果，这才把我在土壤里的这个特殊功绩表扬了一下[①]。

这是在农业经济上，我对于人类的贡献。

在工业方面，我和人类发生了更密切的经济关系。

人类的工业，最重要的莫过于衣食二项，在这衣食二项，我却都

① 1888 年荷兰学者马丁努斯·威廉·拜耶林克首次从陆地环境中分离获得具有固氮活性的微生物（根瘤菌）。

尽了最大的努力，努力生产。

我原是自然界最伟大的生产力。

宇宙是我的地基，地球是我的厂房，酵素是我唯一神妙的机器。一切无机和有机的物体都是我的好原料。

我的菌众都在共同劳动，共同生产，所造成的东西，也都涓滴归公，成为生物界的共有物了。

在显微镜没有发明以前的时代，人们虽不知道我的存在，却早已发现了我的劳动果实。他们凭着暗中摸索所得的经验，也知道了在人工的环境里面，安排好了必需的原料，也就能产出我的劳动果实来了。

这在当初他们就认为是自然而然的事。到了化学昌明时代，又认为这是化学变化的事。谁也想不到这乃是微生物的事呀！

他们所采选的原料，也就是我的天然食料，我的菌众老早就预伏在那里面了。并且在人工的环境都适合了我生存的条件时，我也飘飘然地不请自来了。

我不声不响地在那儿工作着，造成了大量的生产品，他们却以为是他们自己的创造与发明。

于是传之子孙，守为家传秘法。我的劳动果实，居然被这些无耻的商人占为专利品了。

从酒说起吧，酒就是我的劳动果实之一。我的亲属们多数都有造酒的天才，尤其是“酵儿”和“霉儿”那两房。米麦之类的糖类，各样各式的糖和水果，一经它们的光顾，就都带点酒味了。不过，有的酒味之中，还带点酸，带点苦，或带点臭。这显然地表示，在自然界中，有不少的杂色的劳动分子，在参加酒的生产呀！这些造酒的小技师们，各有不同的个性，不同的酵素，它们所受用的原料，又多不同，因而天下的酒，那气味的复杂，也就很可观了。

这是酒在自然界中的现象。

天晓得，传说中，是在大禹时代吧，就有了这么一位聪明的古人，叫作仪狄的，偶尔尝到了一种似乎是酒的味道，觉着香甜可口，就想出法子，自己动手来造了，从此中国人就都有了酒喝。

西方的国家，也有他们造酒的故事。

于是，什么葡萄酒呀，啤酒呀，白兰地呀，连同绍兴老酒、五加皮酒等都算在一起，酒的花样真是越来越多了。

酒也是随着生产手段的变化而变化的吧！然而在这生产手段中，我却不能缺席。

在自然界，酒是我的手工业，我的自由职业，我是造酒的生产力。

在人类的掌握中，酒是我的强迫职务，我成为造酒的奴隶，造酒的机器了。

奇异而又不足奇异的是，人类造酒的历史已经有几千年了，他们却从不知道有我在活动。

这黑幕终于是揭穿了，那又是胡子科学先生的功业，他在显微镜上早已侦察好我的行踪了。

有一回，他特制了几十瓶精美的糖汁果液，大开玻璃小塔之门，招请我入内欢宴，结果我所亲到过的地方，一瓶一瓶都有了酒意了。

于是他就点头微笑地说：

“乖乖，微生物这小子果然好本领，发酵的工程，都是由它一手包办成功的呀！”

这句话还没有冷，他就被法国的酒商请去，看看他们的酒桶里出了什么毛病，这么好好的酒，全变成酸溜溜的了。

胡子科学先生细细地视察了一番，就做了一篇书面的报告，大意是说：

“纯净的酒，应该请纯净的酵母菌来制造。酒桶的监督要严密，不可放乳酸杆菌或其他不相干的细菌混进去捣乱。

“乳酸杆菌是制造乳酸的专家，绝不是造酒的角色。你们的酒桶就是这样地给它弄得一塌糊涂了，这是你们这次造酒失败的大原因……用非其才。”

他所说的酵母菌，指的就是我那“酵儿”。

我那“酵儿”，小山芋似的身子，直径不到 5 微米（1 微米是千分之一毫米），体重只有 0.000 009 817 5 毫克[①]。然而算起来，它还是吾族里的大胖子。

然而胡子科学先生只知其一，不知其二。那大胖子并不是发酵唯一的能手，吾族中还有长瘦子，也会造出顶甜美的酒。这长瘦子便是指我的“霉儿”。

它身着有色的胞衣，平时都爱在潮湿的空气中游荡，到处偷吃食品，捣毁物件，是破坏者的身份，又怎么知道它也会生产，也会和人类发生经济关系呢？

这就要去问中国的台湾人了。

原来“霉儿”那一房所出的子孙很多、很复杂。有一个孩子，叫作“黑曲菌”的，不知怎的竟被他们拉去参加制酒的劳动了。现今的台湾酒，大半都是由它所造成的。

这一房里，还有一个孩子，叫作“米曲霉菌”的，也曾被中国、日本等处的酒商，聘去做发酵的工程师。不过它所担任的是初步的工作，是从淀粉变成糖的工作。由糖再变成酒的工作，他们又另请“酵

---

① 据最新研究，酵母菌的质量约为 10~100 皮克（1 皮克 =10^{-9} 毫克）。

儿”去担任了。

我的菌众当中，有发酵本领的当然不止这几个，有许多还等着科学先生去访问呢。这里恕我不一一介绍了。

酒固然是发酵工业中的主要的生产品，但甘油在这战争的时代也要大出风头了。

甘油，它原是制造炸药的原料。请一请“酵儿”去吃碱性的糖汁，尤其是在那汁里掺进了40%的“亚硫酸钠”，它痛饮一番之后，就会造成大量的甘油和酒来了。

不过，还有面包。西洋的面包等于中国的馒头包子，都是大众的粮食，它们也须经过一番发酵的手续。它们还不也是我的劳动果实吗？

可怜我那有功无罪的“酵儿”们，在面包制成的当儿就被人们用不断高升的热力所蒸杀了。这在面包店的主人，是要一方面提防“酵儿”吃得过火，一方面又担心野菌的侵入，所以索性先下手为强，以保护面包领土的完整。

有时面包热得并不透心，这时候我的野孩子里面有个叫作“马铃薯杆菌”的，它的芽孢早已从空气中移驻到面包的心窝了，就乘机暴动起来，于是面包就变成胶胶黏黏的有酸味不中吃的东西了。

在人类的食桌上除了面包和酒而外，还有牛奶、豆腐、酱油、腌菜之类的食品，也都须靠着我的劳动才能制造成功。

牛奶，不是牛的奶吗？怎么也靠着我来制造呢？

这我指的是一种特别的牛奶——酸牛奶。这东西中国人很少吃过，而欧美人士却当它是比普通牛奶还好的滋补品，是有益于肠胃消化的卫生食品了。

酸牛奶的酸是有意识的酸，是含有抗敌作用的酸。酸牛奶一落到人们的肚子里，我的野孩子们就不敢在那儿逞凶了。

奇异而又不足奇异的是，制造酸牛奶的劳动者，就是造酒商人所痛恨的“乳酸杆菌”呀！

呵呵！我的“乳酸杆菌儿”，在牛奶瓶中，却大受人们所欢迎了。

不但在牛奶瓶中有如此盛况，在制造奶油和奶酪的工厂中，它也到处都受厂方的特别优待。这都因为它是专家，它有精良的技术，奶油、奶酪、酸牛奶等，都是它对人类优美的贡献。

酸牛奶在保加利亚、土耳其及其他近东诸国，是很盛行的。因为它有功于肠胃，所以那儿的居民，常恭维它作“长寿的杆菌”。这真是我这孩子的一件美事。

据说，美国的腌菜所用的乳酸，也是这“乳酸杆菌儿”的出品。不过，他们在乳酸之外，有时又掺进了一些醋酸、酪酸及其他有香味的酸。

这些淡淡浓浓的酸，我也都会制造。法国有一位著名的女化学家，就曾请我到她实验室里表演造酸的技术。结果，我那个黑色的“曲儿”表演的成绩最佳，它造出了大量的草酸和柠檬酸。现在市场上所售的柠檬酸，一大部分都是它的出品。

酱油之类的豆制食物却是我的“米曲霉菌儿”的出品了。这是因为它有化解豆蛋白质的能力。

在爪哇，豆制食品也很兴盛，他们专请了另一位小技师，那是我的“棕色曲菌儿”。我又有几个孩子，被美国人请去帮他们制造甜美的冻膏了。

总之，在吃的方面，我和人类的经济关系，将来的发展是未可限量的。

不过在许多地方，人类却都提心吊胆的，谨防我来侵犯他们的食品。这是因为我那些野孩子的暴行所给他们的恶印象，也太深刻了。

那新兴的罐头食品工业，便是人类食品自卫的一个大壁垒。他们用高压强热的手段，来消灭我在罐头境内的潜势力；又密不通风地封锁起来，使我无缝可入。这真是罕见的门罗主义，食物的独占政策，我在这儿也不便多说了。

穿的方面呢？人类也尽量地利用了我的劳力了。浸麻和制革的工业就是两件显著的例子。

在这儿，我的另一班有专门技术的孩子们，就被工厂里的人请去担任要职了。

人类在古埃及时代，老早就发明了浸麻的法子了，也老早就雇用了我做包工。可是，像造酒一样，他们当初并没有看出我的形迹来。

浸麻的原料是亚麻，亚麻是顶结实的一种植物组织，是衣服的上等材料。它的外层，由顽固而有黏胶性的纤维包围着。

浸麻的手续就是要除去这纤维，这纤维的消除又非我不行。我的孩子们有化解纤维素的才能的也不多见。可见化解纤维素的本事，真是难能可贵了。

这秘密，直到20世纪的初期才有人发觉。从此浸麻的工业者，就大体注意我这有特殊技能的孩子的活动了。于是就力图改善它的待遇，在浸麻的过程中，严禁野菌和它争食，也不让它自己吃得过火，才不至于连亚麻组织的本身也吃坏了。

在制革的工厂里面，我的工作尤为紧张。在剥光兽毛的石灰水里，在充满腥气的暗室中，在五光十色的鞣酸里，到处都需要我的孩子们的合作。兽皮之所以能化刚为柔而不至于臭腐，我实有大功。

不过，在这儿，也和浸麻一样，不能让我吃得过火，万一连兽皮的蛋白质都嚼烂了，那就前功尽弃了。

土壤革命补助了农村经济，衣食生产有功于人类的工业。这样看来，我不但是生物界的柱石，我还是人类的靠山，干脆点说：人类靠着我而生存。

这我并不是大言不惭。

你瞧！那滚滚而来臭气冲天的粪污，都变成田间丰美的肥料了。这还不是我的力量吗？没有我的劳动，粪便的处置，人类简直是束手无策。

这也可见，我和人类，并非绝对的对立，并无永久的仇怨！

那对立，那仇怨，也只是我那些少数的淘气的野孩子们的妄举蛮动。

观乎我和人类层层叠叠的经济关系，也可以了解我们这一小一大的生物间仍有合作的可能呵！

人与细菌

大王，鸡，蚂蚁

细菌的大菜馆

细菌的形态

细菌学的第一课

细菌的衣食住行

细菌世界探险记

细菌和滤过性病毒

霉菌的贡献

杀菌的战术

大王，鸡，蚂蚁[①]

晚间无事，看见窗外一钩新月挂在柳树枝头，引起了我的童年回忆，想起在故乡家中和我姊妹二人坐在月下石阶上斗指戏的乐景。这斗指戏用三个指头，大拇指、食指和小指。大拇指是大王，食指是鸡，小指是蚂蚁。大王吃鸡，鸡啄蚂蚁，蚂蚁虽小，能慢慢地侵蚀大王。斗的时候，两人都伸出这三个指头，若我的大王先食你的鸡，你的蚂蚁食我大王，我的鸡又食了你的蚂蚁，结局，我还有一蚂蚁能食你所剩下的大王，你就输了。若我的大王食你的鸡，你的大王也食我的鸡，我的蚂蚁食你的大王，你的蚂蚁也食我的大王，结局，两人都剩下蚂蚁，就不分输赢了。这虽是孩子的游戏，却隐约地表现出生物吃的循环的大势来，与现今我们所知道的自然界循环原理暗合。

我们现在知道，动物（人也在内）依植物为生，植物依细菌为生，细菌又依动物为生。简单点说，就是动物吃植物，植物吃细菌，细菌又转过来吃动物，不过有些动物贪肉食而去吃其同类，有些细菌好异味连植物也要吃。这样看来，细菌便是“蚂蚁”，植物便是“鸡”，动物却是“大王”了。

何以见得？

动物的生活需要复杂的有机物来饲养，不然就要饿死。这些有

---

① 本篇写作时间为 1935 年 8 月。

机物就是蛋白质、碳水化合物及脂肪三种。这三种只有植物能制造，动物自身没有这个本领。

就碳水化合物而言，植物所以能制造，因为它们有叶绿素。这叶绿素的功用，借阳光之力，能将空气中的二氧化碳变成碳水化合物，如纤维素、淀粉及糖等。皆是这些碳水化合物，又与土中所吸收的无机硝酸盐、磷酸盐、硫酸盐及水等综合而成植物细胞的原生质。

动物吃了植物之后，就将这原生质消化改造而成动物细胞的原生质，有一大部分复经氧化，以供给体力和体温。氧化之后所剩余的废物，如尿素或马尿酸则由肾排出体外，如二氧化碳则由肺排出，如屎由肛门排出，如汗由皮肤毛管排出。

总之，植物是依无机物为生，动物是依有机物为生。动物不能利用无机物而自制原生质，所以须吃植物，然而植物也只能利用无机物，而又不能利用有机物，所以要维持地球上的生命，一定要依靠源源不绝的二氧化碳、硝酸盐、磷酸盐、硫酸盐及水的供给。

除了水和二氧化碳而外，这三种无机盐的供给，若老是取而不还，又怎能不绝呢？

于是自然界请出细菌来，请细菌担任化解有机物的工作，使有机物又变成无机物，而后植物方能直接吸收，如是循环不已。

细菌怎样分解有机物呢？

你们想一想吧，自地球上有了生物以来，直到如今，人类及动植物死亡的总账，真是不可量，不可数，不可称。它们都是有机物，若无法分解，岂不是要积成几百座高山，填满一切大海么？但是现在它们这些尸身腐烂到哪里去了？怎么都不见了？

细菌微微地笑着说："都给我们吃光了，化走了。"

在大吃特吃这些尸身腐烂的时候，有些细菌吃到了碳水化合物，化成二氧化碳放出来；有些细菌吃到了尿素或马尿酸，化成氨气放出来；有些细菌吃到了蛋白质，化成氨基酸，又化成氨气放出来；又有些细菌，叫作硝化菌，能将氨气氧化成为亚硝酸盐及硝酸盐；又有些细菌，叫作硫化菌，能将动物所放出的硫化氢，氧化成硫酸盐；又有些细菌，叫作磷化菌，能将动物身上的磷化物，氧化成磷酸盐；此外，又有一种细菌，叫作放氮菌，能将氨气化为氮放入空气里面；更有一种细菌，叫作固氮菌，能将空气中的氮固定起来，变成硝酸盐。于是这些硝酸盐、硫酸盐、磷酸盐和二氧化碳等就可以直接供植物营养之用了。

这样，植物预备饭菜给动物吃，动物预备血肉给细菌吃，细菌预备无机盐给植物吃，就是生物吃的大循环，若有一方罢工，食粮一绝，同归于尽。

所以，一边吃人家的，一边就要给人家吃。

大王，鸡，蚂蚁，三者是同一的重要，既不得自私，也不必妄自尊大，变来变去，都是元素。我们既不能逃出生物循环之外，则生死存亡，都要按着自然的定律，不惊、不怖、不畏地努力合作啊！

细菌的大菜馆

希腊神话中，欧林璧山上一切天神都是为人而有，如爱神司爱，战神司战，谷神司食，因为人而创出许多神来。

我们古老国家的一切山神、土地、灶君、城隍也都是替人掌管，为人而虚设其位。

这些渺渺茫茫无稽之谈都含有一种自信的表现，以为人类是天之骄子，地球上的主人翁。

自达尔文的《物种原始》出版，就给这种自大的观念迎头一个痛击。他用种种科学事实，说明了人类与黑猩猩有共同的祖先，而他们的祖先的祖先又是阿米巴（变形虫），一切的动物都是远亲近戚。

布伦费尔先生，美国一位细菌学家，正在约翰·霍布金大学医院试验室里，穿着白衣，坐在黑漆圆凳子上，俯着头细看显微镜下的某种大肠杆菌，忽然听见我讲到“饱自己的肚皮”一句，不禁失声大笑，没有转过头来，连着就说，带有一半不承认我的话的口气：

“饱谁的肚皮呀？恐怕不仅饱人类自己的肚皮吧？你就不想到人类的肚子里还有长期的食客，短期的食客，来来往往临时的食客呀。一个个两条腿走来走去的动物，还是细菌的游行大菜馆呀。”

我本来处于摇摇孤单的地位，硬着胆说了前面的一篇话，已预存着被听众的包围问难，被他这一问，倒惊退一步。但他不等我回答，又站起来，回过身倚着试验桌旁，接着侃侃而谈。

“不仅人类的肚皮是细菌的菜馆，狮虎熊象，牛羊犬鼠，燕雁鸦雀，龟蛇鱼虾，蛤蚌蜗螺，蜂蚁蚊蝇，乃至于蚯蚓蛔虫，举凡一切有脊椎和无脊椎的动物，只需有一个可吃的肚皮或食管，都是细菌的大小菜馆、酒店。不但如是，鼻孔喉咙还是细菌的咖啡馆，皮肤毛管还是细菌的小食摊，而地球上一沟一尘，一瓢一勺，莫不是它们乘风纳凉饮冰喝茶之所。细菌虽小，所占地盘之大，子孙之多，繁殖之速，食物之繁，无微弗至，无孔不入，诚人类所不敢望其肩膊。所以这世界的主人翁，生物的首席，与其让人类窃称，不如推举细菌。”

他说到这里顿了一顿，我赶紧含笑插进去说：

“然则弱小细微的东西从今可以自豪了。你的话一点都不错。强者大者不必自鸣得意，弱者小者毋庸垂头丧气。大的生物如恐龙，但已绝种。现在以鲸鱼为最大，而大海之中不常见。老虎居深山中，奔波终日，不得一饱，看见丛林里一只肥鹿，喜之不胜，又被它逃走了。蚂蚁虽小，而能分工合作，昼夜辛勤，所获食料，可供冬日之需。生物愈小，得食愈易。我不要再拖长了。现在就请布伦费尔先生给我们讲一点细菌大菜馆的情形吧！”

布伦费尔先生是研究人类肚子里的细菌的专家，他深知其中的奥妙。

于是这位穿白衣的科学先生又开口了，这一次，他提高嗓子，用庄严而略带幽默的态度说：

“我们这一所细菌大菜馆，一开前门便是切菜间，壁上有自来水，长流不息，菜刀上下，石磨两列，排成半圆形，还有一个粉红色活动的地板。后面有一条长长的甬道，直达厨房。厨房是一只大油锅，可以放缩，里面自然发生一种强烈的酸汁，一种神秘的酵汁。厨房的后面，先有小食堂，后有大食堂，曲曲弯弯，千回百转，小食堂备有咖喱似的黄汁，以及其他油呀醋呀，一应俱全。大食堂的设备，较为粗简，然而客座极多，可容无数万细菌，有后门，直通垃圾桶。

“形形色色的菌客菌主菌亲菌友，有的挺着胸膛，有的弯腰曲背，有的圆脸儿涂脂搽粉，有的大腹便便，有的留个辫子，有的满面胡须，或摇摇摆摆，或一步一跳，或匍匐而入，或昂然直入。有从前门，有从后门。

“从前门而入者，多留在切菜间，偷吃菜根肉余齿垢皮屑。然而常为自来水所冲洗，立脚不定。不然，若吃得过火，连墙壁、地板、刀柄都要吃，于是乎人就有口肿、舌烂、牙痛之病了。

“这一群食客里面，最常来光顾的有六大族。一为圆脸儿的‘小球菌’，二为像葡萄的‘葡萄球菌’，三为珠脸儿的‘链球菌’，四为硬挺挺的‘革兰阳性杆菌’，五为肥硕的‘革兰阴性杆菌’，六为弯腰曲背的‘螺旋菌’。这些怪姓，经过一次的介绍，恐你们仍记得不清啊。

“在刷牙漱口的时候，这些无赖的客人，一时惊散，但门虽设而常开，它们又不请自来了。

“婴儿呱呱坠地的一刹那间，这所新菜馆是冷清清地无声无臭。但一见了空气，一经洗涤，细菌闻到腥秽的气味，就争先恐后，一个个从后门踉跄而入。假如将婴儿的肛门消毒，再用一条无菌的浴巾封好，则可经 20 小时之久，一验胎粪仍杳然无菌迹。过了 20 小时之后，纵使后门围得水泄不通，而前门大开，细菌已伏在乳汁里面混进来了。

“在母亲的乳汁中混进来的食客以‘乳枝杆菌’一族为最多，其中有时夹着几个‘肠球菌’及‘大肠杆菌’。

“假如母亲的乳不够吃，又不愿意雇奶妈，而去请母黄牛作奶娘，由牛奶所带来的细菌，就五光十色了。最多数的不是‘乳枝杆菌’而是‘乳酸杆菌’了。此外还有各种各样的‘大肠杆菌’‘肠球菌’‘革兰阳性嗜气芽孢杆菌’‘厌氧菌’等，甚至有时混着一二刺客，如‘结核杆菌’，那就危险了，所以没有严谨消毒过的牛奶，不可乱吃呀！

“在成年的人，肚子饿的时候，油锅里没有菜煮，细菌也不来了。一吃了东西，细菌却跟着进来，厨房里就拥挤不堪。但是胃汁是很强烈的，它们未吃半饱，都已淹死了。只有几种‘抗酸杆菌’及‘芽孢杆菌’还可幸免。但是在有胃病的人，胃汁的酸性太弱，细菌仍得以自全，并且如‘八叠球菌’‘寄腐杆菌’等竟毫无顾忌地就在这厨房里组织新家庭，生出无数菌儿菌孙。而那病人的胃一阵一阵地痛了。

“过了厨房，就是小食堂。那里食客还不多。然而食客到了食堂就留连不忍去，于是有好些都由短期变成长期食客了，这些长期食客内中以大肠杆菌为最主要。它的足迹走遍天下菜馆，不论是有色人种也好，无色人种也好，它都认得，每个人的肠内都有它在吃。”

说到这里，白衣科学先生用他尖长的右手的食指，指着桌上那一架显微镜说：

“我在这显微镜上看的就是这一种‘大肠杆菌’。其余的食客恕我不一一详举。

“一到了大食堂，就大热闹起来。摇头摆尾，挤眉弄眼，拍手踏足，摩肩攘臂，济济一堂，尽是细菌亲友，细菌本家。有时它们意见不合，争吵起来，扭做一团，全场大乱，人便觉得肚子里有一股气，放不出来。

“快到后门了，菜渣和细菌及咖喱似的黄汁相拌，一变而为屎。一斤屎有四五两细菌哩，然而大部分都是吃得太饱胀死了。

“以上所述，都是安分守己的细菌，还有一群专门捣墙毁壁的病菌，那我们不称它们作食客，简直叫它们作刺客暗杀党了。这就再请别位的专家来讲吧！”

细菌的形态[①]

有了一架可以放大至一千倍左右的显微镜，看细菌是便当的事了。只需将那有菌的东西，挑下一点点涂于玻璃薄片上，和以一滴清水，放在镜台上，把镜筒上下旋转，把眼睛搁在目镜上一看，镜中自然隐约浮出细菌的原形来。

但是，这样看法，就好像半夜醒来，睡眠迷离中，望见天空烁烁灼灼、忽明忽暗的星河星云，看得太模糊恍惚了。

自柯赫先生引用了染色法以来，于是细菌也施紫涂朱、抹黄穿蓝、盛装艳服起来，显得格外分明鲜秀。

后来的细菌学家相继改良修进，革兰先生发明了阴阳染色法，齐尔、尼尔森两位先生发明了抗酸染色法，于是细菌经过洗染之后，不但轮廓明显，内容清晰，而且可做种种的分类了。

就其轮廓而看，细菌大约可分为六大类[②]：一为像菊花似的“放线菌”，二为像游丝似的“丝菌”，三为断干折枝似的“枝菌”（即分枝杆菌），四为小皮球似的“球菌”，五为小棒子似的“杆菌”，六为弯腰曲背的“弧菌”。那第六类，有的多弯了几弯，像小小螺丝钉，又叫作“螺旋菌”。

这些细菌很少孤身漂泊，都爱成双结四，集队合群地到处游行。

---

① 本篇写作时间为 1935 年 11 月。

② 此处“放线菌”“丝菌”“枝菌”的划分，皆为基于显微镜下形态特征的通俗分类方式，并非严格的科学分类。

球菌中，有的结成葡萄儿般的一把一把数十百个在一起，名为“葡萄球菌”；有的连成珠儿般的一串一串，有短有长，名为“链球菌”；有的拼成豆儿栗子儿花生儿般的一对一对，名为“双球菌”；有的整整四个做成一处，名为“四联球菌”；有的八个叠成立方体，名为“八叠球菌”。

杆菌中，有的竹竿儿似的一节一节；有的马铃薯般的胖胖的身躯；有的大腹便便，身怀芽孢。有的芽孢在头上，身像鼓槌；有的两端肿胀，身似豆荚；有的身披一层荚膜；有的全身都是毛；有的头上留有辫子；有的既有辫子，又有尾巴；长长短短，有大有小。

细菌都有点阴阳怪气，有的阴盛，有的阳多，有的喜酸性，有的喜碱性。若用革兰先生的染料一染，点了碘酒之后，再用火酒来洗，有的就洗去了颜色，有的颜色洗不去了。洗去的就叫作“革兰阴性球菌”及“革兰阴性杆菌”；洗不去的就叫作“革兰阳性球菌”及“革兰阳性杆菌”哩。这阴阳两大类的球菌和杆菌，所以别者，皆因其化学结构及物理性质有所不同，换言之，即它们生理上的作用，不是一样的呀。

有一类分枝杆菌，如著名的结核杆菌，满身都是油，很不容易染色，后来齐先生和尼先生把它放火上烘，烘得油都化走了，由是一经染色，就是放在酸汁中浸，也洗不退，这就是抗酸染色，这一类杆菌又被称为抗酸杆菌了。

染色之道益精，菌身的内容益彰。细菌身上或有芽孢，或有荚膜，或有鞭毛。前文已经隐隐提出。芽孢所以传种，荚膜所以自卫，鞭毛所以游动。

除此之外，胞中并非空无一物，有说还有胞核，有说还有色粒，连细菌学家，都还没有一律的主见，我们俗人，管他则个。

细菌学的第一课

《读书生活》的编辑要我写一篇生活记录。我想一想，我过去的生活，自己以为最值得写出来的，还是在美国芝加哥大学研究细菌学的那几年。但是若都把它记录出来，要成一部书。所以只拣出第一天上“细菌学的第一课”时的情景，一一追述，比较浅显而易见，使读书好像也站在课堂和实验室的门口，或踮着脚尖儿站在玻璃窗前面，望望里面，看看有什么好看，听听讲些什么，也不至于白费这一刻读的工夫罢了。关于细菌学，我已在《读书生活》第二卷第二期起，写过一篇《细菌的衣食住行》。此后仍要陆续用浅显有趣的文字，将这一门神秘奥妙的科学化装起来，不，裸体起来，使它变成不是专家的奇货，而是大众读者的点心兼补品了。细菌学的常识的确是有益于卫生的补品，不过要装潢美雅，价钱便宜，而又携带轻便，大众才能吃，才肯吃，才高兴吃，不然不是买不起，就是吃了要头痛胃痛呀！

立克馆在芝加哥大学，是美国最老的细菌学府，是人类和恶菌斗争的一个总参谋机关。

1926 年的夏天，那天我正在立克馆第七号教室上细菌学的第一课，同班只有两个美国哥儿，两个美国小姐，一个黑人，连我共六人。大家都怀着新奇的希望，怀着电影观众般紧张的心理，心里痒痒地等候着铃声。铃声初罢，一位戴白金眼镜的人，穿着白色医生制服，踏着大学教授的步子进来了，手里还抱着一大包棉花。

“细菌学是一个新生的科学婴孩呀……250 年以前有一位列文虎

克先生，列文虎克先生是荷兰人呀，他顶会造显微镜，他造的显微镜比别人都好呀……巴斯德先生看见一个法国小孩子被疯狗咬了，心里很难过……柯赫先生发现了结核杆菌，德国的民众都欢天喜地，全欧洲都庆贺他，全世界都感激他……现在日本有一位野口博士亲身到非洲去，得了黄热病，就拿自己的血来试验……我们立克馆的馆长——左当博士也是一个细菌学的巨头，没有他和他的同事的努力，巴拿马运河是建不成功的呀；没有他，芝加哥的水仍会吃人的呀。"他娓娓动人地说了一大篇。

"现在我要教你们做棉花塞，"他一边解开棉花一边换一个音调继续说，"棉花塞虽是小技，用途很大，我们所以能寻出种种病原菌，它的功劳就不小。初学细菌学的人第一件要先学做棉花塞。原来棉花有两种：一种好比海绵，见了水就淋淋漓漓地湿做一团；一种好比油布，沾一点水不至全湿。我们要用第二种。拿一些这不透水的棉花，捏做一丸，塞进玻璃管、玻璃瓶的嘴，三分留在外面，七分塞进里面，不松不紧，这样便可划成了内外两个世界，外界的细菌不得进去，内界的细菌不得出来。若把内界的细菌用热杀尽，内存的食品就永远不臭不坏。"说到这里他将棉花分给我们六人各自练习。此时窗外热气腾腾，窗内热汗滴滴，我一面试做棉花塞，一面品味白衣教授的话。

我们每人都塞满了一篮的玻璃瓶试管了。接着他就吩咐我们每人都去领一只显微镜，再到第十四号实验室里会齐。

我刚从仪器储藏室的小柜台口领到一件沉重的暗黄色木箱子，一手提嫌太重，两手提嫌太笨，后来还是两手分工轮流着提。回到了立克馆，出了一身汗，进了第十四号实验室，看见同班人都穿了白色制服，坐在那长长的黑漆的实验桌前面，有的头在俯着看，有的手在不停地拭，每一位桌上都装有一个电灯和一个自来水龙头。我也穿了白衣，打开我的木箱子，取出一件黑色古董，恭恭敬敬地把它放在桌上。

在这时候进来一个矮胖子，神气不似教授，模样不似学生，也穿着白色制服，手里捧着一个铁丝篮，篮里装满了有棉花塞的玻璃试管，跟着他的后面的就是那位白衣教授。

我也不顾他们了，醉心地玩弄我的黑色古董。那黑色古董，远看有点像高射炮，近看以为是新式西洋镜。上面有一个圆形的抽筒可以升降，中间有一个方形的镜台可以前后摇摆左右转动，下面是一个铁蹄似的座脚，全身上下大大小小共有六七个镜头，看起来比西洋镜有趣得多了。忽然从我的左肩背后伸过来一双毛手，两指间夹着一个有棉花塞的试管，盛着半管的黄汗。

“请你抽出一点涂在玻璃片上，放在镜台上看罢。”这是白衣教授的声音，于是我就照着他所指导的法子，一步一步地做去。

“这是像一串一串的黑珠呀。”我用左眼，又用了右眼，一边看一边说。

“我看的这一种像葡萄呀。”美国哥儿说。

“我所看的像钓鱼的竹竿。”黑人说。

“这有点像马铃薯呀。”那位黄金发的小姐说。

“我的上帝呀！这像什么呢？”我隔壁那位戴眼镜的美国哥儿忽然立起来对我说，“高先生，请你看看，这一种细菌东歪西斜不是很像中国字吗？”

“这倒像你们西洋人偶尔学写中国字所写的样子哩，我们中国字是方方正正的，没有那么歪歪斜斜呀。”我看了一看就笑着说。

还有一位美国小姐没有作声，忽然“啪嚓”一声她的玻璃片碎了。于是白衣教授就走近她的位子郑重地说：“我们用显微镜来观察细菌的时候，要先将那抽筒转到最下面至与玻璃片将接触为止。然后，在看的时候，慢慢地由低升高，切不可由高降低。牢记这一点道理，玻璃片再不至于破碎，镜头也不至于损坏了。”

那位小姐点着头，红着脸，默默地收拾残碎的玻璃片。

看过了细菌，白衣教授又领了我们六人出了实验室，走不到几步便闻见一阵烂肉的臭气，夹着一种厨房的气味。刚推进第十八号的一扇门，那位矮胖子又出现了，正坐在那大大长长粗粗的黑桌子旁边，左手里握着四只玻璃试管，右手的大二两指捏着长圆形的玻璃漏器下面的夹子，一捏一捏的，黄黄的肉汁，就从漏器中泻到那一只一只的试管里面。他的动作很快，很纯熟，满桌满架上排着的尽是玻璃管、玻璃瓶、玻璃缸、玻璃碟，或空或满，或污或洁，大大小小，形形色色，更有那一筒一筒的圆铁筒，一篮一篮的铁丝篮，一包一包的棉花，和其他零星的物件，相伴相杂。满房里充满了肉汁和血腥的气味。

“这一个大蒸锅里面煮的是牛肉汤，”白衣教授指着另一张桌上的一只大铜锅，锅底下面呼呼地烧着大煤气炉，“牛肉汤加上琼脂就变成牛肉膏，再加上糖变成蜜饯牛肉膏，或加上羊血变成羊血牛肉膏，或加上甘油变成甘油牛肉膏，又甜又香又有肉味。此外还预备有牛奶、鸡蛋、牛心、羊脑、马铃薯，等等，这些都是上等补品。我们天天请客，请的是各处来的细菌，细菌吃得又胖又美，就可以供我们玩弄，供我们实验了……”

他没有说完，在他背后那个角落上，我又发现了一个新奇庞大长圆形横卧在铁架上的黄铁筒，仿佛火车头一般，上面没有那突出的烟筒和汽笛，但有一个气压表、一个寒暑针、一个放气管插在上面，筒口有圆圆的门盖，半开半闭，里面露出一只装满了玻璃试管的铁丝篮。后来他告诉我们这是“热压杀菌器”，用高压力的蒸汽去杀尽细菌。

他推开后面那一扇门，让我们一个个踏进去。不得了，这里有动物的臭气腥味冲进鼻子里。一阵猫的尿气，一阵老鼠的屎味，一阵兔毛拌干草的气味，若不是还有一阵臭药水的味，鼻子就要不通气了。这里有更多更大的铁丝篮，整齐地分为两旁，一层一层一格一格地排着，每篮都有号数。篮中的动物看见我们走近，兔子就缩头缩耳地往后退却，猴儿就张着眼睛上下眺望，猫儿就伸出爪，小白老鼠东窜西窜，还有那些半像猪半像鼠的天竺鼠正吃萝卜不睬我们哩。

“这些动物都是人类的功臣，”那教授又扬着声音说了，“代我们病，代我们死，病菌生活的原理，都是用它们来查的啊。我们天天忙着，不是为山羊抽血，就是给豚鼠打针；不是老鼠毒杀，就是兔子病死；不是为猫儿开刀，就是给猴子灌药。手段未免过辣，成效却非常伟大，现代医学的进步不知牺牲了多少这些小生命啊！……”

他说完了，又引我们看了后面的羊场，一只大母羊三只小山羊见了我们来拔腿就跑。

出来我们又参观了冰箱和暖室，他又指示我们每人的仪器柜和衣服柜，我们就把木箱子的古董锁在仪器柜里面，脱了白衣锁在衣服柜里面。此时一切的臭味腥气都被新奇的幻想所冲散了。

出了立克馆就是爱立思街，街上来来往往都是高鼻子的男女学生，唱着歌儿，呼着“哈罗”，说说笑笑，嘻嘻哈哈的，夹着书本，迈着大步走。我也杂在其间，心里在微微地笑，一步一步都欣然自得，像哥伦布发现了新大陆。

细菌的衣食住行①

衣食住行是人生的四件大事，一件都不能缺少。不但人类如此，就是其他生物也何曾能缺少一件，不过没有人类这样讲究罢了。

细菌是极微极小的生物，是生物中的小宝宝。这位小宝宝穿的是什么？吃的是什么？住在哪里？怎样行动？我们倒要见识一下。

好呀，请细菌出来给我们看一看呀！

不行，细菌是肉眼看不见的东西，它还不到我们的眼珠大小的两万分之一呀。幸亏 260 年前荷兰国有一位看门老头子叫作列文虎克先生把它发现出来。列文虎克先生一生的嗜好就是磨镜片，在他屋子里存着好几百架自制的显微镜，天天在镜头下观察各种微小东西的形状。有一天他研究自己的齿垢，忽然看见好些微小的生物在唾液中游来游去，好像鱼在大海中游泳一般。这些微小的生物就是我们现在所要介绍的细菌。自从细菌发现以后，经过许多科学家辛辛苦苦地研究，现在我们已渐渐知道它的私生活的情况了，但是大众的人们对于细菌不过偶尔闻名而已，很少有见面的机会，至于它的衣食住行更莫名其妙了。

我们起初以为细菌实行裸体运动，一丝不挂，后来一经详细地观察，才晓得它们个个都穿着一层薄薄的衣服，科学的名词叫作荚膜。这种衣服是蜡制的，要把它染成紫色或红色才看得清楚。细菌顶怕

① 本篇写作时间为 1936 年 8 月。

热，若将它们抹在玻璃片上放在热气上烘，顷刻间这层蜡衣都化走，露出它们娇嫩的肤体。它们又很爱体面，当它们来到人类或动物的体内游历，或在牛奶瓶中盘桓之时，穿得格外整齐，这层蜡衣显得格外分明。细菌的种族很多，其中以荚膜杆菌、结核杆菌及肺炎球菌三族衣服穿得特别讲究，特别厚，特别容易为我们所认识。

细菌的吃最为奇特而复杂，我们若将它详详细细地分析一下，也可以写成一部食经。在这里不便将它的全部秘密泄露，只略选其大概而已。细菌是贪吃的小孩子，它们一见了可吃的东西便抢着吃，吃个不休，非吃得精光不止。但它们也有吃荤绝对不吃素的，也有吃素绝对不吃荤的，所以有动物细菌与植物细菌之分。大多数的细菌都是荤素兼吃。有的细菌荤素都不吃而去吃空气中的氮，或无机化合物如硝酸盐、亚硝酸盐、氨水、一氧化碳之类。此外还有吃铁的铁菌和吃硫黄的硫菌。更有专吃死肉不吃活肉的腐菌和专吃活肉不吃死肉的病菌。麻风的病菌专吃人和其他某些灵长类动物的肉。平常住在水里或土壤里的细菌，到了人或动物的身上就要饿死。然而结核杆菌及鼠疫杆菌等这些穷凶极恶的病菌就很调皮，它们在离开人体到了外界之后又能暂吃别的东西以维持生活。在吃的方面，大多数细菌还有一种和人类差不多的脾气，我们不可不知道的，就是太酸的不吃，太咸的不吃，太干的不吃，太淡而无味的也不吃，大凡合人类的胃口也就合它们的胃口。所以人类正在吃得有味的东西，想不到它们也在那里不露声色地偷着吃。

细菌的住是和食连在一起的，吃到哪里就住到哪里，在哪里住就吃哪里的东西，它们吃的范围是这样的广大，它们住的区域也就无止境了。而且它们在不吃的时候也可以随风飘游，它们的子孙便散布于全地球了（别的星球有没有我们还没有法子知道。从前德国有一位科学家特意地坐探空气球上升天空去拜访空中的细菌，他发现离地面4000米之高还有好些细菌在那里徘徊）。大部分的细菌都是以土壤为归宿，而以粪土中所住的细菌为最多，大约每一克重的粪土住有一亿多个细菌。由土壤而入于水，便以水为家，到了人及动植物身上，便以人及动植物的身体为家。还有一种细菌叫作嗜热菌，在温泉里也可以过活。

好多种细菌身上都有一根或多根活泼而轻松的鞭毛。这鞭毛鼓舞起来它们便可在水中飞奔，伤寒杆菌能于一小时之内渡过4毫米长的路程。这一点的路在细菌看来实在远得很，因为它们的身长尚不及2微米，而4毫米却是2微米的2000倍。霍乱弧菌飞奔得更快，它们可于一小时之内渡过18厘米长的路程，是它们的身长的9万倍，别的生物都不能跑得这样快。然而细菌若专靠它们自己的鞭毛游动究竟走得不远。它们是喜欢旅行、喜欢搬家的，于是不得不利用别的法子。它们看见苍蝇附在马尾犹能日行千里，老鼠伏在船舱里犹能从欧洲搬到亚洲，它们何不就附在苍蝇和老鼠身上，岂不是也可以游历天下么？于是蚊子苍蝇就作了它们的飞机，臭虫跳虱就作了它们的火车，鱼蟹蚝蛤就作了它们的轮船，它们自由自在地到处观光。不仅如此，它们还会骑人，在这个人身上骑一下又跳到别个人身上骑一下，你看，在电车上，在戏院里，在一切公共的场所，都是它们旅行的好机会呀。

细菌世界探险记[①]

到细菌世界去旅行

到肉眼看不见的细菌世界去做一次探险的旅行，是一件非常有趣味的事。成千成万的医药卫生工作者，都曾经做过这样的旅行。

我们要有一架高倍的显微镜，才可以到细菌世界去。在各大医院里、各大学校里、各微生物学研究所里，都有这样的显微镜。

第一个到细菌世界去的探险家是列文虎克。他是荷兰德尔夫市市政府的看门老工人，又是一位制造显微镜的能手，生平唯一的嗜好就是制造显微镜。他造了 200 多架显微镜，想在显微镜下面，发现各种小东西的秘密。有一天，他在他自己嘴里的齿垢中发现了细菌，他惊奇地叫道："这些微生物真小呀！小到比我们的头发尖，比最小的沙粒都小，是跳蚤眼睛的几百分之一。"有一天早上，他喝了一杯热咖啡，把嘴里的细菌都烫死了。那一次，他再也找不到细菌的影子，他很失望地说："我的小生物失踪了。"

这消息传出以后，引起了欧洲科学界的极大注意，大家都传为奇谈。但是没有人想到，这些细菌会有什么了不起的作用。

这是 17 世纪的事。

过了两个世纪，细菌探险家巴斯德为了研究葡萄酒和啤酒的毛

① 本篇写作时间为 1952 年 8 月。

病，他发现，如果有一种外来的细菌跑到酒桶里繁殖起来，酒就会变臭，变酸。后来他研究蚕的病、母鸡的病和小羊的病，都发现有细菌在这些动物的身体里面捣鬼，于是他就宣布这些细菌为传染疾病的罪犯。

同时，另外一位细菌探险家柯赫发明了检查细菌的染色法，将细菌的身体染上蓝的、红的、紫的各种颜色，使它们能更明显地现出原形来。他又发明了各种培养细菌的方法，将细菌关在玻璃管、玻璃瓶和玻璃碟里面，用各种液体和固体的食品喂它们，作为研究的材料。他又拿小白鼠、天竺鼠、小兔、小猫、小猴儿等动物，做细菌的试验品。到细菌世界去旅行探险的技术和装备，一天比一天进步了；去探险的人，也一天比一天多起来了。

我现在综合各位细菌探险家的旅行笔记，做一个简单的报道，使没有机会去旅行的人，也能明了细菌世界的情况。

细菌有多么小

细菌是极小极微的生物，显微镜发明以后，人们才认识了它们的面目。

有的说："细菌是肉眼看不见的东西，我们的眼珠就比它大多少万倍呀！"

有的说："好几十万个细菌挂在苍蝇的毛腿上，我们也看不出来。"

有的说："一根汗毛、一粒最小的灰尘，也比细菌重几百倍。"

有的说："针头那么大一点儿地方，就可以容纳几万万细菌。"

有的说："一滴污水里，可以含有几百万到几千万个细菌。它们在一滴水里面游泳，就好像鱼在大海里一般。"

细菌究竟有多么小？

我们要拿特别的单位去量它，这个单位就是“微米”，一微米等于千分之一毫米。普通杆状的细菌，平均大小长约 2 微米，宽约 0.5 微米，所以到细菌世界去旅行，非带着显微镜不可。

细菌是什么样子的

我们在探险旅行中，只要有一架可以放大到 1000 倍左右的显微镜，就可以看见细菌的形状了。我们把捉到的带有细菌的东西挑下一点点涂在玻璃薄片上，加上一滴清水，放在镜台上，把镜筒上下旋转，把眼睛搁在目镜上一看，镜中就隐约现出细菌的原形来。

但是，这样看法，还看不大清楚。要是用了染色法，把细菌涂上颜色，看起来就轮廓明显，内容清晰，而且可做种种的分类了。

就其轮廓看来，细菌大约有以下几类[①]：像菊花似的“放线菌”，像游丝似的“丝菌”，像断杆折枝似的“枝菌”（即分枝杆菌），像小皮球似的“球菌”，像小棒似的“杆菌”，弯腰曲背的“弧菌”。那些“弧菌”之中，有的多弯了几弯，像个小小的螺丝钉，又叫作“螺旋菌”。

我们遇见的这些细菌，很少是孤零零的漂泊汉，它们都爱成群结伴地到处游行。在球菌中，有的像一串串的葡萄，几十个、几百个连在一起，叫作“葡萄球菌”；有的连成长长短短的珠串，叫作“链球菌”；有的拼成一对一对，叫作“双球菌”；有的整整四个拼在一处，叫作“四联球菌”；有的八个叠成个立方体，叫作“八叠球菌”。

在杆菌中，有的是一节一节的，像竹竿；有的身体胖胖的，像马铃薯；有的大腹便便；有的两头尖尖；有的头上长着“芽孢”，像个鼓槌；有的身披一层“荚膜”，像个豆荚；有的全身都是“鞭毛”；

---

① 见 104 页脚注 ②。

有的头上留着辫子；有的既有辫子又有尾巴。长长短短，大大小小，形形色色，无奇不有。

细菌是怎样生活的

我们在细菌世界里旅行，看见细菌都在吃东西。

细菌是贪吃的小家伙，它们一碰着可以吃的东西便抢着吃，吃个不休，非吃得精光不可。但是它们有的只吃荤，不吃素；有的只吃素，不吃荤；所以，病菌有动物细菌与植物细菌之分。大多数的细菌都是荤素兼吃，也有的细菌荤素都不吃，而去吃空气中的氮或无机化合物，如硝酸盐、亚硝酸盐、氨、一氧化碳之类。此外，还有吃铁的“铁菌”，吃硫黄的“硫菌”，更有专吃死肉不吃活肉的“腐菌”，专吃活肉不吃死肉的“病菌”。麻风的病菌专吃人和其他某些灵长类动物的肉，不肯吃别的东西。平常住在人或动物身上的细菌，到了水里或土壤里就要饿死。但是“结核杆菌”及“鼠疫杆菌”等穷凶极恶的病菌，就很调皮，它们离开了人体，也能暂时吃别的东西维持生活。

在吃的方面，细菌有一些脾气和人类差不多：太酸的不吃，太咸的不吃，太干的不吃，淡而无味的也不吃，大凡合人类的口味的东西，也就合它们的口味。所以人类正吃得津津有味的时候，想不到它们也在那里不声不响地偷偷吃着。

人类的肠子是细菌的大菜馆；牛、羊、猪、狗、鱼、虾、蜗牛、蚯蚓的肠子，也都是细菌的大小饭庄；地球上所有的粪堆和垃圾堆，都是细菌的大酒店。

细菌的呼吸也有些特别。平时，它们固然尽量地吸收空气中的氧，但是，它们也常常爱躲在低气压的角落里，躲在黑暗潮湿的地方活动。所以，一件东西腐烂的时候，都从底下烂起。有时它们完全不需要空气，也能生存。

细菌一旦落到有食物和水的地方，就很快地繁殖起来：一个分裂成两个，这样一变二，二变四，四变八……一直变下去，大约每隔 20 分钟分裂一次，24 小时以后，就可以变成几十万个。

但是，它们的繁殖常常受到气候和环境条件的限制。在冰箱里，大多数细菌都停止了繁殖，所以我们的食品能保存很久。在室内的温度下，普通的细菌都很容易生长。人和动物的体温，最适合大多数病菌的生活。有的细菌，如吃硫黄的硫菌，能在温泉过日子。一过 60℃，病菌就不能活。一过 100℃，大多数细菌都要被烫死（耐热性强的细菌或芽孢仍可以生存）。所以我们要喝煮开的水，要吃煮熟的食物。

此外，细菌顶怕太阳光中的紫外线；顶怕消毒药品，如升汞水、石炭酸水、来苏水、生石灰等。

以上这些，都是我们在旅行中亲身看到的细菌的一般情况。

大地上的清洁队员

我们这些细菌世界的探险家，先到土壤国去旅行。在那里，我们遇着一批又一批的细菌，都在日日夜夜忘我地工作。

它们虽然是非常渺小的生物，但是它们的工作却非常伟大：它们是土壤里的劳动者、大地上的清洁队员。它们的工作是清除腐物。

清除腐物，在自然界中是一件浩大无比的工程，别种生物是担当不了的。没有细菌的劳动，恐怕全地球都要变成垃圾山和臭尸场了。

地面上几千万万的动植物的尸体都到哪里去了？那就要问土壤细菌——这些大地上的清洁队员了。

一切生物都要死亡，一切生物的尸体都要腐烂，一切腐烂的东西都要分解而变成土壤里的肥料，这些工作，都由土壤细菌——这些大地上的清洁队员来担负。

旧的细胞必然会毁灭，新的细胞必然会产生，这拆散旧细胞的工作，就是大地上清洁队员的任务。

土壤细菌不但会使地面清净，而且还给新生命准备好丰富而容易消化的食粮。因此，土壤细菌，这些土壤中的劳动者，就是我们农民的好朋友。

农业劳动模范

在土壤国，我们参观了细菌的农场，会见了三位农业劳动模范。这三位模范都是会制造硝酸盐的。但是，它们的做法各有不同。

第一位农业劳动模范是化腐细菌。

它所用的原料都是从大粪、垃圾堆和一切腐烂的东西里来的。它把所有已经死亡的蛋白质都分解了，变成了简单的硝酸盐。硝酸盐是滋养植物的主要肥料。

第二位农业劳动模范是氮化细菌。

我们知道，硝酸盐含有大量的氮，氮是动植物身体里面最主要的建设元素，是构成蛋白质的主要成分。蛋白质和生命是分不开的，什么地方有生命，什么地方就有蛋白质，没有蛋白质就没有生命。

我们又知道，空气中含有大量的氮，约占空气的五分之四。但是，植物不能直接吸取空气中的氮，亏得氮化细菌自告奋勇来帮忙了，它们把氮造成硝酸盐，供给植物营养。

第三位农业劳动模范是根瘤细菌。

我们知道，豆科植物的根上长着许多小瘤，就叫作“根瘤”。这根瘤里面，生活着大群的细菌，这种细菌也能够从空气中吸取氮，把氮制造成硝酸盐。根瘤细菌在土壤里面可以增加土壤的肥沃，所以种过豆科植物的田地，再种裸麦和小麦，可以得到丰收。

细菌可以用人工方法来大量培养。这些土壤细菌现在有制造成的成品，已经在农业上应用了。这些细菌我们应该充分利用它们来改造世界。

发酵的小技师

从土壤到空气的路上，我们参观了发酵工厂。首先，我们在酒桶里会见了酵母菌。它圆圆胖胖的，很像小鸭蛋儿。它又叫作“酵母”，是细菌族里的老大姐、发酵的小技师。它有一套特殊的技能，一落到准备好的糖汁、果汁的酒桶里面，在适当的温度下，就会将糖分解，变成酒精和二氧化碳。制成的酒装在坛子或瓶子里，封严了，不让空气进去，再经过蒸煮灭菌，就可以保持很久而不坏。但是，如果封得不严，让空气偷偷钻了进去，那酒就会变酸了。为什么呢？因为空气里的醋菌窜进去捣乱啦！

醋菌也是发酵的小技师，不过它不会造酒，只会造醋。

酵母菌不但会酿酒，还会使面团发酵，做成馒头或面包。我们又到牛奶工厂里去参观，在牛奶瓶里，我们访问了乳酸细菌。它是制造酸牛奶的技术专家，能把牛奶里的乳糖变成乳酸。酸牛奶对于人的肠胃是很有益处的。

乳酸细菌又会使萝卜、白菜等发酵，制造成酸菜。

我们又参观了其他各种发酵工厂，看到了黑霉菌、白霉菌、黄霉菌、绿霉菌，这些霉菌是真菌世界里最普遍的一族，也是一群无所不吃的生物，“丝菌”是它们的别名。它们吃了五倍子，就制成鞣酸；吃了干草，就制成草酸；吃了水果，就制成柠檬酸。这许多酸，在化学工业上有很大的用途。

它们也会酿酒，在酿酒的过程中，它们是和酵母菌分工合作的。

它们还会制造酱油、豆腐乳等食品。

酵母菌、醋菌、乳酸菌、霉菌，这些发酵的小技师，都是食品工业中的功臣。

空中强盗

我们离开了发酵工厂，就到空气中去旅行。在空气王国的灰尘都市里，我们会见了不少的细菌和它们的芽孢。

在这些细菌灰尘里面，夹杂着许多种细菌强盗，它们都是传染疾病的罪犯。

最著名的有十大强盗：伤风[①]病毒、天花病毒、流行性感冒病毒、麻疹病毒、猩红热链球菌、肺炎球菌、脑膜炎球菌、白喉杆菌、结核杆菌和百日咳杆菌。

这一群空中强盗，都爱在人群拥挤的场所，特别是工厂、营房、戏院和学校里活动。

我们人类的肺、喉咙、扁桃腺、口腔和鼻腔，都是它们隐藏的地方。在我们谈话或咳嗽的时候，它们就会跟着痰花或唾沫喷射出来。这些痰花、唾沫和灰尘相伴，在空气中飞扬，到处传播。因此，在它们周围的人们，都有受传染的危险。尤其是在天气寒冷的季节，人们的呼吸道上的戒备松懈，细菌空中强盗就乘虚而入。有的靠它们强盛的繁殖力，不久就占领了全肺；有的盘踞在咽喉，它们的猛烈的毒素，可以流到人的全身。

---

① 此处指普通感冒。

然而，细菌强盗要攻陷我们人体的肺部，也不是一件容易的事，它们要冲过三道防线。

第一道防线是鼻毛。鼻毛像铁丝网，挡住细菌的去路。

第二道防线是扁桃腺。扁桃腺像堡垒，阻止细菌的前进。

第三道防线是纤毛。纤毛是保护气管的门户，驱除细菌过境。

就算它们冲过了气管、穿破了血管，我们的白血球战士也会马上赶来和它们作战，把它们包围消灭。如果白血球打不过它们，那就要请身体外面的救兵了。这些救兵就是疫苗、血清、抗生素和磺胺剂等药品。

此外，我们必须注意，在人群拥挤的地方和灰尘飞扬的时候，要戴上口罩。

食桌上的凶手

离开了空气，我们就到食桌上去参观。

摆在我们食桌上的食物，多半受过生水的冲洗、苍蝇的打劫和污手的沾染，不少的细菌都附着在上面。

如果食物没有煮沸，消毒不彻底，或者做好之后管制不严密，保护不周到，三种杀人的细菌凶手，就很容易混进我们的嘴里。

哪三种？一是霍乱，二是伤寒，三是痢疾。

霍乱细菌是一种弯腰曲背的弧菌，头上有一根辫子似的鞭毛，能在水里飞快地游泳。人们要是把它吞到肚子里去，不到一两天的工夫，病就发作起来。那病人上吐下泻，吐出来和泻出来的东西，都像稀米汤，他的身体就很快地虚弱下去。

伤寒细菌是一种杆菌，满身都有胡子似的鞭毛，也能飞快地在水中游泳。人们要把它吞到肚子里去，它就很快地在肚子里面繁殖起来，穿破肠壁，闯进血管，使那病人全身发烧，体温像台阶式地一天天地升高，在病人的肚皮上，还会出现玫瑰色的斑点。

痢疾细菌也是一种杆菌，全身精光，没有鞭毛，也不会活动。但是，它一到肚子里，就会破坏肠壁血管，使那病人发烧，肚子泻，一天能泻几次到几十次，大便有脓有血，脓多血少。

这三种细菌，都是拿大粪作它们的大本营。水、没有消毒过的羊奶、没有煮熟的食物、没有去皮的水果，都是它们的根据地。苍蝇和污手，以至于病人吃过、穿过、用过的东西，都是它们的交通工具。

所以我们要提高警惕，严防这些凶手向我们的肠胃进攻。必须注意饮食卫生，要喝煮开的水，要吃煮熟的饭菜，水果要洗净去皮或用开水烫过，不要吃苍蝇爬过的东西，食前和便后都要洗手，病人的排泄物和病人吃过、穿过、用过的东西都要彻底消毒。

这些预防方法，说起来很容易，做起来却未必能周到。所以要预防万一受传染，我们必须增强身体防卫的力量，那就是打防疫针。

打防疫针，就是用杀死了的或已经消灭了毒力的病菌制成疫苗，注射到人体内。比如霍乱疫苗，就是用杀死了的霍乱病菌制成的，打入身体以后，血液里就产生一种抗体，能够消灭霍乱病菌。伤寒和痢疾也有免疫苗。

昆虫队伍里的侵略军

最后，我们到了细菌世界的昆虫国。

这些昆虫和细菌一样，都是爱肮脏，喜潮湿。因此，它们就很容易勾结在一起，向人类进攻。

这些昆虫都是会蹦、会跳、会爬的小动物，它们都有三对灵活的小脚。有的脚尖会放出一种黏液，能在光滑的玻璃窗上爬来爬去。它们到处乱爬，就很容易沾染上细菌，传播细菌。

许多昆虫有轻纱似的翅膀，它们都会飞翔。它们活动的范围扩大了，散布细菌的区域也越加宽广了。

这些昆虫都是乱叮、乱咬、乱吃的小动物，它们是细菌的交通工具，常常把细菌送到人的身体里面去。

在这些队伍里面，最出名的就是苍蝇、蚊子、跳蚤、臭虫、虱子、白蛉……它们都是细菌的帮凶，传染病的媒介。

苍蝇是传染霍乱、伤寒、痢疾的媒介。

蚊子是传染大脑炎、疟疾、黄热病等的媒介。

臭虫是传染鼠疫、鼠型斑疹伤寒等的媒介。

虱子是传染斑疹伤寒、回归热、战壕热等的媒介。

白蛉是传染白蛉热、黑热病等的媒介。

壁虱是传染回归热、落基山斑疹热、兔热病等的媒介。

这些都是传染疾病的侵略军。

在昆虫国旅行的时候，大家都要穿上长筒袜子，扎紧裤管和袖口，戴上手套和口罩，还要保护眼睛。不要赤手去抓虫，也不要赤脚去踩虫。要用捕虫网来捕虫，要准备好杀虫剂杀虫，用火来烧虫或用土来把虫子掩埋起来。大家时时刻刻都要提高警惕，别让虫子咬你一口。

细菌和滤过性病毒[①]

从灰尘说起

如果坐在黑暗的房间里面，太阳光从百叶窗的缝隙里射进来，你就会看见无数的灰尘在空气中飘舞。谁能想到在这些灰尘里面还隐藏着无数微小的生物呢。

如果这些灰尘落到一碗肉汤里面，伏在灰尘上面的微生物，就会立刻在那里生儿育女繁殖起来，那碗肉汤不久就会变得浑浊而发臭，这是微生物活动的现象。

不但每一粒灰尘，就是每一滴自然界的水，每一只苍蝇、跳蚤、臭虫、虱子都带着许许多多的微生物到处传播。不过我们肉眼看不见它们罢了。

虽然微生物是肉眼看不见的，但是它们的活动早已为人类所注意了。我们的祖先，在很久以前，就知道利用自然界的发酵能力来做酒、做酱、做馒头和酸菜以及其他发酵的食品。在这方面，微生物的生活对于人类是有益处的。

但是，有许多种微生物，特别是细菌和滤过性病毒[②]，对人类的健康有极大的危害。它们常常是发生各种传染病的主要原因，例如鼠

---

① 本篇写作时间为 1954 年 8 月。

② 滤过性病毒是那些可以通过细菌过滤器的病原体，现称为病毒。病毒无细胞结构，必须依赖宿主复制。

疫、霍乱、伤寒、结核、麻风、天花、流行性感冒、脑炎等传染病都是。这一点，古代的学者也早已有所推想。在古希腊时代，有一位历史学家福基迭德斯就曾说过："活的传染质，是许多流行病的主要原因。"在古罗马时代，有一位学者瓦罗也曾提道："侵入人体而引起传染病的是肉眼看不见的微生物。"像这样的记载，在后来的历史书中还有不少，不过在那时候显微镜还没有发明，这些说法只是一种尚不能证实的推论而已。

科学家的"眼睛"

显微镜的发明，是科学史上的一件大事。显微镜是科学家的"眼睛"，是人类和微生物斗争的主要武器，我们可以用它来揭穿看不见的世界里的秘密和侦察微生物的活动。

据说，显微镜是在 17 世纪初期，一位叫作詹森的荷兰少年发明的。詹森喜欢在他父亲装配眼镜的工作台上玩耍。一天，他把两块透镜装在铜管里，用来观察书上的字，字变得很大了。他父亲依据他的装置，就制成了显微镜。

显微镜的放大力比放大镜强大得多，普通放大镜只能把物像放大 10~20 倍。最高倍的光学显微镜，却能把物像放大到 2000 倍。这是什么道理呢？

这是因为显微镜里面有两块透镜。第一块透镜叫作"物镜"，物镜能把物像放大，在显微镜里面映出一个实像。对于很小的物体，这样的放大力还是不够，所以又有第二块透镜——"目镜"的装置，目镜能把物体的像再加放大。

如果物镜把物像放大到 50 倍，而目镜再把物像放大 20 倍，那么显微镜放大的总倍数就是 1000 倍。

显微镜给人类揭露了一个新奇的世界。这种奇妙的仪器，在我们的医院、学校和研究所里都有。

谁是第一个发现细菌的人

显微镜发明不久，就有不少的人用它来观察各种小动物和小植物了。

第一个发现细菌的人，是列文虎克。他是荷兰德尔夫市市政府的一个看门老工人，也是一位显微镜制造家。他从小就喜欢磨透镜。他把这些透镜装置在金属的架子上，制成各种各样的显微镜，这些显微镜有的能放大 150 倍，有的能放大 270 倍。好奇心驱使他用这些显微镜来观察各种不同的小东西和各种不同的水。有一次他想研究辣椒所以有辣味的原因，他拿辣椒泡在水里，经过三个星期以后，再把它拿来放在显微镜下观看。这一看，非同小可，他发现无数的各种各样的小动物在水里活动，其中最小的一种在它们中间穿来穿去，小到每 100 个排成一行才有一颗沙粒大，这种小东西就是细菌。这是发生在 1676 年的事。后来，他又在人和动物的粪便里以及他自己的牙垢里，发现了同样的微生物，并且还把它们的形状描绘出来。

列文虎克发现微生物的消息传出后，许多人还不肯相信。后来经过许多学者的观察和研究，证明了列文虎克的观察是正确的。研究微生物的人，一天比一天多起来，并且公认列文虎克是微生物学的创始人。

把苍蝇变成大象

如果依照把苍蝇放大成为大象的比例来把细菌放大，细菌就可以变成苍蝇的蛋那么大了。

苍蝇的蛋就是一粒细胞，一粒颇大的细胞。由那一粒蝇蛋变成一只大苍蝇，不知要积累好几千好几万一样大小的细胞才成，而这需要有多少万万个苍蝇堆积在一起，才有一只大象那么大呵！

比苍蝇蛋略小的细胞是“阿米巴”。

“阿米巴”又叫变形虫，是很小的单细胞动物，全身只是一粒细胞，这粒细胞的直径最长不过 0.3 毫米。

比“阿米巴”再小的细胞，就是细菌了。

细菌是很小的单细胞生物，大约比“阿米巴”还小，不到其百分之一或几十分之一。

细菌这样小，我们要拿特别的单位作标准来量它，这个单位就叫作“微米”，一微米等于千分之一毫米。普通的杆状细菌，平均长 2 微米，宽约 0.5 微米。最大的球状细菌直径是 2 微米，普通的球状细菌直径只有 0.8 微米。最长的细菌是回归热螺旋体，它长约 40 微米。最小的细菌长约 0.5 微米，宽约 0.3 微米。所以，它们要在显微镜下放大约 1000 倍后，才能看清楚。

这样小的细菌，一个缝衣针头那么大一点儿地方，可以容纳得下一万万个以上。一滴水里，可以含有好几千万个，它们在一滴水里面游泳，好像鱼游大海一样。这样小的细菌，要 6.33 亿个才有一立方毫米，要 6360 亿个才有 1 克重。无怪乎如果要把细菌变成苍蝇蛋，就要把苍蝇变成大象了。

细菌为什么是单细胞生物呢?

先谈谈细菌是什么。如果我们从显微镜下观察一片绿叶，就可以看到叶子是由一个一个的精巧而细致的、好像是蜂窝房那样的东西组织成的，这就是细胞。不仅是叶子，植物的其他部分也一样，一切生物体的组织都是由细胞组成的，细胞会吸收养料、会呼吸、会生长和繁殖。

多细胞植物和单细胞植物有什么区别呢？平常的花草是由数不清的细胞构成的，所以是多细胞的植物。而单细胞的植物全部只是一个细胞，也就是单个的细胞，却能独立过生活的植物。

单细胞植物最显著的例子是蓝绿色的藻类，它和一般绿色植物一样，细胞里面含有叶绿素。细菌是一种单细胞生物，它的细胞里没有叶绿素，这一点和蘑菇、木耳等真菌一样。

当列文虎克最初发现细菌的时候，他把它们叫作小动物，因为他看到这些细菌都能活泼地在水里游泳。一般人总是把运动当作是动物独有的特征，其实，在植物界中也有许多种植物如藻、苔藓、羊齿，甚至于种子的生殖细胞，都是可以运动的，而有些动物倒是固定不动的。

列文虎克之后，又有人叫细菌作纤毛虫，因为看它们的形状有些像这一类的单细胞动物。其实，细菌在形态上和单细胞藻类相似的地方更多，尤其是和蓝绿藻更相近，所以在 1854 年细菌学家便把细菌归入植物界了①。

细菌是什么样子的？

我们可以把含有细菌的东西挑下一点点，涂在玻璃片上，加上一滴清水，磨匀之后，放在显微镜的镜台上，把镜筒上下旋转，把眼睛搁在目镜上，就可以看出细菌的形态了，不过这样看还是看得很模糊。

由于显微镜的制造越来越精巧，由于各种细菌染色法的发明——细菌也可以染上红的、紫的、黄的、蓝的和其他各种不同的颜色——

① 现代科学认为细菌既不是动物，也不是植物，属于原核生物。它们没有真正的细胞核，只有一个称作拟核的裸露 DNA 区域。

细菌在显微镜下看起来，轮廓就明显、内容就清晰多了。因此，我们就可以把细菌做分类了。

就其轮廓看来，细菌可以分为以下几种。

有的形状像小球儿，叫作“球菌”。

有的形状像小棒子，叫作“杆菌”。

有的形状弯弯曲曲，好像小小的螺丝钉，因此叫作“螺旋菌”。

在球菌中，大多数都是成群结队地聚集在一起，有的像一把葡萄，叫作“葡萄球菌”；有的像一串珠儿，叫作“链球菌”；有的像一对豆儿，叫作“双球菌”；有的四个聚在一起，叫作“四联球菌”；有的八个垒成立方体，叫作“八叠球菌”。

在杆菌中，长短各不相同，有的两头都是平的，如“炭疽杆菌”；有的两头都是圆的，如“伤寒杆菌”；有的两头都是尖的，如“梭形杆菌”；有的两头粗中间细，如“白喉杆菌”；有的形状很像鼓槌，如带芽孢的“破伤风杆菌”。

细菌的细胞构造是怎样的？

我们知道，一般植物的细胞，都有一层完善的细胞壁，细胞壁和原生质（细胞质）有明显的分界；可是在动物细胞方面，却是没有细胞壁的（虽然有极少数原生动物，当它们形成胞囊时，会出现一层比较坚固的外壳，但这只是它的生活史中的一个时期）。

我们再来看看细菌的详细构造。

细菌细胞的原生质大部分都是细胞质，细胞质的周围有一层薄膜叫作细胞膜，细胞膜外还有细胞壁，构成细胞壁的物质不是原生质。由于细胞壁厚而坚韧，所以能使细菌保持固有的形状。

由于有一定形状的细胞壁，所以细菌和植物一样，摄取的食料以及排出的废物，都是呈溶液状态的，并且都是经过细胞壁和细胞膜渗透过去的。这一点，细菌和一般单细胞动物也不一样。

从辩证唯物主义的观点来看，我们知道，动物和植物都是由最原始最简单的生物演变来的。因而在生物发展的最初阶段里，动物和植物的区别还不很明显，单细胞植物和单细胞动物之间的距离是很接近的。

细胞核

我们知道：每一个活的细胞里面都包含着原生质构成的细胞质和细胞核。细菌也是活的细胞，它的细胞里面有什么内容呢？因为细菌的细胞太小，在光学显微镜下很难看清楚它的内容，所看见的细菌内容只是相当均匀的一块，于是各人的判断就不同了。有的说，细菌的细胞里面全部都是细胞质。有的说，细菌的细胞质就是一团细胞核。又有的以为细菌的细胞核是分散在细胞质里面的。直到电子显微镜发明以后，我们才清楚地看出了细菌细胞的内部面貌。

试看一群葡萄球菌，我们可以看见每一个葡萄球菌的内部都有黑色的团子，和细胞质大不相同，有些科学家认为这类团子就是细菌的细胞核。

再看一个杆菌分裂的情形，也是在电子显微镜下摄影的，我们可以看出细菌细胞质和核同时分裂的现象。

可是有些细菌，就是利用电子显微镜也查不出里面有这种核。所以科学家做出结论：认为这一类的细菌，它们的细胞核分散在全部的细胞质里面；它们是比较低级的细菌，还没有充分地发展，所以不像大多数细胞中的细胞质和核那样可以区分。

电子显微镜是在 1931 年发明的，它是一种最新式的放大仪器，它不是利用光线，而是利用电子的放射线的显微镜。

这种奇妙的新的仪器，它的放大率比最完善的光学显微镜还要强得多。我们借助电子显微镜所能看到的微粒，比借助最强大的光学显微镜所能看到的小到1%。

电子显微镜和光学显微镜虽然在作用上有很多地方相像，在外貌上却彼此相差极远。

光学显微镜是一种不大的、比较轻的仪器，一个人就很容易把它移动。

电子显微镜却是一种笨重的家伙。它比一个人还高，它的镜筒立在一张小台子上，它的主要零件都是金属做成的。电子显微镜的各部分都配合得极其合适，合在一起成为一个圆柱形的镜筒。

细菌的自卫

有些细菌具有特殊的自卫装备。

一种装备是“芽孢”：芽孢是一种圆形或卵形的东西，通常从细菌中央或头端产生，逐渐扩大，形成透明的芽孢体。芽孢只在有些杆菌的某一发育阶段里产生，产生了芽孢的细菌立刻就丧失了繁殖的能力，进入休眠状态。在球菌和螺旋菌里面却没有。

但芽孢对于环境中对它不利的因素，却具有坚强的抵抗力，它们能够经过煮沸而不死；能够在干燥状态中保持它们的生命到十几年，一旦到了环境条件适合于它们生存的时候，芽孢就逐渐发育成为营养细胞，并且迅速地繁殖起来。所以芽孢能使细菌在空气和土壤里度过困难时期。

另一种装备是“荚膜”：围绕着细菌的细胞壁外面，常有一层黏液性的薄膜，这层黏液性的薄膜在达到一定分量的时候，就变成了“荚膜”。这种荚膜，也要用特殊的染色法，才能在显微镜底下现出来。

荚膜是细菌的自卫装备，有了这层荚膜，细菌就不容易被白血球所吞食。肺炎球菌的致病力所以那样强，是和它的荚膜有密切关系的，一旦失去荚膜，它的致病力就会减弱而消失。有些不能致病的细菌也有荚膜；有些原来没有荚膜的细菌，也可以由于变异的原因而产生荚膜；有许多种致病细菌如炭疽杆菌和鼠疫杆菌，平常在培养基上没有荚膜，一旦进入动物身体里面，就现出荚膜来。

细菌怎样在水里游泳

我们常常在显微镜底下看见细菌在一滴水里活动，像鱼游大海一样。细菌怎能在水里游泳呢？这是由于它的细胞上面有一种特殊的运动器官，叫作“鞭毛”。这种鞭毛要用特殊染色法才能在显微镜下看见。有些细菌的细胞上长满鞭毛，像满脸胡子。有些细菌两头都长有鞭毛，像两条辫子。有些细菌只有一根鞭毛，像一根尾巴。这些鞭毛扇动起来，细菌就能在水里游动得很快。伤寒杆菌能在一小时内通过4毫米长的路程，这一点儿路程，在细菌看来实在远得很，因为它们的身长还不到2微米，而4毫米却是2微米的2000倍。霍乱弧菌飞奔得更快，它们可于一小时以内通过18厘米长的路程，这路程比它们的身体长9万倍。别的生物都不能跑得这样快。

这种运动并不是细菌唯一的运动方式，有些硫黄细菌并不具有鞭毛，也能缓慢地活动，像蠕虫一样。而螺旋菌由于它的细胞有节拍的伸缩作用，也能游得非常快。

地球上最普遍的“居民”

细菌是自然界的小主人，也是我们地球上最普遍的一种“居民”，它随风飘扬，到处为家。空气、水、土壤、粪堆、垃圾堆以及动植物和人类的身体都是它的居留地。

一切阴暗潮湿的角落，一切生物茂盛的地方，一切人群拥挤的场所，它最容易繁殖。

在空气里，它并不繁殖。大多数居住在空气里的细菌，都是有“芽孢”的，都是对干燥生活有抵抗力的，也有会产生色素的。它随着尘土的飞扬、人和动物的呼吸，而被投入空气中，科学家曾在离海面 2 万米以上的高空找到细菌。幸亏所有致病的细菌，在阳光照耀下都不能在空气里活得过久。

水里的细菌

水是细菌的转运站，水里面含有硫黄细菌和其他水族细菌。自然界里的水，通常是没有致病细菌的，但是，如果水源被人畜的粪便所污染，就会带有伤寒杆菌、痢疾杆菌、霍乱弧菌。这三种阴险的病菌在井水、河水里活跃起来，抵抗力较弱的人如果不注意卫生，喝一口这样的水，就会染上伤寒、痢疾、霍乱等病，所以在检查我们的饮水的时候，如果发现有大肠杆菌，那就是饮水受了粪污传染的证据。

自然界的水里面，雨水应当是很干净的了，然而当雨水下降的时候，若是空气中的灰尘很多，带下来的细菌也会增加。据巴黎门特苏里气象台的报告，巴黎市中的雨水，每一升含有 19 000 个细菌，在野外空旷的地方，每一升的雨水不过一二十个细菌。

假如井壁砌得严密，井口保护得法，或井上装有抽水机，那么，即使是“浅”井里的水，细菌也还不至于太多；若井口没有盖，任由灰尘飞入，那就很污浊了。

江河的水是最不干净的，那里面不但有很多水族细菌和土壤细菌，而且还有很多粪便中的细菌，这些粪便中的细菌可能有传染疾病的危险。

海洋的水比淡水干净。海水离陆地愈远愈干净。有一位细菌学家测验过，在近岸的海水中，每一立方厘米有 7 万个细菌；离岸 4000 米以外，每一立方厘米海水只有 57 个细菌。在大海之中，细菌的分布很平均，海底和海面的细菌几乎一样多。

由地心涌出来的泉水，常常是自然界最清洁的水。据报告，这样的水，平均每一立方厘米只有 18 个细菌。

化学工作上，常常需要没有杂质的清水，于是就有了蒸馏水的发明。一方面将浊水煮开，让它蒸发，一方面又把蒸汽收留而凝结成清水，这种改造过的水就比较干净而没有杂质了。

医学上注射用水，不允许有一个细菌，或一粒芽孢存在，于是就有了无菌水的发明。无菌水就是把装好的蒸馏水放在蒸汽灭菌器里消毒，把水里的细菌完全毁灭，这种双重人工改造过的水，就是我们今天所有的最干净的水了。

土壤和植物身上的细菌

土壤里面有很多细菌，它们能从无机物质里制造自己所需要的养料，不依靠有机物而生存。可是，又有许多种细菌，随着人和动物的粪便和其他排泄物，以及腐烂的动植物的尸体，深入到土壤里面去，所以土壤也是各种微生物活动的场所。

大多数的土壤细菌，都盘踞在离地面 5~20 厘米深的土壤里，入土愈深细菌愈少。在干燥的土壤里，细菌生在比较深的地方。在含水分多的土壤里，在 60~90 厘米以下，就几乎完全没有细菌了。在经人灌溉过的疏松的土壤里，则在 270 厘米的深处还有细菌。

根据苏联科学家最近的报告：如果从前认为 1 克重的土壤中有

10 万到 100 万个细菌，那么现在呢？在更完善的研究方法下，他们确定了，1 克重的土壤中细菌的数量有 1 亿以至 10 亿个。

那么多的细菌在土壤里生活着，发育着而且繁殖着。假定细菌的每一个细胞在自然生存的条件下，每月分裂两次（在实验室中生长的条件下，细菌的细胞每隔 20 分钟就分裂一次），那么全部细菌在长达 5~9 个月的植物生长期中，在 1 公顷土壤的耕作层里，就平均要出生几十吨细菌。这些土壤细菌能够把土壤里的腐烂的动植物分解出来，给土壤造成巨大数量的有机质和矿物质的化合物。

土壤中的细菌对于农业最有益处的，就是氮化细菌，它能把氮制造成硝酸盐来供给植物的营养。

苏联科学家戈斯法契夫院士的女学生希劳乌莫娃发明了用人工的方法来培养氮化细菌，把氮化细菌制成生物制品，当作一种肥料。在这种生物制品中，差不多每 1 克都含有 10 亿个细菌。它们能把空气中的氮素变成硝酸盐，成为一种很好的肥料。这种生物制品经过多次的试验，证明能提高小麦、裸麦、大麦、甜菜等收获的量 15%~30%。

还有一些氮化细菌生长在植物身上，最显著的例子就是根瘤细菌，它与豆科植物的根部共生，形成根瘤，还有些细菌也居住在其他高等植物的根部和根的周围，这些细菌都能帮助植物制造养料，使植物得到滋养；也有些细菌分泌出各种抗生素，使植物免受致病细菌和真菌的侵害。

在细菌学发展的初期，科学家们多集中全力来研究动物和人类的致病细菌，很少注意到植物致病细菌，甚至于有人认为大多数植物细胞壁厚而坚韧，是不容易受细菌侵害的。因此，关于植物致病细菌的知识，我们知道的并不多。

昆虫和细菌的关系

小的动物如昆虫之类，由于它们的生活多接近于泥土、粪污和垃圾，很容易沾染上细菌。又有一些细菌和病毒能在昆虫体内发育繁殖，而当昆虫接触人类的皮肤、食物，或在用具上面盘桓的时候，就把这些细菌和其他微生物传染给人类了。这对于人类的健康是有极大的危险的，如苍蝇会传染伤寒、霍乱、痢疾，蚊子会传染疟疾、黄热病、脑炎；跳蚤会传染鼠疫；虱子会传染斑疹伤寒、回归热、战壕热；白蛉会传染黑热病。

危害动物身体的细菌

大的动物如家禽、家畜之类，由于它们的生活习惯多和泥土接近，泥土里常常含有各种致病细菌，就很容易伤害它们的身体。鸡霍乱病就是一个例子，鸡把含有鸡霍乱细菌的泥土和食物吞进肠胃以后，就会发生鸡霍乱病。

鸡霍乱病一旦发生，整个鸡群就会在短时间内被它所消灭。这种病虽然不能传染给人，但对于人们的经济是一个重大的损失，所以病鸡要和好鸡隔离，养鸡场必须打扫干净，并且加以消毒，更重要的是要加强管理和改善饲料。

另一个重要例子，就是炭疽病，这是在牧场上所常见的一种家畜传染病。炭疽病就是炭疽杆菌在动物体内繁殖的结果。

炭疽杆菌是在传染病细菌里面最早被人发现的一种。它和其他致病细菌不同，它不但能在动物身体里面繁殖，而且能在泥土里面生存。

炭疽杆菌含有芽孢，在适当的环境里面，它的芽孢就会发育成营养细胞而繁殖起来。假如一块牧场的泥土里面含有大量炭疽杆菌的芽孢，而我们在那里放羊或放牛，牛羊自然很容易把这些芽孢连同牧草一齐吃下去。这些芽孢在它们肠子里繁殖起来，它们就会受到传染。有时，几十头甚至几百头牛羊会同时受到传染，此后病牛病羊的粪便里就含有无数炭疽杆菌，它们在泥土里会变成芽孢，而且能长期生存着，有时也会随着灰尘而飘扬。这样，它们就很容易落到动物的身体里去了。

到了动物身上以后，炭疽杆菌就会通过皮肤和黏膜的伤口而侵入到血液里去，那动物的肝脏、脾脏和肾脏以及其他器官都会受到侵害。

炭疽杆菌不仅对于牛羊，就是对于马，对于许多其他动物也是有害的。人若遭受传染，也不能避免得病。

还有其他的例子，如有一种危险的致病细菌，叫作马鼻疽杆菌。这种杆菌生长在马、驴、骡的身上，使它们的呼吸器官发炎，从鼻孔中流出血来，有时看马的人也会受到传染。又如牛结核杆菌，生长在牛身上，人要是吃了带菌的牛奶，也会得上结核病。鼠疫杆菌，也是一种极危险的致病细菌，它是生长在老鼠身上，经过鼠蚤而传染给人类的。所以，为了畜牧业的繁荣，为了动物和人类的健康，我们必须时时刻刻对于这些危害动物生命的致病细菌提高警惕，严密预防。

人体皮肤上的细菌

现在要谈到人体身上的细菌了，先看看我们的皮肤吧。

我们的皮肤外层由无数鱼鳞式的细胞所组成，这些皮肤细胞时时刻刻都在死亡，内部又生长新的细胞来补充。同时，皮肤的内层，有脂肪腺时时都在出油，有汗腺时时都在出汗，这些死细胞、油、汗和外界飞来的灰尘相拌，就是细菌最妙的食品。于是，有许多种细菌都聚集在皮肤毛孔之间。

这些细菌里面，最常见的就是白色葡萄球菌，它的数量最多，占皮肤上细菌总数的 90%，每个人的皮肤上都有这种细菌。

其次，就是黄色葡萄球菌，占 5%，这种细菌不但要吃皮肤上的污垢，还要侵入皮肤内层去吃淋巴。它们被微血管里的白血球看见了，双方一碰头，就打起仗来，于是那人的皮肤上就生出疖子，疖子里面有白色的脓液，脓液就是白血球和葡萄球菌混战的结果。

其他普通的细菌，如大肠杆菌、变形杆菌有时也在皮肤上出现，但是皮肤不是它们用武之地，不过偶尔来到这里游历罢了。

皮肤一旦遇到了凶恶狠毒的病菌，如丹毒链球菌、麻风杆菌之类，那就有极大的危险，不是寻常的事了。

不过，我们的皮肤有消灭细菌的力量，在健康的皮肤上滴上一滴含有细菌的水，细菌就很快地减少，等到过了 30~40 分钟，这一滴水里就没有活的细菌了。

呼吸道上的细菌

我们移转眼光去观察鼻孔。

鼻孔的门户是永远开放的，整天整夜在那里收纳世界上的灰尘。在北方，大风一刮，走沙飞尘，这两个鼻孔就像两间堆煤栈，差不多空气里所有的细菌，都会到那里游历。这些来访的小客人，重要的是类白喉杆菌、链球菌、结核菌和白色葡萄球菌，有时来势凶猛，鼻孔的纤毛阻挡不住它们，就冲进鼻孔，到了咽喉。

咽喉是入肺的孔道，平时四面都伏有各种细菌，如绿色链球菌及卡他球菌之类，也可以存在致病细菌。当天气骤然变冷的时候，咽喉把守不紧，肺就危险了。

肺港是一个曲折的深渊。侵犯肺部的细菌，最危险的有两种：一种是急性的，叫作肺炎链球菌；另一种是慢性的，叫作结核杆菌。

结核杆菌，不但会侵害人的肺而发生肺结核病，并能侵入肠子发生肠结核，侵入脑膜发生脑膜结核，甚至于骨头也会发生骨结核。其中，脑膜结核是最严重而危险的传染病。

肺结核病，其由病人在咳嗽时所吐出的痰而传染的。肺结核病人任意吐痰，对于他周围的人是一种莫大的威胁。病人的痰里，含有很多结核菌，当痰干燥变成灰尘之后，结核菌就随着灰尘而飘浮在空气里，健康的人如果把这种灰尘吸进去，就会受到传染。这样传染起来，有时全家都会感染结核病。但是，如果不随地吐痰，和病人接触的时候小心谨慎，戴上合宜的口罩，是可以避免传染的。特别应该牢记着：肺结核病人的痰是传染结核最重要的媒介。

口腔里的细菌

口腔是消化道的门户，也是细菌的过道，许多种细菌都由这里出入。

我们的唾液，在平时虽然也有些微弱的杀菌力量，但是，如果唾液里含有食物的渣汁，反而变成了培养细菌的培养基。

常常有人齿龈发炎而感到牙疼，这是和细菌的繁殖有关系的。

在普通人的口腔里，常常能发现白色和黄色的葡萄球菌以及绿色链球菌，也可以发现溶血性链球菌，若是抵抗力降低的人就有得咽喉炎和扁桃腺炎的危险。

在很多人的口腔里，常常能发现肺炎球菌，有时也会发现脑膜炎球菌。此外，口腔在不同的时期内，还含有多种不同的杆菌，如类白喉杆菌、变形杆菌、梭形杆菌以及各种螺旋菌等。

肠道里的食客

胎儿在母体内的时候，肠子里是没有细菌的，但自婴儿呱呱坠地开始，细菌就源源不断地随着奶汁及各种食物混进来了。混进来的细菌，一冲到胃里，大部分都要被胃酸杀死；只有一小部分顽强的分子，如含有芽孢的细菌，能通过胃液。有时候胃里消化不良，胃酸减少，细菌就能偷渡过去。它们在小肠里会齐，在大肠里大量地繁殖，等到食物变成了屎，细菌也就变得更多了。平均每人每天所排出的大便里面含有细菌 8 克重，计算起来它的数量可达 128 万亿[①]之多。这些细菌当中，以大肠杆菌占最大部分。

人类的大肠就是细菌的大菜馆，细菌就是我们肚子里的食客，这些食客，有的是长期的，有的是短期的。除了大肠杆菌以外，还有许多种别的细菌，如肠球菌、嗜酸杆菌、产气荚膜杆菌以及酵母菌等，也会先后出现。它们的出现，是随着我们所吃的食物的性质而转变的，如肠内淀粉类过多，产气荚膜杆菌就很容易繁殖了；如吃了含有适量乳糖的牛乳，就可以使乳酸杆菌和肠球菌迅速增加。这些细菌食客，在平时对于人类不但没有害处，而且有助于人体的健康。所以，有些人把这类细菌叫作长寿的杆菌。

肠道里的刺客

有的时候由于不注意饮食卫生，喝了生水，吃了苍蝇爬过的东西，细菌就从这些不干净的水和食物里混进来了。这些细菌不是食客而是刺客，它们在我们肠子里横冲直撞，若是碰到缺乏抵抗力的人那

---

① 这个数目与“把苍蝇变成大象”一节里所说 6360 亿个细菌重 1 克的计算不符，是所指细菌种类和大小不同的缘故。

就坏事了。这些刺客就是以著名的伤寒、霍乱、痢疾为首的那一群穷凶极恶的细菌。

第一名刺客是伤寒杆菌。伤寒杆菌是伤寒病的凶手。它满身是鞭毛，能飞快地在水里游泳。它的老家是大粪，被带菌者所污染的水和牛奶，没有洗净的青菜、水果，以及生活在污水里的蠓、蚌、蛤蜊的身体，等等。它又可以附在苍蝇和污手上面，到处游行。它到了人的肚里，就很快地繁殖起来。如果条件合适，它就穿破肠壁，冲进血管，蔓延到全身，甚至于肝脏、脾脏和骨髓里，于是人就得了伤寒病。

伤寒病有一个特点，就是病人的温度像台阶似的一天一天地上升。这种病的另外一个特点，就是病人的肚皮上有时候会现出玫瑰色的斑点，这是由于肠的微血管给伤寒杆菌堵住了的缘故。

第二名刺客是霍乱弧菌。霍乱弧菌是霍乱病的凶手。它是一种弯腰曲背的细菌，也有一根鞭毛，也能很快地在水里飞奔。它和伤寒杆菌一样，也是从病人的粪便里出身，它也会在河水和井水里短期生活。

生水、苍蝇和污手把霍乱弧菌带到我们的食物里面，人们在吃这些食物的同时就把霍乱弧菌吞了下去，如果霍乱弧菌在胃里没有被胃酸杀死又到了肚里，缺乏抵抗力的人就会感染霍乱病，而发生强烈的反应了。

霍乱病的病状是，突然大吐大泻起来，到了后来，因排泄出去的水分过多，使血液循环发生障碍，血压下降、体温减低、肌肉痉挛，最后心脏发生麻痹而死亡。

第三名刺客是痢疾杆菌。痢疾杆菌是细菌性痢疾的凶手，它也是由于饮食不卫生而传染的。痢疾主要的病状就是肚子泻，一天一夜能泻好几十次，大便里有脓有血，脓多血少；有时还会呕吐、肚疼、抽风、昏迷，甚至死亡。婴儿患者的死亡率是很高的。

要预防伤寒、霍乱和痢疾，就应该注意饮食卫生和环境卫生，饮水要消毒，食前要洗手，扑灭苍蝇，保护食物，注射疫苗。

怎样在实验室里培养细菌

在自然界里，在人体里，细菌都是群居杂处的，这就是说它们都是许多种聚集在一处的。因此，科学家要检查细菌，要研究某一种细菌的生活特性，就必须把它从它的同伴中分离出来，加以人工的培养。科学家培养细菌，就和园艺家在地上种植马铃薯和萝卜一样，得给它们以适当的滋养。先给它们预备好许多干净的玻璃房屋，如玻璃瓶、玻璃试管、玻璃平板等都是，再给它们预备好许多美味的食品，如牛肉汤、豆汤、萝卜汤、马铃薯、牛奶、鸡蛋白、牛心、羊脑之类。有的时候还加上一点葡萄糖、乳糖和蔗糖，有的食品还被凝结成冻膏。这些房屋和食品都是经过严格的消毒的，这些预备好的食品就是细菌的培养基。

在制造细菌培养基的时候，首先要照顾到细菌的营养需要，有些细菌的营养是可以自给自足的，它们不依赖有机物而生存，它们能像绿色植物一样，利用空气中的二氧化碳（碳酸气）来制造碳水化合物（糖类）；同时还能够摄取氨水及硝酸盐中的氮，来制造自己所需要的蛋白质。这一类的细菌叫作“自养菌”，只需要供给它们以无机物的养料就可以生存。

另一类细菌的营养不能自给自足，它们是依赖有机物而生存的，它们只能够从有机物中摄取碳的成分，至于氮的来源，有的是从氨的化合物中摄取，有的是从氨基酸（是蛋白质分解出来的东西）中摄取，又有的只能够从各种不同的蛋白质中摄取，这类细菌叫作“异养菌”。它们各有不同的嗜好，就需要供给它们以各种不同的有机物为养料。

此外，在细菌的营养中，还需要有矿物质。如钠、磷、镁、铁及钙等盐类，都是细菌所需要的主要矿物质。各种维生素、生长素对于有些细菌的生长也是不可缺少的。

第二，要照顾到细菌的呼吸需要。有些细菌也像动植物一样，需要吸进空气中的氧，这一类细菌叫作“需氧菌”，大多数细菌都属于这一类。也有一些细菌并不吸进空气中的氧，而是在有机物质的分解过程中取得需要的氧，这一类细菌是不靠空气生活的；相反的，空气对它们有害。因此，叫作“厌氧菌”，属于这一类的细菌有破伤风杆菌和气性坏疽杆菌等。

第三，要照顾到细菌的温度需要。有些细菌是爱冷的，这些细菌最适合的培养温度是15~20℃，例如许多种的水族细菌和那些在低温中能够生长繁殖的细菌。

有些细菌是爱温的，最适合于它们繁殖的温度是37℃，例如大部分致病细菌，它们都能够在人和动物的体温条件繁殖。

有些细菌是爱热的，最适合于它们繁殖的温度是50~55℃，例如某些土壤、温泉里的细菌。

第四，要照顾到细菌对于酸碱度的需要。各种细菌都有它们所爱好的酸碱度，因此必须调整培养到细菌所需要的酸碱度。

细菌是怎样繁殖起来的

在这些培养的条件都具备了以后，细菌一旦被移植到新的培养基上，就会很快地繁殖起来。一般说来，在普通情况下细菌都是用分裂方法来繁殖的，所以细菌又叫作“裂殖菌”。每一个细菌长大以后，它的细胞就逐渐拉长。细胞的腰部逐渐变细，最后断裂开来。这时，一个细菌就变成了两个，用同样的方法，两个变成四个，四个变八个，大约每隔 20 分钟一变，过了 24 小时，它的数目就变得很多，数也数不清了，于是人眼也可以看见它的“集落”了。“集落”就是细菌在固体培养基上繁殖所造成的肉眼可以看见的集团，我们称它为“集落”或“菌落”。

每一种细菌都按照自己的花样聚集在一起，各种细菌都有各种不同的“集落”。

普通的球菌、杆菌和螺旋菌，都是用这种分裂方法来繁殖的，但是有的细菌有时也用出芽的方法、分枝的方法或产生芽孢的方法来繁殖。

著名的法国科学家巴斯德曾经和他的学生用试验证明细菌只能由细菌产生。他把干草浸出液放在长颈瓶里，煮了又煮，并且不让空气中的细菌从瓶口跑进去。这样做，浸出液里是不会有活的细菌了，放了几天后，浸出液中还是没有细菌。因此，他认为在干草浸出液里，除了已经和干草在一起的细菌，或从空气中落到瓶里的细菌能繁殖以外，细菌是不能自然发生的。

滤过器的发明和细菌毒素的发现

科学家为了要把细菌从含有它的液体里面除去，就利用了各种滤过法，如用滤过纸、有细孔的黏土杯和石棉纤维，结果都不能拦阻细菌通过。到了 1884 年，有一位科学家应用了未上釉的瓷管制成一种滤过器，这种滤过器的洞孔非常细小，只有比细菌还小的东西才能通过去，用这种滤过器可以把细菌的细胞和它所分泌出来的毒素分离开。有许多种细菌都会分泌毒素，这些毒素的毒性都非常猛烈，例如白喉杆菌的毒素，只要 0.002 毫升，就可以杀死 1 只活泼的豚鼠。

用这种滤过器作实验还可以把细菌和非细胞形态的滤过体——病

毒——分离开来。

病毒的发现

首先发现病毒的人之一，是俄国的科学家德密特里·约瑟夫维奇·伊凡诺夫斯基。

伊凡诺夫斯基是病毒学的创始人之一。当他还在圣彼得堡帝国大学植物系求学时，就被派往乌克兰等地调查烟草的一种神秘的病害——花叶病。他很细心地研究了烟草的这种病，他从有病的烟草叶里面榨取液汁，拿这种液汁用一种瓷制的滤过器加以过滤，所有在显微镜底下可以看得见的微生物都留在滤过器的上面，只有比最小的细菌还要小的东西才能滤过去。这就是说，在这种滤过液里面已经不含有任何细菌了，但是这种滤过液仍旧能使其他烟草的正常叶片受到传染。显然，在病烟草的液汁中一定含有一种非常渺小的东西，它能够通过这种滤过器，而使正常的烟草发生斑点，不过这种东西，比我们已经知道的细菌还要小得多。

于是在1892年伊凡诺夫斯基发表了他的第一篇论文，题目是《论烟草的两种疾病》。他的研究证明了，在微生物世界里除了细菌以外，还存在着比细菌更小的一种传染病的病原，这种病原能通过细菌所通不过的一种最细小的滤过器。因而，他就叫这种病原作滤过性病毒或简称病毒。这个发现，给生物学的新的部门——病毒学打下了基础。

病毒的大小和形状

病毒的体积究竟有多么小呢？我们知道它们的体积普遍比细菌还要小得多，所以在最高倍的光学显微镜下也看不见。但是自电子显微镜发明以后，我们已经能够很准确地研究病毒的大小和形状了。按照它的大小来说，我们要用毫微米作单位来计算，1 毫微米等于 1 毫米的百万分之一，不消说它们是非常小的东西。但是用电子显微镜，我们就可以看见那些宽度达数毫微米的微粒，并且还可以把它们摄影下来，例如我们已将烟草坏疽病病毒的微粒摄影成功，这种微粒的直径只有 17 毫微米。烟草花叶病病毒的微粒和坏疽病病毒比较起来那就大得多了，它们的平均长度达 280 毫微米，而宽度是 15 毫微米。大家都知道，在普通光学显微镜下可以看到的杆菌体积的平均长度为 2000 毫微米，宽度为 400 毫微米。

但是我们不能说病毒微粒体积的大小，就是它和细菌的根本区别，因为现在我们已经知道有些细菌，它们的大小和最大的病毒微粒相等。这些细菌很像病毒，能够穿过最细的细菌滤过器，它们的长度只有 150~180 毫微米。

在另一方面，拿病毒的体积和蛋白质的分子比较一下，也是很有趣的。显然，就在这方面也找不出根本的区别来，例如红血球的血红素和烟草坏疽病病毒微粒对照一下，那它们的大小也就相差无几了。除此以外，我们还知道有些蛋白质的分子比血红素的分子要大得多。

上面所举的例子告诉我们：如果单凭体积的大小来评断的话，那么病毒既不能和最小的细菌有所区别，也不能和最大的蛋白质分子有所区别。

按形状来说：病毒的形状颇不一致，动物病毒的形状多半是球形，如流行性感冒病毒就是这样；植物病毒的形状多半是针形；细菌病毒多半是蝌蚪形。

病毒不是细胞

除了它们的体积比一般细菌都小得多以外，病毒还有什么特征呢？由于病毒学进一步的发展，我们发现病毒有一个显著的特征，就是有许多植物的病毒能形成真正的结晶体。

也许病毒和细胞生物之间更重要的区别在于病毒的身体里面只含有很少的水分。各种生物的细胞，所含有的水分往往达 80%~90%；病毒就不同了，它们虽居住在潮湿的环境里面，也只含有极少的水分。这种情形在植物病毒中常常可以看到，至于人类和动物的病毒，其中有几种，例如天花病毒就含有大量的水分。

最后，病毒还有一种特性，使它们在本质上和最简单的细胞不同，那就是它们没有和外界环境相隔离的半渗透性的表膜，它们是赤身裸体的蛋白质微粒，这些微粒的表面直接和外界物质相接触。生物的细胞包括最原始的细菌在内，就不是这样，它们经常都是有细胞膜的。

从上面所讲的几个特征看起来，我们就可以得出一个结论，病毒不是细胞。

病毒也有生命吗

病毒不是细胞是什么呢？是蛋白质，是一种比较复杂的蛋白质——核蛋白质或是核蛋白质与其他成分的复合体。这一点已经得到了充分的证明。烟草花叶病毒和其他若干种植物病毒，都曾被详细地研究过，它们都表现出是这种蛋白质。那么，病毒这种特殊的蛋白质有没有生命呢？它会不会进行生命的活动呢？为了答复这个问题，让我们看看关于培养植物病毒的试验吧！如果我们把一小块患花叶病的烟草叶子在小乳钵中研碎加水，然后再经细菌滤过器滤过后，用小棉花团轻擦的方法，把少量的滤过液带到健康烟草叶的细胞中，经过10~12天，在健康的烟草叶上，便会出现花叶病的病征。从这种染病的烟草上，又可以取下来一小块患病的叶子，用以前的方法，反复把花叶病传染给其他烟草叶，不管这种试验重复多少次，这病总是可以传染的。

这说明了病毒和细菌一样，也有繁殖的能力。如果病毒不能繁殖的话，那么在反复地用人工的方法传染时，它的数量一定会被消耗尽的，因此，也就不可能继续传染了。

病毒能繁殖和创造与自己相同的个体，就是它们能进行生命活动的一个重要证据。

其次，病毒还具有另一个显示生命现象的重要证据——新陈代谢作用。

什么叫新陈代谢呢？

生物体把从外界吸收来的物质加以同化，把它变成生物体的一部分；同时，生物体还不断地进行着和同化作用相反的过程——异化作用，把复杂的有机物质分解了，排泄出来，这就是新陈代谢。

病毒的新陈代谢作用是与生物体的活细胞有密切联系的。病毒一旦离开了生物体或生物体的活细胞，就不能维持生命。

因为病毒是活细胞的寄生者，它不能在一般的人工培养基上生存。所以，我们在实验室里培养动物病毒，都是用鸡胚胎和其他有生命的组织，培养植物病毒都是在植物的细胞里面。

此外，病毒也受一般生物学上的遗传法则支配。它和细菌一样，也能将它本身的特性遗传给后一代。这种遗传性也会由于生活条件的影响而引起变异。

病毒的生活循环途径

病毒还有一个很重要的特征，就是有许多种病毒都有它们自己独立的生活循环途径。它们不但在人体细胞内寄生，而且在昆虫体内寄生，这些昆虫就是它们的宿主，例如黄热病和乙型脑炎病毒，都以某些蚊子作它们的宿主。它们平时寄生在蚊子体内，等到蚊子咬人的时候，就从蚊子的嘴里跑到人体血液里去，结果人就得病了。等到蚊子再飞来咬这个病人的时候，这些病毒又从血液里回到蚊子的嘴里去了，黄热病和乙型脑炎就是这样传染起来的。这一点，它们的传染途径很像疟疾原虫和回归热螺旋体的传染途径，因而我们可以说，它们也有一个独立的生活循环途径。

病毒能够繁殖，也有新陈代谢的作用，有遗传性，也有变异性，又有独立的生活循环途径，这些都是病毒有生命的证据。

病毒和传染病的关系

有许多种可怕的传染病，都是由病毒所引起的。

狂犬病就是一个例子。人被疯狗、疯猫或疯狼咬伤之后，狂犬病的病毒就会从疯畜的唾液里面跑进被咬人的伤口，逐渐地侵入到体内，病人就会死亡。

脑炎也是一个例子，这种可怕的病症，发生在夏秋两季，是由一种蚊子传播的。

其他如天花和流行性感冒等，都能够侵害人类的身体，天花在我国流行已久，依据历史上的记载，可以追溯到公元前 1700 年。

流行性感冒并不是轻微的病症，如人们所想象的那样，它曾经在 1918 年在全世界各地大流行。因这种病而死亡的超过 5000 万人，远远超过第一次世界大战中的死亡人数。

其他还有一些传染病，如麻疹、腮腺炎和脊髓灰质炎也都是由病毒而引起的。也有一些病毒危害性较小，例如引起人类的疣或是轻微的皮肤增殖的病毒都是。

动物也有很多病毒性的传染病，在 1937 年 5 月间，法国南部的牧场发生一种严重的传染病——牛马口蹄疫，这种病很快地蔓延到法国全境，而且侵入了瑞士、比利时、荷兰和德国。成千成万的绵羊、山羊、母牛在很短时期内都受到了传染，使畜牧业蒙受很大的损失，这种传染病也是由病毒引起的。其他如马的传染性贫血病、猪瘟、羊的脑炎病以及家禽的瘟疫等也都是由病毒传染的。

病毒也是昆虫的敌人，在昆虫队伍里面，如家蚕和柞蚕的幼虫，都曾受到病毒的侵害而发生“黄疸病”，这种病往往给养蚕的人带来很大损失。病毒也会使蜜蜂的幼虫发生一种囊状病，这就给养蜂的人以损失。

植物病毒和细菌病毒

让我们看一看植物界中的情况吧：

在这里我们所遇到的病毒性的传染病数目还要多，现在已为我们所发现的就有 200 多种。病毒向各种果树和农作物进攻，因而发生各种各样的花叶病和萎黄病。在萎黄病中，如燕麦的萎缩病，番茄与其他茄科作物的束顶病，柳叶的卷叶病和柑橘的脱皮病，都是非常有害的。在花叶病中，如烟草和番茄的花叶病、马铃薯的皱纹花叶病和其他种类的花叶病，都是危害最大的。其他农作物，如裸麦、大麦、玉蜀黍、粟；其他果树，如苹果、梨、桃、杏、李、樱桃、葡萄；其他蔬菜，如甜瓜、西瓜、甜菜、菜豆、紫云英、紫苜蓿以及甘蔗等也都会受病毒的侵害。

有时候甚至于细菌也要受病毒的侵害，病毒钻入细菌的身体，把细菌的细胞慢慢地吃掉，这种病毒叫作细菌病毒，也叫作噬菌体。噬菌体也有好几种，其中有一种能杀害痢疾杆菌，另一种能杀害鼠疫杆菌，噬菌体到了细菌身上，细菌就会改变体形，自行溶化，慢慢地化为乌有。这是显微镜下的战争。

细菌和病毒怎样侵害人体

病毒和细菌一样，除了由昆虫宿主传染给人类以外，还有其他各种不同的传染途径和传染门户。例如天花病毒、流行性感冒病毒就是和肺炎双球菌一样，由空气传染，在人们咳嗽、喷嚏和谈话的时候，进攻人类呼吸道的。

细菌和病毒侵入人体以后的情形是怎样的呢？

先谈细菌的毒素吧。毒素就是细菌的化学武器，细菌能制造两种毒素：一种毒素是由细菌分泌到外面来的，叫作“外毒素”，又叫作“分泌毒素”，这种毒素在前面已经谈过，如白喉杆菌的毒素、破伤风杆菌的毒素、腊肠杆菌的毒素等。这些毒素都是非常猛烈的，但它们并不稳定，例如腊肠杆菌毒素，在煮过以后，毒性就大为减弱了。

另一种毒素存在于细菌的细胞里面，要在细菌被破坏以后才流出来，这种毒素叫“内毒素”，如脑膜炎球菌的毒素，这些毒素的毒性比较缓和些。

此外，细菌还有一种侵袭作用。细菌进入人体以后，往往能迅速地繁殖起来。有的节节攻陷人身的防地，有的随着血液侵犯全身，结果人身所有容易受感染的器官和组织都受到损害，伤寒病、回归热以及各种败血病都是这样发生的。

除了毒素的作用之外，细菌又会制造酵素，能溶解人体的组织，特别是结缔组织。

病毒怎样呢？病毒也有毒素和侵袭作用，但它是细胞内的寄生者，由于它的这种特性，和由于人体细胞的吞噬异物作用，它进入细胞里面以后，才能生活繁殖，引起疾病。

人体怎样抵抗细菌和病毒的侵害

致病的细菌和病毒侵入人体，机体在免疫系统的作用下动员吞噬细胞，特别是白血球，来包围吞食细菌和病毒，全面地与细菌和病毒做斗争。如果机体自己或在药物帮助下获得了胜利，往往在病后就不再受同样疾病的传染，例如大家都知道的，患过天花和麻疹的人就不会再患天花和麻疹了。这种免疫叫作反应性的免疫。

有许多对于动物有害的病，对于人类可能完全无害。例如鸟型结核杆菌，只能在鸟类身体中或40~50℃的培养基中生长，而对于人类是完全无害的。反之，对于人类有害的病原菌，对于动物也可能完全无害，例如伤寒杆菌。这是因为人或动物在进化过程中获得了一种非反应性的免疫能力。

如果机体防御力量抵抗不过细菌和病毒的进攻，那就需要依靠身体外面的救兵了。到身体外面请救兵，使人类和传染病的斗争进入了新的阶段。

人类怎样和传染病做斗争

18世纪末期，有一位英国医生琴纳①，发明了种牛痘的方法，可

---

① 即爱德华·詹纳（1749—1823），英国医生，以研究及推广牛痘接种、预防天花而闻名。他发明的天花疫苗是世界上第一支疫苗，因此被后世称为“免疫学之父”。

以预防天花。他的发明证明了用人工的方法可以预防传染病。

到了 19 世纪后半期，巴斯德研究接种鸡霍乱病，发现了免疫现象。他培养炭疽杆菌，使它的毒素减弱，制成炭疽杆菌的疫苗，预防炭疽病，而得到成功。他利用同样减弱毒性的方法，制成了狂犬病的疫苗，治好了成千个被疯狗咬伤的人。这样就打下了免疫学的基础。现在我们不去详细说明免疫学的原理，在这里我们只要讲到由于巴斯德的这些发明，引起别的科学家发现一种特殊的物质，叫作“抗体”。我们知道，用减弱或性能改变的细菌和病毒，或已经杀死的细菌和病毒或它们的毒素，注射到人类或动物体内，都可以引起抗体的产生。这些抗体有消灭细菌的能力，因此能增强人体的防御力量。

我们种牛痘，打霍乱、伤寒、鼠疫防疫针（疫苗）以及注射白喉抗毒素等，就是要使我们身体里产生能抵抗天花、霍乱、伤寒、鼠疫、白喉的抗体。

由于各种传染病原体的发现，和它们的特异预防接种法的发明，帮助我们制定了许多合理的防疫措施。免疫疫苗和血清以及磺胺剂和抗生素等的发明，使我们在今天拥有各种有效的杀菌武器。

人类终于战胜了一些微生物的危害。

能不能把微生物的性质改变呢

能不能把微生物的性质改变呢？人类能不能由掌握微生物变化发展的规律来控制微生物变化和发展的过程和方向呢？能不能使微生物不再危害人类而为人类服务呢？

这就是微生物变异的问题。苏联微生物学家苏克涅夫等，经过多年的研究工作，证明了细菌并不是生物界中的例外，细菌和其他生物一样，它们也能够发生变异。

苏联微生物学家伽马利亚等的研究工作，又证明了微生物之间也有无性杂交作用。

什么叫无性杂交作用呢?

我们知道，大肠杆菌对于人类的身体本来是无害的，但是当人类的肠子里跑进了痢疾杆菌的时候，因为吸收了痢疾杆菌所分泌的产物，大肠杆菌就会获得像痢疾杆菌一样的性格。相反地，痢疾杆菌也会获得像大肠杆菌一样的性格，这种由于营养的交换使细菌的性格互相改变的作用，就叫作无性杂交作用。

苏联微生物学家曾经把大肠杆菌转变成副伤寒杆菌，又把副伤寒杆菌转变成大肠杆菌。这样地逐步转变，就可能把它们改造成对人类完全无害甚至有益的微生物。这样，苏联的微生物学家们就掌握了一门可以根据自然发展的规律随意创造自己所需要的微生物种类的艺术。

苏联科学家做了无数的研究工作，他们证明了病毒也和细菌以及其他一切生物一样，当培养它们的条件改变的时候，病毒的本性也会随着改变。

如果我们依照这条规律，把使人致病的病毒注射到对于它们没有感受性的动物身体里，病毒并不死掉，而是继续繁殖，不过不会致病。如果使那病毒继续几次通过这些没有感受性的动物的身体，就可以改变病毒的遗传性，使它失掉引起人类患病的能力。这样我们就可以把致病的病毒，改造成为防病的病毒。

像琴纳所发现的天花的病毒通过牛的身体以后变成了牛痘病毒，就可以防止真正天花病毒的侵入。又像巴斯德所发现的狂犬病的病毒在兔脑中培养后，也会改变本性，可以用它来医治狂犬病，都是根据这一道理，不过巴斯德和琴纳一样，当时都不知道这条规律。他们的发现被认作是偶然的事情，其他的例子：黄热病的病毒通过小鸡的身体，会改变它们的本性，而变得无害于人类；流行性脑炎的病毒通过家鼠的身体，就有防止人类的流行性脑炎的可能性。

这些活的疫苗的发明，对于人类具有重大的意义。因为活的疫苗所引起的免疫力比起死的疫苗要强大得多。活疫苗的发明，使医学和兽医学获得了一种和传染病做斗争的新的有效的武器。

霉菌的贡献①

霉菌，又叫作丝状菌，是地球上存在的极为普遍的一种微生物，是真菌中的一大类。它们的种类很多，形状不一，个子比细菌稍大，构造也较为复杂。和细菌一样，它们的一生过着漂泊无定的生活，随风飘扬，到处为家。一旦落到潮湿的有机物，如馒头、米饭、水果、衣服和皮革等上面，当温度适合它们生存的时候，它们就会在那里汲取营养、养儿育女，迅速地繁殖起来。霉菌不断繁殖的结果，就是那些有机物发霉腐烂，造成物资损失。更严重的是：有些霉菌会侵害人体皮肤、毛发、指甲、肺部和外耳道等，导致各种慢性病。有些霉菌，还会侵蚀农作物，毁坏我们的收成。甘薯的黑斑病和小麦的散黑穗病，就是两个突出的例子。

这是霉菌对人类有害的一面。

这有害的一面，随着科学技术的发展及防治方法的加强，已经逐渐为人类所控制了。

霉菌的生活非常简单，它们没有叶绿素，不能进行光合作用，因而也不会制造自己所需要的养料。它们的营养都来源于它们所寄生的生物体和腐物，它们之所以能够这样生活下去，全靠它们细胞里分泌的各种酶的作用。

这些酶，有的能分解淀粉，把淀粉转化成糖；有的能分解蛋白

① 本篇写作时间是 1963 年 6 月。

质，把它转化成氨基酸；还有的能分解脂肪和纤维素，把复杂的有机物转化成简单的化合物了。

酶的发现，是生物学史上的一件大事。后来，微生物学者们更进一步地在霉菌细胞里也发现了酶，这一惊人的发现，大大地提高了霉菌的身价，使它成为发酵工业中的“多面手”。

怎见得？您瞧：

霉菌是酿酒的“专家”。

霉菌对于人类最重要的贡献之一，就在于它能酿酒。在酿酒的过程中，它和酵母菌保持着密切的合作：先由霉菌分泌出淀粉酶，把淀粉分解成简单的糖；再经酵母菌作用，把糖变成酒精。

居住在中国、日本以及在太平洋各岛屿的居民[①]，从古老的时代起，就懂得利用霉菌来帮助制造酒类饮料了，而在其他国家习惯用麦芽来帮助制造啤酒和其他酒类。

后来，科学家们把霉菌培植在麦麸皮上，他们的试验证明：用霉菌比用麦芽效果好得多，霉菌产生的淀粉酶又多又快，而且成本便宜。麦麸皮是霉菌最爱好的食品，因为它的质地疏松，又具有庞大的表面，1 克重的麦麸皮，大约有 1 平方米的表面。显然，表面越大，霉菌繁殖得越多。麦麸皮经过蒸汽灭菌，铺了薄薄的一层之后，就可以请霉菌在这儿安家落户了，再在适当的温度下度过 30 小时，就能产生大量的淀粉酶。

酿酒所用的最好的霉菌要数米曲霉了。

霉菌又是造酱的能手。

人们利用霉菌造酱的历史也很悠久了。米曲霉对于造酱工业最为

---

① 据考古和文献记载，我国是最早系统使用霉菌酿酒的国家。

合适，这是因为米曲霉不仅能产生淀粉酶，而且还能产生强有力的蛋白质分解酶，这对于造酱的成功和失败，起着决定性的作用。酱的好坏，取决于其酿造时所用霉菌的种类。

在米曲霉的细胞里，所含的蛋白质分解酶比淀粉酶更多，如果用面粉造酱，面粉里淀粉多而蛋白质较少，经过酶的分解后，所造成的酱就富有甜味；但是，如果用豆类来造酱，豆类里含有大量的蛋白质，而淀粉的含量较少，这就必须经过蛋白质分解酶的作用，才能把蛋白质逐步分解成氨基酸。氨基酸的种类很多，其中也包括谷氨酸，而谷氨酸就是味精里的主要成分，怪不得用豆类酿造的酱和酱油，就有那种鲜美适口的滋味。

霉菌又是制造豆腐乳的“技术员”。

霉菌中有一种叫作毛霉菌的，常常被人们请去参加豆腐乳的制作。毛霉菌的细胞里，也含有蛋白质分解酶，这种酶能把豆腐里的蛋白质分解成氨基酸，所以用它制成的豆腐乳也很有滋味，比豆腐的味道更美。这种霉菌，只适合在低温下生活，因而冬春两季是做豆腐乳的好季节。

霉菌又是制造皮革的“小技师”。

在皮革工厂里，霉菌被请去参加繁忙的脱毛工作，由于它们所分泌出的蛋白质分解酶的作用，动物的毛囊细胞受到破坏。动物毛皮经过 36 小时的浸泡之后，毛就脱得一干二净。之后，再经过染料的处理，皮革就不会褪色了。

霉菌又是纺织工人的好帮手。

在纺织工厂里，霉菌帮助棉织品进行脱浆工作，由于它所分泌出的淀粉酶的作用，能把浆变成糖，这就很容易被水洗掉了。这样，对布没有半点损害，而且还能提高布的质量。

多才多艺的霉菌，对于人类生活和生产的贡献，还不止这些哩！霉菌的好处不仅在于它们能够分泌出各种酶，它们还是制造各种有机酸、维生素、抗生素和刺激素的小药剂师哩！

不少的有机酸是利用微生物来制造的，在这方面，霉菌的成绩较为显著。有些霉菌吃了五倍子，就会产生鞣酸；吃了干草，就会产生草酸；吃了水果，就会产生柠檬酸。这些有机酸都是工业和医药上的重要原料。

维生素是治疗营养不良症的积极分子。在维生素的行列中，如核黄素、12 号乙种维生素、丙种维生素、丁种维生素等都是由微生物来合成的。有些霉菌也被请去参加了这种工作。

抗菌素是抵抗传染病的功臣。在抗菌素的队伍里，除了青霉素是用青霉菌来生产以外，其他的抗菌素如链霉素、氯霉素、金霉素、土霉素、红霉素等都是利用各种放线菌来生产的。

在这里还应当指出：著名的金霉素是作为牲畜的辅助饲料而闻名于世的。它对于促进牲畜的生长发育是有特效的，不愧是刺激素的杰出代表。

刺激素的另一位有名的代表，就是赤霉素，它是赤霉菌的产物，它在促进许多种植物的发育方面屡建奇功。

还有一种重要的药品，叫作“甾体激素”，也是利用微生物制成的。这种药品是生理机能性病症的特效药，过去由于它的制造过程十分复杂，成本又太高，因而产量少，不能满足病人的需要。但自从近年来人们利用了霉菌参加这一制作，它就变成为一种价廉物美的产品了。

至于作为蛋白质补充食品的人造肉，也是一种霉菌的化身。这种霉菌叫作白地霉。这一新型的食品，在许多国家里已经引起广泛的注意和重视，并且得到很大的发展。

以上这些事实都告诉我们：霉菌，这一个平凡而伟大的微生物品种，有着非常广阔的前途。人们掌握了霉菌的生活规律以后，就可以使它们不再危害人类，而永远朝着有益于人类事业的方向发展。

杀菌的战术[①]

人和害菌的斗争

人类在向大自然做斗争的过程中，同各式各样的敌人在各种不同的战线上作战。其中有一条战线从有人类以后就已经存在，直到今天也远没有消失，这就是人类同微生物的斗争。

微生物的种类繁多，数量庞大，包括细菌、真菌、原虫（原生动物）和病毒等。这些微生物虽然绝大部分小得用肉眼看不到，但是，却不能忽视它们的存在。它们在地球上到处活动着。就在你的周围，在空气里，在水里，在泥土里，在人和动物的身上，在粪便和其他的排泄物里，在垃圾堆里，在一切阴暗、潮湿的角落里，几乎每一滴生水、每一粒灰尘上，都满载着微生物。它们以巨大的群体和迅速的繁殖力来影响自然界。它们之中的大部分对人类有益，只有一小群坏家伙（这里泛指一切有害的微生物）严重地威胁着人类的健康和生命，破坏人类的财富。因此，长期以来，人类同它们进行了针锋相对的斗争。

这是一场听不见声息的斗争，但却是很激烈的。人们为了赢得这场斗争的胜利，甚至不惜献出了自己的健康和生命。人类在长期同害菌的斗争实践中，逐渐认识了害菌的生活习性和活动规律，并且调动

① 本篇写作时间为 1977 年 2 月。

了各方面的力量，掌握了有效的战术，征服了一批又一批的害菌。

为了乘胜前进，击退害菌对人类的侵犯，我们在这里不妨检阅一下人类在杀菌战斗中所拥有的生力部队——物理兵、化学兵和生物兵，以便使大家能够更好地调动这些杀菌的力量，为消灭害菌而斗争。

杀菌的物理兵

在日常生活中，人们积累了许多保存粮食、衣物和防治传染病的宝贵经验，像粮食脱粒后要晒干了贮藏；过了霉雨天，衣服应该拿出来晒上一天半天；饭、菜要烧透、煮熟后再吃，就不容易得病……类似这样的经验，你可能会联想起很多。可是，你是否想到过，这其中包含一些什么道理呢？

原来，这些办法都是利用了灭菌的物理兵的力量。现代，由于科学技术的发展，物理兵的队伍越来越大，战斗力也越来越强。在这里，让我们首先检阅一下物理兵的工作。

一、热的威力

利用热来灭菌，是古代人早就总结出来的经验，也是人类利用科学方法最早证明和生产中可以成功地应用的一种灭菌方法。

为了说明人类是怎样利用热来灭菌的，我们不妨从一个小故事谈起。

1856 年，法国里尔城酿酒作坊曾经发生过一件事：本来很好的酒都变成酸溜溜的了，简直不能喝。酒厂老板非常着急，因为这种酸酒是卖不出去的。

当时，人们还不了解微生物在自然界里到底起着什么作用，因此，对这种怪现象，想不出办法解决。后来，这事被一位科学家巴斯德知道了。那时，他虽然是研究化学的，但他对于一些液体变酸的现象很感兴趣。他认为发酵和细菌有着密切的关系。于是，他用显微镜仔细地检查了好酒和坏酒。结果发现，在坏酒中除了圆胖的酵母菌以外，还发现了瘦长的乳酸杆菌。经过许多次科学试验，巴斯德终于证明了好酒变酸就是这种杆菌造成的恶果。他还提出了防止的方法，就是把酒加热到 61.7℃，维持三分钟，酒中的杆菌全被杀死，酒就不会再变酸了。这就是著名的巴斯德消毒法。

当时加热的办法主要是用火，这说明那时候已经科学地掌握了火的作用。直到目前，用火灭菌还是广泛应用的有效方法。用这种方法来灭菌，最直接，最简便，最彻底，也最可靠。一切含有细菌的废物，一切动物的尸体和试验用具，都可以用火来灭菌。

有时候，人们不直接用火焰来烧，而是用火来烤干需要灭菌的物品，也能把细菌杀死。不过，这种方法的穿透力不强，烤热的地方也很难均匀。因此，需要较高的温度和较长的时间。

熊熊的火焰，除了能直接杀死细菌以外，还能把水烧开，把食物和别的东西煮熟，杀死其中的微生物。用煮沸的方法来灭菌，至少要经过五分钟，或更长的时间，才能把正在繁殖的细菌细胞（它们一般不耐高温，如 100℃）杀死。细菌的芽孢更能耐高温，不易杀死，因此，要消灭它们，就必须把煮沸的时间延长到一两个小时或采取间歇灭菌的方法。间歇灭菌的方法是把灭菌的材料加热到 100℃，维持一定的时间，然后在 20~37℃恒定温度里放置一天，让芽孢生长成为细菌，再蒸煮一两次，把正在繁殖中的细菌都杀死。如果已死的细菌留下了它的芽孢（某些细菌身体里形成芽孢，它耐热、耐干和抵抗各种有害作用的能力都较强），就必须把煮沸的时间再延长一两个小时。

随着人类在高温灭菌方面的经验的积累，灭菌工具也不断有所革新，灭菌的方法也不断地改进。高压蒸汽灭菌锅的发明，使灭菌的战术大大提高了一步。灭菌锅的工作原理是，在一个密闭的锅里加上水，加热后水逐渐变成蒸汽，蒸汽越聚越多，使锅里的压力逐渐增加，温度也随着上升。在压力表指针指到每平方厘米0.33公斤的时候，必须把通气管略开一点，把冷空气尽量驱逐出去，再把锅门关紧，使锅再次密闭。当蒸汽的压力继续上升到每平方厘米1公斤的时候，温度可以达到121.30℃。在这样的高温条件下保持30分钟，一切细菌和芽孢都难逃命。这是一种最有效的灭菌方法，通常人们把这种灭菌方法叫作湿热灭菌法。湿热灭菌，是一个凝固蛋白质的过程。在温度既高又有水分的情况下，细菌细胞的原浆就很容易被凝结了，因而细菌也就死了。这在医院手术室和一些制造生物制品、抗菌素、发酵产品以及食品加工等生产部门中，都经常使用。为了不破坏被消毒物质（如培养基）的化学性能，人们设计了一种快速灭菌锅。升温和降温所用的时间都很短，这样就既能达到灭菌的目的，又不会使消毒材料由于长时间高温处理而遭到破坏。在食品工业、医药工业、发酵工业，还采用了连续灭菌培养设备，先把要灭菌的物质不断地压入弯弯曲曲的高温管道里，然后喷入无菌的发酵罐中。这样，物质在管道流动过程中受到短时间的高温高压处理，就能达到完全无菌的目的。

二、干燥的方法

在灭菌的工作中，还有一种普遍应用的方法，就是干燥。

我们知道，一切生物都离不开水，微生物也不例外。在干燥的环境中，微生物细胞里的水分就有被夺走的危险，水缺了，新陈代谢就不能进行。长期干燥下去，许多微生物都会死亡。

不同种类的微生物对于干燥的抵抗力也不一样。有些细菌，如脑膜炎球菌对于干燥的抵抗力就很小；有些细菌，如结核杆菌对于干燥的抵抗力却很大，它们常常能在干燥的地方生存几个月；特别是有些细菌所含有的芽孢，对干燥的抵抗力更大，即使在干燥的地方待上10年，一遇到适合的环境，还能苏醒过来，继续它们的生命活动。

在人们的日常生活中，常常用烘干、晒干和熏干的方法来保存食物，例如：人们把蔬菜烘干，制成脱水蔬菜；人们把白薯切成片晒干，并且放置在干燥的环境中贮存。在食品和制药工业中干燥技术不断发展，如奶粉制作，多用各种喷雾干燥塔，这种装备，可以使挥发性成分和维生素不受损失。有的干燥塔高达60~70米，直径达15米，每小时蒸发的水分可以达到2000~6000公斤。而块状或片状的物质材料可以用爆筒干燥（把要干燥的东西放入高压的干燥箱内加热，水分大量蒸发，箱内压力增加到一定程度，突然把箱盖打开，压力骤然下降，把东西喷出，并发出爆炸声。大米花就是用这种方法做成的）。这种方法得到的产品具有多孔性，能在4~5分钟内吸水恢复原状。这些都是应用了干燥的原理。

人们还采用了在极低的温度下（–40~–20℃）冷冻真空干燥的技术，叫作冷冻真空干燥法。应用这种方法，可以阻止微生物的繁殖，抑制住它们的活动，长期保存一些药品和食物。

实际上，干燥的主要作用是抑制微生物生长，而不是灭菌。如果要利用干燥方法达到灭菌的目的，就必须与热力相结合，这种方法叫干热灭菌法。有些仪器、仪表多采用这种方法来消毒，这样就克服了在湿热灭菌过程中，因产生冷凝水所导致的材料的破坏。干热灭菌法通常采用的设备是干热灭菌箱。

干热灭菌箱又叫作热空气炉，是微生物学实验室里常见的灭菌装备。它由双层墙壁做成，用煤气或电来加热，利用吹风设备，使热空气均匀流动。在一般情况下，温度达到 165℃左右，就可以杀死一切细菌和它们的芽孢。这种热空气炉，是玻璃仪器和金属的最好灭菌场所，也是油类和脂肪消毒的好地方。

但是由于微生物耐干热的能力大于耐湿热的能力，又由于干热对材料的穿透能力低于湿热，所以干热灭菌必须温度高，时间长，才能得到和湿热灭菌的同样效果。

三、光线的刺激

说到光线，我们首先会想到日光。不错，日光是自然界中最常见的灭菌光线。但是它的灭菌力量并不强。日光是由红、橙、黄、绿、青、蓝、紫等可见光线和紫外线、红外线等不可见光线组成的。而消毒作用主要是靠紫外线和红外线这两种不可见光线。紫外线穿透力不强，但是它能使微生物细胞中一种叫核酸的成分发生化学变化，造成细菌的死亡；红外线具有很强的穿透力，能在照射到的微生物的体内或外部环境中形成热能，蒸发掉微生物体内的水分，从而使微生物停止生长繁殖，甚至死亡。不过，这些光线从太阳射到地面的过程中，还会被空气中的水分和灰尘吸收一部分。因此，当它照射到需要灭菌的物品上的时候，力量就不大了。所以用日光灭菌，时间比较长，一般要经过几个小时，才能收到一定效果。因此经常把病人用过的被褥和衣物、书报等放在太阳光下暴晒几小时，是很有好处的。

人们利用了紫外线的灭菌作用，制成了紫外线灯，这是一种强有力的灭菌武器。这种灯可以装在房间里，杀死空气中的各种有害的微生物。不过，因为紫外线穿透力不强，所以它只能杀死物体表层的微生物。目前，在微生物学实验室、传染病房、医院手术室里，都常用紫外线灯来进行消毒。工业上，采用特制的高功率的紫外线灯，可以直接把饮用水或工业用水净化。如照相胶片等制造业，不能用漂白粉处理自来水，因为氯会使银离子沉淀，造成原料的大量浪费。有时候，紫外线虽然没有把某些微生物全部杀光，但是却能使残留下来的少数个体在生理上发生很大的变化。在发酵工业中，人们常用紫外线的这种特殊本领来选育高产量的菌体。

四、过滤部队

这是一种机械化部队，它能阻止细菌的进攻。

棉花塞是过滤部队的成员。用棉花塞来塞住瓶口，空气可以自由出入，而细菌却不能溜进去。玻璃瓶加热消毒后，瓶里的空气焕然一新，空气里的细菌已经被清除干净，装在瓶里的肉汤或其他食物就不至于败坏了。这是棉花塞的功绩。

在拔除或塞上棉花塞的时候，可以用火来烤一下瓶口和棉花塞的周围，杀死黏附在瓶口上的细菌。这样，污染的机会就更少了。

素烧瓶、硅藻土和石棉，也是过滤部队的成员。不过，它们过滤的不是空气而是液体。人们把这些有孔的材料制成过滤器，这些过滤器的孔口，比细菌还要小，一般的细菌都通不过去，因而能把它们拦住，起到清除液体里的细菌的作用。这样，一些害怕高温的液体，如血清和注射用的药液，就可以用这种办法来清除细菌了。此外，还有塞氏滤纸、超细纤维纸、活性炭、砂石等也都是过滤部队的成员，它们都具有拦阻水里的微生物和其他杂质的作用。

五、灭菌的特种部队

在灭菌物理兵的队伍里，除了热力、干燥、光线和过滤以外，还有许多其他重要的成员，例如放射线、超声波、机械的振荡、研磨捣碎以及多次的冰冻和溶解等，也都有一定的灭菌作用。这里只提一下丙种射线的应用，这也是和平利用原子能的一个方面。

大家知道，一些放射性物质，像放射性同位素，能放出甲、乙、丙三种射线。其中丙种射线具有很强的穿透力。所有的微生物和酶，在高剂量的丙种射线的作用下，都会死亡或失去作用。根据丙种射线的这种特性，可以把鲜鱼、鲜肉、蔬菜、水果等，放在塑料袋里，密封好，和外界的微生物隔绝，再用放射性同位素钴-60所放出的射线，照射一定时间，就可以把被照射的微生物全部杀死，并且能抑制酶的活动。这样，由于这些食物不会受到微生物和酶的作用，就可以长期保存。

为了发酵工业的需要，也可以利用钴-60放射线或紫外线进行连续灭菌。这种方法是把培养基用高压喷入照射室，呈雾状，使之充分受到射线的照射而达到彻底灭菌的目的，然后让它流入无菌发酵罐中去进行发酵。今后原子能在灭菌方面也将发挥更大的作用。

杀菌的化学兵

在这里，我们将从灭菌的物理战术谈到灭菌的化学战术。在化学领域里，有不少强有力的灭菌部队，有的是夺取水分的尖兵，有的是皮肤伤口的警卫员，有的是消毒专家，有的是防腐能手，有的是征服传染病的主力军。

一、夺取水分的尖兵

前面已经说过，一般微生物在干燥的环境中就不能进行生命活动。人们发现，有不少化学物质溶解在水里以后，具有一种奇妙的特性，它能从四周的环境里夺取大量的水分子。例如，盐和糖溶解在水里以后，就能从周围的微生物细胞里吸出水来，使微生物在有水的环境里遭受到干渴的困扰，因而不但不能吸收食物的养料，反而由于失掉了自身的水分而被迫停止繁殖。特别是在高浓度的盐溶液和糖溶液中，微生物细胞严重脱水，发生原生质和细胞壁分离而死去。这可以说是一种发挥了物理作用的化学灭菌兵。

人们常用高浓度的盐水、糖水来处理食物，如制作腌菜、腌肉和蜜饯果品，就是应用了这个道理。

二、皮肤伤口的警卫员

当我们不小心使皮肤受伤的时候，如果不赶快消毒，病菌就可能乘机侵入伤口，使伤口化脓和溃烂。如果遇到破伤风杆菌从伤口钻进身体里，产生出毒素，不及时治疗，还会有性命危险。

怎么办呢？为了防止伤口遭到细菌的侵犯，就要采取防御措施，伤口小的地方，就要擦上一点消毒药水，全部歼灭来犯的病菌。假如伤口很大，又沾染了污秽的东西，还应该请大夫注射破伤风预防针，以免遭到破伤风杆菌的毒害。100 多年前，人们对于感染细菌的严重后果并不了解。在一些医院的外科手术室里，病人在做过手术以后，伤口往往很不容易痊愈，不少病人还常常因为伤口化脓或中毒而死去。这些无辜的牺牲者就是被潜伏在污秽用具上和隐藏在空气中的病菌杀害的。到了 19 世纪中期，人们才知道许多腐败现象是由病菌引起的，有些医生开始注意到，伤口附近组织的变坏，可能是病菌侵入的结果。他们找到了当时唯一可用的化学武器——石炭酸，把做手术用的器械和伤口附近的皮肤都用石炭酸水来消毒，甚至医生和病人的衣服也都用石炭酸水浸泡过。结果伤口腐烂化脓和中毒现象大大减少了，一时被认为是奇迹。这是杀菌的化学兵立下的初次战功。

随着外科技术的改进，杀菌化学兵的队伍也在不断扩大。由于石炭酸对皮肤和黏膜有腐蚀作用，现在已经不再直接用作皮肤消毒。但是，它仍不失为一种重要的灭菌武器。

目前，在皮肤警卫员的行列中，我们最常用的有红药水、紫药水、碘酒和酒精等。在灭菌的战斗中，它们都有出色的本领。

红药水的学名叫作汞溴红溶液，从药房里买来的汞溴红，是小片或颗粒，有的带点红褐的蓝绿色，有的是绿色略发荧光。1 克这样的汞溴红加上 50 克的水就成了红药水。汞溴红是一种染料，但是它又能使病菌的一些酶停止活动，所以，也是一种皮肤消毒剂。它能灭菌，又没有刺激性，可以防止伤口的溃烂。使用时，用棉花蘸上一点，涂在皮肤伤口的地方就行了。

紫药水也是一种染料，它的灭菌能力比红药水还强，更适用于预防脓疮——伤口化脓、疮面糜烂等。使用时，先用温开水把伤口洗净，用药棉擦干，再涂上紫药水，一天涂两三次就可以了。

紫药水有好多种，包括甲紫溶液、龙胆紫溶液和结晶紫溶液等。其中，以龙胆紫溶液的应用最为广泛。它们的成分，虽然有所不同，但是消炎、灭菌和防腐的性能基本相同，可以通用。

紫药水的浓度一般都是千分之一到百分之一。它对口腔、鼻腔等黏膜的创伤和发炎，有一定的疗效。它能和人体坏死的组织结合，形成一层保护膜。它具有防腐作用，还能治疗烧伤。

碘酒的学名叫作碘酊，是碘溶在酒精中制成的。酒精可以帮助碘渗入微生物细胞里，把病菌杀死，对皮肤的创伤，有很好的疗效。一般用的碘酒溶液里，碘的浓度是 2%~4%。但是它的刺激性很大，不适合治疗大面积的破伤。

红药水和碘酒不能同时使用。因为碘酒里的碘，和红药水里的红汞混合后，可以变成剧毒的碘化汞。

红药水、紫药水和碘酒都怕光，应该用有色瓶子装盛。一般都装在棕色瓶子里，瓶口要用橡皮塞堵住，以免变质失效。

在皮肤警卫员的行列中，除了上面所讲的几种以外，还有 70%的酒精和 2%的来苏水等。它们对于皮肤消毒，都有一定的作用。例如当伤口较大的时候，大夫常常给撒上一些消炎粉；在打预防针的时候，先用棉花蘸上酒精擦擦要打针的地方，也都是进行皮肤消毒。

上面我们请出几位“消毒专家”和大家见了面，但这只是第一批化学兵。下面我们还要陆续介绍一批又一批的化学世界里的灭菌能手。它们之中有些是出色的氧化家，有些是染料的队员，有些是生石灰的朋友，真是形形色色，济济一堂。

三、出色的氧化家

我们在一些公共场所里，常看到公共碗杯泡在一种紫红色的水里，这种药水也是一种消灭病菌的化学兵，叫作灰锰氧水。

在医疗上，也常常用灰锰氧水来洗涤伤口，杀死伤口上的细菌。灰锰氧的学名叫作过锰酸钾。它是一种黑红色结晶体，在水里溶化以后，就变成一种浓紫色和棕红色的药水，它一遇到微生物或有机物质，就能放出新生成的氧气，使这些微生物或有机物质氧化，从而发挥消毒作用。灰锰氧水是一种价钱便宜、使用简便的消毒剂。由于灰锰氧水的消毒作用，就在于它能放出氧气，所以是一位出色的氧化家。因为它刺激性小，也适用于黏膜的消毒。除了能消毒茶杯、碗筷以外，生吃的蔬菜、水果在用水洗净以后，也应该再用它来消毒。这种消毒药水的用法虽然简单，但是使用不当就不能收到应有的效果。用灰锰氧消毒的时候，一般都是用 0.1%~0.5%的溶液浸泡 10 分钟，并且要用新配好的溶液。这种溶液用过一定时间，或是消过几次毒以后，它的消毒能力会逐渐减弱，药水变成棕黄色，就不能再用了。

还需要注意的是，灰锰氧水只对消毒物的表面具有消毒作用，消毒作用也是暂时的，对瓜果蔬菜来说，最好是现消毒现吃。

另一位氧化家叫作过氧化氢（双氧水），浓度3%的过氧化氢可以用来洗涤伤口。此外，能放出氯气的漂白粉，常用来进行井水和游泳池水的消毒。在农村饮用的井水中，有时会发现有些特殊的药味，这是由于用了漂白粉进行消毒的缘故。用漂白粉消过毒的井水里面，一些肠道传染病菌被消灭了，人们喝了就不容易得痢疾或泻肚子等传染病了。漂白粉还可以对粪便和其他排泄物消毒。漂白粉在吸收水分以后，就会放出氯气，因此，要装在不透气的瓶子里，以免降低灭菌的效力。现在常用的还有氯胺和白矾等，可以用作净水剂，使天然水净化成为可以饮用的水。在农村我们常看到人们把井里的水倒入缸内放入一些白矾，经过搅拌，可以把泥土、微生物和其他一些有机物质沉淀成絮状的东西，放置一段时间后，水就清净了，再经煮开就可以饮用。

四、重金属家庭的成员

汞、银和铜等元素的化合物都是重金属家庭的成员，同时，也都是强有力的灭菌武器。除了前面已经介绍过的红汞溶液以外，还有升汞，浓度是千分之一或千分之二。人们常用它来消毒手和非金属器具。由于升汞溶液极毒，又是无色无味的液体，因此，千万注意不要错当清水来用。还有硝酸银也是一种能干的消毒专家，常用的浓度是1%，适用于黏膜的消毒，用它来点眼睛，可以防止淋病的感染。

这些重金属元素化合物曾经也是防治枯萎病的农药。如“西力生”[①]是一种汞制剂，是防治稻瘟病的特效农药，曾为防治稻瘟病立下功劳。这种药在日本使用多年，用药量很大，后来给日本带来了严重的公害。河水含汞量骤然提高，不少日本人因为饮了含汞的水后而得病。据调查，日本水稻的残汞量也比较高[②]。同样是日本人，头发里含汞量也不一样，居住国内的日本人体内的含汞量比居住国外的要多得多。

汞制剂农药残毒大，对环境污染很严重，因而，这种农药放在被取缔的行列，而以新的有机磷杀菌剂如稻瘟净、内吸性杀菌剂如“托布津”、农用抗菌素以及氨基酸、脂肪酸等农药来逐渐代替。

五、最容易找到的消毒专家

生石灰是一种最容易找到的消毒专家。一份生石灰加四到八份水，溶成生石灰水乳液，就具有强碱的作用，可以杀死普通细菌。因此，利用石灰能够对粪便以及其他排泄物消毒。不过当石灰乳吸收了空气中的二氧化碳以后，会变成白垩，而失去灭菌的作用。因此石灰水乳液，最好是现配现用。

人们试验证明：在一份粪便里拌进两份石灰水乳液（指10%~20%的新鲜配制的热石灰水悬剂），经过4小时，可以把粪便中的致病菌杀死。住过传染病人或结核病人的房子，用20%的新鲜石灰水乳液刷两次墙，可以消灭室内的致病菌。

生石灰在防治农作物的病害中有过不少贡献。例如，人们在100多年前，就用石灰和硫黄合剂防治桃的白粉病。用石灰和硫酸铜合剂作为土壤消毒剂以防治马铃薯晚疫病。其实，石灰和硫酸铜混合

① 一种含汞农药。

② 二十世纪五六十年代发生在日本的“水俣病”事件。

水溶液就是我们今天的波尔多液。

波尔多液是一种杀菌剂，它有一段悠久的历史。法国农民把一种液体涂在葡萄上，叫人们看上去好像有毒，以防偷盗。19 世纪中期以后法国首次出现了葡萄霜霉病，1880 年霜霉病非常严重，1882 年波尔多省的密拉德脱①发现了葡萄园墙根洒有这种液体的地方没有霜霉病。根据这个事实，启发了人们继续试验研究。1885 年人们给这种药物起名叫“波尔多液”。波尔多液发现以后至今，一直得到比较广泛的使用。

六、防腐能手

在化学兵的队伍里，有些是防腐能手。它们不仅能够灭菌，而且还能抑制住害菌的生长，防止害菌的破坏活动。这对于保存疫苗等生物制品、保护动植物标本以及保存食品和饮料，有很大的作用。最常用的防腐剂有 0.5% 的石炭酸，0.001% 的硝酸汞、苯和 0.01%~0.02% 的甲醛溶液等。对于保存食物和饮料来说，除了前面讲过的高浓度的盐水和糖水以外，最常用的防腐剂还有万分之一的脱氢醋酸、0.05% 以下的对羟基苯甲酸乙酯以及水杨酸、山梨酸、安息香酸钠等。

在制革工业中，常用盐水腌皮的方法达到防腐的目的；为了加强灭菌作用，往往与碳酸钠和萘配合使用；如果把酸碱度（pH 值）提高到 10 以上，甚至可以使皮内的微生物繁殖及某些酶的活动受到抑制。

有时候人们还利用抗菌素来保藏食品。抗菌素本身也是生物制

---

① 今译米亚尔代（1838—1902），法国植物学家，波尔多大学教授。

品，它是化学兵，同时又是生物兵。它有抑制细菌生长的强大威力，所以用来保藏食品有良好的效果。

七、新型的灭菌武器

拿焦碳酸二乙酯做个例子吧！它是最引人注意的防腐剂，我们现在把它列入新型灭菌武器的行列，是因为它具备如下条件：①本身无毒；②灭菌能力强；③没有残毒。它是没有颜色的挥发性液体，带有水果气味，用0.003%~0.02%浓度的焦碳酸二乙酯溶液就可以杀死通常污染的腐败菌。它可与氨基酸、蛋白质胺类形成无毒的乙酯化合物和水。不起反应的防腐剂很快就分解成乙醇和水，所以没有残毒，因此又叫作“冷灭菌”。

除此以外，还有其他的新型杀菌武器，有的应用在血清的灭菌上，如 β－丙内脂。有的用在新型农药的制造上，如氨基酸、脂肪酸、糖等组成的农药，对人畜毒性极低，容易被太阳光和微生物所分解。当它与微生物作用而分解后，分解的产物还能促进植物生长，可以防治稻腐病、黄瓜白粉病、西红柿叶霉病等。

八、征服传染病的主力军

各种有害的微生物分布在地球上的各个角落，只要我们熟知它们的生活规律，抓住它们的要害和弱点，就可以运用我们所掌握的各种灭菌武器，对它们进行围攻，并且歼灭它们。但是，万一不小心，有些害人的病菌冲过了我们所布下的“天罗地网”侵入人体里，这时，我们在前面所介绍的一些“消毒专家”和“防腐能手”就无能为力了。这些化学兵虽然具有强大的灭菌力量或抑制害菌活动的能力，但是，它们对人体组织也有毒性，因而只能捍卫皮肤，消毒伤口，不能内服。怎么办呢？人们采用什么方法才能直接向侵入体内的病菌作战呢？

自从19世纪中期，人们揭穿了细菌和传染病的关系以后，才知道传染病都是由病菌传播的。当时，虽然已经发明了各种灭菌法和用疫苗来注射的免疫法，制止了一些传染病的流行，但是对于大多数传染病，却仍然没有办法防治。能不能找出一种既能灭菌又对人体无害的化学药品，用来直接消灭侵入人体的病菌呢？

在科学试验的范围内，人类总是不断发展的。他们从不退缩，而是充满信心，英勇前进。

1909年，在杀菌的战场上果然传来了新的胜利消息。德国医生欧立希经过十多年的时间和606次的科学试验，终于制成了一种有效的体内杀菌药物——六〇六。

606次的科学试验，意味着605次的失败，但是，每一次的失败都为后来的成功铺平着道路，这里面该包含着多么顽强的意志和毅力啊！

六〇六注射到人体以后，能像导弹一样跟踪追击昏睡病的凶手锥虫和梅毒的凶手螺旋体。它能使锥虫和螺旋体的新陈代谢作用不能正常进行而死去，把病人从病痛中解救出来。

但是，也有个别病人注射了六〇六以后，出现了中毒的现象。因此，这位科学家没有满足于已有的成绩，而是继续努力寻找更有效、更安全的药物。

又经过几百次的失败，这位科学家终于制成一种比六〇六更安全有效的“914”。

于是人们的幻想变成了现实，第一批威力强大的灭菌化学兵问世了。

但是，六〇六和“914”这两种药物只能治疗昏睡病和梅毒，对于许多其他的传染病，是没有效果的。

摆在我们面前的任务仍然是艰巨的，人们期待着更多更好的新药，它们应该能分关把守，针对各种来犯的敌人，采用不同的兵种，彻底歼灭侵入人体的各种各样的病菌，同时还要保证对人体没有毒性。

1935年，在和传染病做斗争的战场上，德国的一群青年科学工作者，经过无数次的动物试验，用改造化学结构的方法，把一种红色的染料百浪多息，制成了白色的粉末，叫作磺胺。这是一支出色的灭菌兵，能治疗各种细菌性传染病。磺胺的研究成功，是医药史上的一件大事。这个发明鼓舞了全世界的劳动人民和科学工作者继续挖掘化学兵的潜力。这样，越来越多的磺胺类药物研制出来了，现在试验成功的就有几十种。其中疗效大，毒性小，已经大量生产使用的有十种左右。

这些磺胺药物的矛头是指向球菌的，如溶血性链球菌、葡萄球菌、肺炎双球菌、脑膜炎球菌等。它们对某些杆菌，如痢疾杆菌、鼠疫杆菌以及霍乱弧菌和少数真菌、放线菌等也有作用。

有些磺胺药物，很容易被吸收到血液里去，在那里和病菌作战，像磺胺甲基嘧啶、磺胺噻唑等；有些磺胺药物能停留在肠道里，打败侵犯肠道的病菌，像磺胺胍等。

有些磺胺药物能治疗周身的病；有些只能用于局部的治疗。

为什么这些磺胺药，能够专门对付一些病菌呢？原来，当磺胺进入人体以后，某些病菌就把它当作一种养料吸收了，这样一来，就妨碍了病菌身体里的核酸和蛋白质的正常形成，从而使病菌的生命活动受到抑制。不过，这种药是不能杀死病菌的，但是，当它抑制住病菌的活动以后，人体的抵抗力增强起来，就能把病菌逐步地消灭了。

磺胺药物也不是没有缺点的。如果一次用量过多，就会引起中毒现象，如头晕、呕吐、恶心、发烧、出疹子、小便出血和尿道结石等。所以，病人在吃药以后，一定要多喝开水，以便降低药物的毒性，并且应该在服药过程中，经常验血。如果长期服用磺胺药物，还容易引起病菌的抗药性，使药物失效。此外，不同的病要用不同的磺胺药来治疗。所以在使用磺胺药的时候，必须在医生的诊断和指导下进行。

杀菌的生物兵

近几十年来，人类在征服害菌的斗争中，还大量动用了由各种生物的特殊产品制成的生物制品，它们是灭菌的生物兵。

我们知道，有些曾经受到过病菌侵害的生物本身，也能对各种入侵的病菌产生各种各样的抵抗力，这种抵抗力也叫作免疫力。现在，人们能够灵活运用机体的这种能力来制止病菌的危害。像通过经常性的体育锻炼，以加强人体的保卫能力，或注射一些疫苗来增强人体的免疫力等。不过，在这里我们不过多地谈人和生物自身的免疫力，而是介绍一些主要的生物制品以及它们对微生物的控制。

一、生物制品的凯歌

对有害的微生物要一分为二。通过人们对它们的改造，可变害为益。

首先介绍一下什么叫菌苗和疫苗。菌苗和疫苗都叫作生物制品。用细菌制成的生物制品叫作菌苗，用病毒制成的生物制品叫作疫苗。不管菌苗还是疫苗，都是由有害的细菌和病毒，经过各种方法处理，使它们失去毒力或减小毒力而制成的。

人和牲畜经常注射或口服的有卡介苗、流行性脑膜炎菌苗、百日咳菌苗、牛痘疫苗、小儿麻痹疫苗、流行性乙型脑炎疫苗、麻疹疫苗等。

这些生物制剂最初都是劳动人民在与疾病做斗争的过程中发现的。后来，人们根据这些发现不断总结，不断创造，不断改进，因而从最初很少几种发展到今天的数百种。

由于人们对各种疾病的病因了解越来越深入，分离、培养微生物的技术不断提高，今后，会有更多、更有效的菌苗和疫苗出现。

我们常常看到人们为了防御或治疗传染性肝炎，经常注射一种胎盘球蛋白或丙种球蛋白。这两种叫作免疫球蛋白。它们是从健康产妇的胎盘及产后血液中提取而成的。因为胎盘来源不同，地区不同，所以，它们的免疫能力和种类也不同，因而它们只能防治一定的传染病（如预防麻疹、腮腺炎或传染性肝炎）。总的来讲，这种球蛋白免疫能力都较低，所以叫作低度免疫球蛋白。而高度免疫球蛋白，是由得了某种传染病的病人发病复原后，产生高度免疫能力，然后，从病人的血清中提取的球蛋白。也有的高度免疫球蛋白，是给人和牲畜接种疫苗或注射细菌或病毒，从他们的血清中提取出来的。

这种高度免疫球蛋白，具有专一性。从患白喉病人身上提取的球蛋白，只能预防白喉病。

菌苗、疫苗和免疫球蛋白等的制造成功，是一曲生物制品的凯歌。

新中国成立以后，我国生物制品的制造和研究工作空前迅速地发展起来。各种生物制品工厂的建立和扩大，新品种试制的不断成功，标志着我国生物制剂的研究和生产水平跃入一个新阶段。新中国成立以前，我国用的生物制品，主要依靠国外进口。现在，我国生产的大量生物制品，不仅能够满足广大群众的需要，并且还能向国外出口。

二、抗毒素的战果

许多化学兵，能够在人体内对各种病菌跟踪追击，给一些害菌以致命的打击，但是，这些化学武器大多数只能杀死病菌或抑制住它们的活动，对于各种细菌的毒素却无能为力。

什么是细菌的毒素呢？我们可以用白喉病的例子来说明。

19 世纪白喉病在欧洲曾经几次大流行，夺去了不少儿童的生命。这迫使人们集中精力去追查杀害这些儿童的凶手。19 世纪末期，人们从不幸患白喉病死去的儿童的咽喉上找到了一种畸形的杆菌，叫作白喉杆菌，但是在身体的其他部分，却没有发现它们的踪迹。难道在咽喉处停留的一些杆菌，就能在短时期内杀死病儿吗？最后科学工作者终于查明了，病儿的死亡，是受了这种杆菌所产生的毒素毒害的结果。

后来，人们还进一步发现了这种毒素是细菌细胞的分泌物，可以用滤过器取得。它们的毒性很大，例如：只要千分之一毫克的白喉杆菌的毒素，就能杀死一只天竺鼠；只要千分之五毫克的破伤风杆菌的毒素，就能杀死一只天竺鼠；只要不到万分之一毫克的腊肠杆菌的毒素，就能杀死一只天竺鼠。其中有些最厉害的毒素提制纯净后，一克就能杀死 320 亿只天竺鼠；也就是说，只要不过针尖大小的一点点毒素就能杀死一只天竺鼠。但是，像这样产生猛烈毒素的细菌种类，在自然界中并不是很多的。

对于这些毒素，人类就束手无策了吗？和白喉做斗争的人们，把过滤出来的毒素注射到天竺鼠身上，来观察它们的死亡情况，经过反复试验，终于发现，如果把极少量的毒素，注射到那动物的血管里去，恰好不会叫那动物中毒死去，而会在它的血液里逐渐产生出一种能够抵抗这些毒素的物质，叫作抗毒素。这种抗毒素有中和外来毒素的作用，使受害的动物逐渐恢复健康。后来，人们把这些动物体内产生出来的抗毒素提炼出来，制成了有效的生物武器，来抗击白喉、破伤风等病菌的侵害。

外来毒素对各种生物器官的侵害是有选择性的，例如：白喉杆菌的毒素，主要侵犯心肌和肾上腺细胞；破伤风杆菌的毒素，专门破坏神经组织。

抗毒素也是具有选择性的，一种抗毒素只能用来对付一种外来毒素，对于其他外来毒素却不起作用。

抗毒素问世不久，人们又制成了类毒素。类毒素这东西奇妙得很，它的制法是在含有毒素的滤液中，加进一滴甲醛，就能解除它的毒力，成为类毒素。把它注射到人体里，它不会引起疾病并能刺激人体，使抗毒素不断产生，从而获得人工免疫的效果。

三、新兴的灭菌力量——抗菌素

抗菌素也是一种新兴的灭菌力量，是人类战胜传染病的有力助手。它能帮助人和动物打败病菌的进攻，但对于人和动物本身却危害较小。它是根治传染病的一种理想的药物。原先人们叫它抗生素，因为它有抗击病菌的功劳，所以又叫它抗菌素。

在抗菌素的行列中，第一种被人们发现的是青霉素。

青霉素来自青霉菌。这种菌是一种青绿色的霉菌，常常聚集在糨糊、馒头、皮革和橘子皮上面，使这些东西腐败。

我们的祖先，在很久以前，就曾经巧妙地利用它来治疗外伤。这是唐朝贞观年间（627—649 年）长安城中的裁缝师都熟悉的事。他们用一些长了霉的糨糊涂在被剪刀划破了的手指上，能促进伤口的愈合。

19 世纪中期，一些外国人也知道了这个办法，他们曾经用青霉素浸出液来治疗伤口。不过，当时这些土办法，都没有引起医学界的注意。

直到 1929 年，人们才开始认识了青霉素的功用。事情的经过是这样的。

那时，英国有个细菌学家正在研究利用各种方法培养葡萄球菌，以进行观察，恰好从空中飞来了青霉菌的孢子，它们像伞兵一样落到培养基上，繁殖起来，不久就使培养基上出现了青绿色的斑点。在这个斑点的周围，原先成片生长的葡萄球菌都被溶化以致消失了。这种现象，被人们观察到了，怎样来解释这些细菌突然死亡的原因呢？这种现象能不能帮助人类找到一种消灭人体里的病菌的武器呢？

在生长着的青霉菌的周围，葡萄球菌并没有接触到青霉菌本身，就被消灭了的事实，表明青霉菌能分泌出强有力的灭菌物质。

为了利用青霉菌来杀死其他细菌，人们用肉汤来培养青霉菌，让它们尽量旺盛繁殖，然后把这种肉汤过滤，得到了一种清澄的滤液。经过试验，证明这种滤液不但能杀死葡萄球菌，而且还能杀死肺炎球菌和链球菌。把这种滤液注射到动物身上，对动物没有毒性，这可真是一项值得注意的新发现。

能不能用它来救治病人呢？

在发现青霉素杀菌作用的十多年后，人们终于从青霉菌的滤液中提炼出了褐色的青霉素粉末，虽然它还不够纯净，价值比黄金还要昂贵得多。但是，由于它标志着另一种有效的杀菌药物的诞生，受到了人们普遍的重视。

就在这个时候，全世界都沉浸在第二次世界大战的炮火声中。为了治好在前线受伤的战士，就必须生产出大批大批的青霉素来。

怎样才能大规模生产青霉素呢?

这就要在大后方开辟另一个“战场”，要求用机械化方法生产出大量的青霉素。

大规模生产开始了，从选择菌种到培养，从提炼到动物试验，一批又一批青霉素粉末装瓶出厂，送到医院，送到反法西斯战争的前线。在青霉素的抗击下，葡萄球菌、链球菌、肺炎球菌、淋病双球菌、梅毒螺旋体以及许多其他病菌，都被征服了。一些不怕磺胺药的病菌，也在青霉素的抗击下销声匿迹了。因此，这种新药物的出现，为人类又提供了一种有力的灭菌武器。

但是，青霉素也并不是万能的灵药，它并不能杀死一切危害人类的病菌，且容易产生抗药性和有较大的副作用等缺点。人们研究了青霉素的结构，对它进行了改造，从而得到了许多新型的青霉素，如广谱抗菌素。用这种方法得到的青霉素又叫作半合成抗菌素。

这种半合成抗菌素又叫作头孢菌素类，它们的抗菌作用比青霉素强，同时克服了青霉素存在的一些缺点。

头孢菌素是从头孢菌产生的广谱抗菌素，我国已有生产，叫作先锋霉素。它主要用于耐青霉素酶的金黄色葡萄球菌、化脓链球菌、肺炎双球菌、白喉杆菌、梭状芽孢杆菌、大肠杆菌、肺炎杆菌等所引起的各种严重疾病。

今天，在青霉素试验成功的鼓舞和启发下，世界各国的科学工作者正在对其他各种真菌、放线菌和细菌进行试验和研究，为寻找出新的更多更好的抗菌素而斗争。

据统计，目前，寻找出的抗菌素已经有 1000 多种，但是在临床得到应用的只有 50 多种。抗菌范围比较广的有四环素、土霉素、金霉素等；主要对革兰氏阳性菌有作用的有万古霉素、利福霉素等；抗结核性抗菌素有链霉素、卡那霉素、利福平、紫霉素等；主要对革兰氏阴性菌有作用的多黏菌素、庆大霉素、春雷霉素等；抗真菌抗菌素有曲古菌素、制霉菌素、灰黄霉素、两性霉素乙。另外，还发现了一些抗癌抗菌素，如自力霉素、光辉霉素、更生霉素、红卫霉素、争光霉素等。

从上面介绍的情况来看，不同的抗菌素，有不同的抑制细菌的作用，并不能杀死进入人体内的各种病菌。所以，应用抗菌素，要根据病情而定，要对症下药，不能乱用。长期使用抗菌素还会使病菌产生抗药性。因此，如果我们不能充分了解抗菌素的特性和病菌的习性，在不需要那种抗菌素的时候乱用了，到了真正需要它发挥威力的时候，反而会使它失去应有的作用。

乱用抗菌素还会带来一些副作用，特别是青霉素的副作用最大。有些人注射青霉素以后，会出现疹子、水肿、皮炎甚至更严重的反应。所以，一般人在注射青霉素以前都要先做过敏试验。其他抗菌素也都各有不同的副作用。例如链霉素对于听觉神经有毒害性，如果长期使用可能造成耳聋。氯霉素和合霉素对于造血系统有破坏作用，长期使用会造成血液病。金霉素和土霉素的副作用虽然较轻，但是长期口服，也会造成伪膜性肠炎。这种现象临床叫作“二重感染”，也就是当人们长期应用广谱抗菌素后，对药物敏感的细菌受到抑制，未被抑制的细菌大量繁殖，外来的细菌、霉菌等乘虚而入，使得人体内微生物平衡受到破坏，造成“二重感染”的条件。伪膜性肠炎就是因为抗药性的金黄色葡萄球菌再次感染，大量繁殖而造成的。如果及时给致病菌敏感的抗菌素，如伪膜性肠炎可以用红霉素、新生霉素或万古霉素，就可以扶植正常微生物的平衡，转危为安。我们对这些副作用应该提高警惕，不论使用哪一种抗菌素，都要严格遵守医生的嘱咐。

抗菌素不仅在治疗疾病上大显身手，在防治农作物病害方面也不甘落后。目前各种医药用抗菌素如青霉素、链霉素、氯霉素、土霉素、灰黄霉素等，也都可以用来防治植物病害，但是都没有大量推广使用。特别是抗药菌的大量出现，对医用抗菌素的农业应用，就需要更加谨慎了。由于很多化学农药造成了严重公害，所以人们开始寻找新的微生物农药——农用抗菌素。近十几年来，农用抗菌素有了显著进展。如灭瘟菌素 –S 和春雷霉素对防治稻瘟病有显著效果。多氧菌素可以防治水稻纹枯病、梨黑斑病、烟草赤腥病。杀孢菌素可以防治白叶枯病。以上所列举的抗菌素都已在田间大面积使用。现在人们正在研究利用农用抗菌素治疗病毒病，也有人把它们作为杀虫剂和除草剂。

现在，人们不仅能够大规模地培养某些细菌和放线菌来生产各种抗菌素，还利用化学的方法合成抗菌素。例如，合霉素就是人工仿造天然产物制成的，而不是微生物天然产生的。

四、溶解细菌的酶

“溶菌”的意义和抑菌与灭菌，是有区别的。“溶菌”是指溶解细菌的外壁。具有溶解微生物能力的酶，都叫作溶菌酶。

由鸡蛋清得到的蛋清溶菌酶，能把细菌的细胞壁溶解掉，使原生质裸露在外面而死亡。由蜗牛胃管液汁中得到的棕红色蜗牛酶，可以把真菌细胞的外壁和植物细胞的外壁溶解掉，而使它们不能继续繁殖生长。这种酶也叫作溶壁酶。人和动物的眼泪中也含有溶菌酶，当一些细菌跑到我们的眼睛里，它们就会被眼泪所溶解。

多年来，人们从各种微生物（如细菌、真菌、放线菌）的代谢产物中寻找出不少对细菌、真菌、放线菌细胞壁有作用的溶菌酶。

五、干扰素——和病毒做斗争的新胜利

病毒感染的疾病，到今天还没有找到一种可靠的药物[①]。这是由于病毒与宿主的代谢交织在一起，所以任何杀死病毒的物质，也将破坏整个细胞。预防方面有效的方法是疫苗，但是疫苗也有缺点，免疫期短、特异性大，这就是说一种疫苗只能对一种病毒病有效。而且被疑为病毒的病，目前还没有分离出病毒，有的虽然被分离出来，但是没有找到合适的培养方法，不能制成疫苗。

由于病毒干扰素的发现，人们对于用它来防治病毒性疾病，寄予很大希望。

那么，什么是病毒干扰素呢？

在说明什么是病毒干扰素以前，我们先说明一下病毒干扰素现象的发现过程。

早在30多年前，有人发现猴子感染了立夫脱山谷热就不会再得黄热病了。人们在实验室也发现，当一种病毒注入鸡胚细胞内培养一段时间后，再加入另一种病毒就不能生长。这种干扰现象引起了人们的注意。后来人们又发现：当从感染流感的鸡胚细胞培养物内去掉流感病毒后，鸡胚细胞内仍然含有一种能干扰第二种病毒感染的物质，这种物质就叫作干扰素。它们有一个共同点，就是任何品种的病毒都产生同样的干扰，但是这种干扰素具有一种特异性，就是每一种动物都有它本身独特的干扰素。动物的干扰素不适用于人体，因此对人治疗须用人的干扰素。但从人体直接得到干扰素有困难。由于干扰素很

---

① 指成文的年代。目前已有不少特异性抗病毒药物可有效抑制病毒复制。

容易被蛋白酶分解，所以不能口服，注射入人体内很容易受到破坏。而局部使用，如口腔和鼻腔内用喷雾方法，可以防御由呼吸道侵入的病毒。最近发现在病毒感染初期给病人一些干扰素诱导剂，人的机体就会产生大量干扰素。目前发现一种核糖核酸和多聚肌苷——多聚胞嘧啶酸，都有显著的诱导作用。干扰素的发现，是人类和病毒做斗争的新胜利，给寻找新的抗病毒药物奠定了基础。

六、中草药参加了灭菌的战斗

中国医药学是一个伟大的宝库。几千年来，我国劳动人民积累了丰富的民间中草药验方和偏方，用来预防和治疗各种疾病。中草药在我们祖国大地满山遍野到处都有，取之不尽，用之不竭，对于巩固农村合作医疗事业起着重要作用。

常用的防治感染的中药有很多种。例如：四季青、穿心莲、金银花、黄连、蒲公英、黄芩、连翘、夏枯草、黄柏、贯众、青蒿、油桐叶、大青叶、大蒜等。四季青是广谱抗菌药物，对金黄色葡萄球菌、伤寒杆菌、绿脓杆菌、大肠杆菌、枯草杆菌等多种细菌都有灭菌效果；对肺炎、气管炎、扁桃体炎疗效显著，对皮肤疾患、下肢溃疡、脓疱病、菌痢、肾盂肾炎、胆道感染也有较好疗效。

又如青果、半枝莲、车前草、石榴皮、油桐叶，对金黄色葡萄球菌、大肠杆菌、变形杆菌、伤寒杆菌、绿脓杆菌、痢疾杆菌都有强烈的灭菌效能。可以看出，很多中药的医疗范围，比青霉素、链霉素、四环素、氯霉素等要广得多。

大蒜能杀菌，人们日常都有体会。例如为了预防感冒、预防痢疾，常常要吃些大蒜。追溯到4000年前，我国等东方民族对大蒜的医疗价值就有所尝试[①]。后来人们从大蒜中提取出一种挥发性的物质，叫作大蒜素，经过试验，它能杀死许许多多的细菌、真菌。人们认识到，大蒜所以能杀菌，是因为这种挥发性物质作用的结果，后来称它为植物的灭菌素。其实植物灭菌素不只大蒜有，像侧柏、桧树、菊花都含有这种挥发性的灭菌素，不断地向空气中放出。我们在松树林中路过时，常常闻到清爽的气味，感到格外畅快，其中灭菌素起了很大作用。这对一些传染病人恢复健康有很大益处。

中草药能治疗不少常见、疑难的传染病，如穿心莲可防治传染性肝炎，金银花藤可以治疗流行性腮腺炎。

为了便于用药，提高疗效，除了原有的汤剂、丸剂、糖浆剂，又发展了糖衣片，并且对中草药进行提纯，制成了各种注射剂。

七、奇妙的噬菌体

噬菌体也是一种名副其实的生物兵。它能钻进病菌的细胞里，采用“钻心战术”，消灭细菌。在生物进化的阶梯上，它和病毒一样，都是低级的生物。在微生物的大家庭里，它和病毒一样，也都是最小的成员。

噬菌体是那么渺小，小到细菌不能穿过的滤过器，它都能穿过去；小到用光学显微镜都看不见。但是，电子显微镜的出现，却扩大了人们对微生物的认识眼界，它不仅帮助我们进一步认识了细菌和病毒等微生物的面貌，也帮助我们揭示了噬菌体的原形。原来，它们有的是球形，有的是椭圆形，有的像蝌蚪，有头又有尾。一种噬菌体只能消灭一种细菌。当它们相遇后，噬菌体能用自己所特有的几根“爪

---

① 一般认为大蒜在汉代由张骞从西域带回中原。

子”抓住细菌的外皮，钻入细菌体内，并且役使细菌为自己繁殖起来。繁殖的结果，细菌的细胞被瓦解了，第二代噬菌体又去攻击其他的细菌。这样，细菌就一个一个地被歼灭了。

如果这场战斗是在培养细菌的肉汤中发生的，那么，战斗的结果，就会使原来浑浊的含有细菌的肉汤由于细菌被消灭干净而又变得清澄透明；如果这场战斗是在人体的伤口上进行的，伤口就会慢慢愈合。

在自然界中，什么地方有细菌在繁殖，什么地方就会有噬菌体在跟踪追击。每一种细菌都有它自己的对头。例如，伤寒杆菌有伤寒杆菌噬菌体，痢疾杆菌有痢疾杆菌噬菌体，绿脓杆菌有绿脓杆菌噬菌体。这些各自的噬菌体，对于其他的细菌不起作用，所以要利用噬菌体来灭菌，必须找到能歼灭那种细菌的噬菌体。

在一般情况下，噬菌体对环境的抵抗力很强，把它加热到70~80℃，它也不会死亡。在正常的室内温度下，它能活一年之久。如果把它放在 -180℃的低温里，也不会被冻死。它对于化学药品的抵抗能力也很强，有许多能杀死细菌的药物，都不能杀死它。你看，这种小小的杀菌兵的生命力有多顽强。

渺小的噬菌体，竟有这样惊人的本领。所以在治疗和预防传染病的斗争中，人们常常希望得到它的帮助，想把它当作一种有力的杀菌武器。可惜的是，它的灭菌本领在人体内经常不能施展出来，再加上它只能杀死一种细菌，使用的效果还不能令人满意。因此，目前人们主要用它来检查流行病。

但是，在人类越来越深入地揭开噬菌体的秘密以后，这种生物兵，在杀菌的战场上是可能发挥更大的作用的。

继续提高杀菌的战术

以上我们检阅了来自物理、化学和生物三方面的主要杀菌力量，我们只是简略地介绍了人类已经掌握的灭菌战术。现在我们可以看出：人类所拥有的灭菌兵种，已经在和害菌的斗争中占据了绝对优势。我们已经有相当强大的武装力量，给侵犯我们的各种害菌以强有力的打击，保卫住人类的健康和财富。

当然，我们对各种害菌还要时刻提高警惕，继续提高我们的杀菌战术，扩大我们的灭菌队伍，加强防御措施，千方百计地把它们消灭干净，见一种杀一种，有一群杀一群，为彻底完成灭菌的任务而斗争。

事物是错综复杂的，灭菌的斗争也是这样。要达到各种各样的灭菌目的，也就要采用多种多样的斗争方式，灵活地调动各种杀菌力量。

我们在本书里所谈的杀菌的战术都是针对害菌来说的，但是在大自然中，它们往往和各种益菌生活在一起。这样，就迫使我们必须采用机动灵活的战术，例如：医务人员常常用煮沸的方法把外科手术和接生用的刀剪等器械上的所有微生物杀得一个不留，才能保证病人和产妇的安全，这也是灭菌的一个方面；食品加工人员往往也用加热的方法，只把酒和牛奶里的害菌消灭掉，但又不使温度过高以便保存酒和牛奶的风味和养分等，这种斗争的方式叫作消毒；也有些东西为了长期保存，并不需要把黏附在上面的微生物杀死，因为人们只是利用防腐剂抑制住它们的繁殖，这种斗争的方式叫作防腐。因此，只有明确了杀菌目的，采用适当的战术，才能事半功倍，收到良好的效果。

另外，我们在运用灭菌的力量时，还要注意到与灭菌有关的各个方面，例如，在人体内杀菌，一定要保证人体的安全，在食物中杀菌，一定要保证食物的营养。只有这样，我们才能在杀菌的斗争中取得真正的胜利。

目前，杀菌的首要任务之一仍然是进一步战胜传染病菌。

从多年来同传染病菌做斗争的实践中，人们发现入侵人体的病菌有七个主要“军事基地”：第一是污水和粪便；第二是人的咽喉；第三是食物；第四是昆虫；第五是牲畜；第六是泥土；第七是皮肤。

这些病菌还有许多交通工具：苍蝇是它们的“运输机”；蚊子是它们的“轰炸机”；跳蚤、虱子和臭虫都是它们的“坦克部队”；人的污手是它们的“登陆艇”。

我们要层层设防，机动安排，在病菌没有大举入侵的时候就先发制人，采用适当的战术，捣毁它们的“基地”，切断它们的“运输网”，彻底地把它们消灭。

另一方面，还要正确地调用杀菌的化学兵和生物兵的力量，让它们来帮助人体抗击病菌的进攻，以增强我们自身的防卫能力。

此外，在农业上也有许多害菌，不断地向我们的农作物进攻。我们也应当调用化学兵和生物兵等灭菌力量，来加以防治，以保证我们的农作物年年丰收。

今天，人和害菌的斗争已经取得辉煌的成就。人民群众利用这些科学成就正在向害菌继续展开着英勇的斗争，以保卫人类的健康和财富。

人与健康

病的面面观

我们的抗敌英雄

霍乱先生访问记

肚子痛的哲学

“破伤风”的毒计

科学先生对于衣服的意见

听打花鼓的姑娘谈蚊子

漫谈粗粮和细粮

笑

病的面面观[①]

有许多人听了病这一字，不免愁眉皱额，叹一两口气，滴几滴同情的眼泪。谁没有过病的经验？或是见家人病，或是见人家病，或是自己倒在床上起不来。有的人一身都是病，一旦传染流行起来，一家、一村、一市、一国甚至于全地球都要被它踏遍了，还不肯于短时间内退兵，真是愈说愈厉害了。

病之来也如风如迅雷闪电，猝不及防，出人不意，然亦有时得之于有意无意之间。病之去也如五月间的梅雨，留下许多污泥水印。病有呻吟唉呵之声，枯黄惨白之色，脓臭汗药之味，憔悴瘦削之容，充满了疲惫沉闷的空气。病虽与生同居，却与死为邻，思至此，不禁为之提心吊胆。

然而普通人只有病的经验，说不出病的道理来，不知病的起源，病的趋向，病从何方来，到何方去。前一刻还没有病，怎么这一刻就病了？从哪一分哪一秒病起，哪一分哪一秒病止？人怎么样才算病，病怎么样才算好，好人和病人究竟有什么区别？病重者易见，病轻者难辨，病有时看不出，验不出，有时说不出，有时不愿说出，不便说出，不敢说出，人不是时时刻刻都有病的危险吗？好了又病，病了又好，病都病了，也都好了，还有不免一死，一死而了。病到底怎样讲，也应当有一个界限，有个标准，有个分寸，病到底是什么定义

① 本篇写作时间为 1935 年 10 月。

呢？真是使一般人听了，摸头摸脑摸不着，没奈何。

因为病有时验不出，所以医生可以说病人并无病，是神经作用，是心理虚构。我曾在某医院住了半年，半年之中，看见不少病人，而最奇怪的病，莫如一种似病非病、无病的病人。医生天天说他无病，他天天在医生面前摸头弄手，指口画心，一五一十，诉他的病。医生终于无法验出他的病，他也终于无法，垂头丧气，出院去了。

娇生惯养的人，经不起风吹雨滴太阳晒，出不得门，走不得远路，爬不上高山，穿衣吃饭都须人扶持服侍。这些人虽无病，而他们的做作架子有甚于病人，可以称作有病意的好人了。

17 世纪，法国大文豪伏尔泰[①]，一生为病魔所缠，而他不断地努力、挣扎、奋斗，活到了 84 岁，所遗留下来的作品之多，恐怕除了歌德以外，没有人敢比了。19 世纪，苏格兰的著作家斯蒂文森，是一位长期的肺结核患者，而他的《宝岛》及其他小说等，就是在病中作的，至今犹脍炙人口。这两位先生，又是虽病不病的病人了。

病与好之别在旁观者看来是一样，在病人自己看来又是一样。

在病人，自然觉得，病的时期是多么苦痛，好的时期是多么清爽。心与身是相互联系的。伤风生病，伤心也会生病。而且病的轻重，随着心境而变化，心境的悲乐也随着病而变化，时而希望，时而失望，时而绝望。绝望之为虚妄正与希望同。然而这是旁人不关痛痒的话。病人的苦心，又岂无病的人所能知，有几个人大病在身，能神色不变，怡然自得呢？果而，则是天人，与自然同化。

我们且看病的内容，病的枝叶花果，然后寻出它的根由。

人身上下内外，自头皮以至于脚趾，自心内膜以至于皮肤，没有

① 伏尔泰生于 17 世纪末，其主要思想与著作诞生在 18 世纪。

一块肉，不可以病。有限于局部，有遍于全身。举凡消化、呼吸、排泄、血液、血管、心房、内分泌腺、神经、视觉、肌肉、骨骼等各系各器官，皆有发炎、破裂、溃烂、硬化、变态诸危险。

人身无时无刻不在环境包围攻击之中。夏日热要中暑，北风冷要受寒。登高山有山病，潜海底有水病。既晕车，又晕船。煤毒、金毒、砒毒、酒、烟、鸦片、吗啡种种毒品，牛腊肠罐头，有时也含毒质，都可以致病。营养不足会病，新陈代谢失调也会病。真是病不可胜病。这些病还是自己走上门来，没有别个主使，没有别个来侵害哩。

生物界中，各级分子，到处抢食。有的爬近人类身旁，人肉也香也中吃，率性咬他一口。这一咬，人不是伤就是病，或是死，不死，就要反攻复仇了。然而有时是人把它吞下去了，它没有闷死，于是就将计就计，在肚子里反攻复仇。结局，谁死谁活，要看谁的手段高，或竟两下协调，这一辈子可以相安无事了。

老虎咬人，只需一口，生与死直接交代，没有病在中间，所以老虎之咬，是死的因，不成病的因了。

疯狗咬人，不是狗要吃人，是狗口涎里的微生物要吃人，所以狗不过是病的桥梁。那微生物是病的坦克车了。

毒蛇咬人，人吃毒鱼，蛇和鱼不是病因，而它们所分泌的毒，却是病因了。

臭虫、蚊子、鼠蚤咬人，它们只贪吃一点人血罢了，却都不是病因。但是它们有时包藏祸心，变成为传染病的轰炸机，所投下的炸弹，都是极凶狠的微生物，而演成黑热病、疟疾及鼠疫的惨变。这些微生物才是病的元凶、病的主犯。

微生物未必皆害人生病，然而由外界侵入的病，则必由于一种微生物作祟。

微生物是肉眼看不见的生物。因为看不见，所以容易混入人体，而人不知，这是侵害人体内部的第一条资格。若是苍蝇冲进口里，蚂蚁爬入鼻孔，早已没命了。

微生物种类甚繁，分布甚广，其害人者，多寄生于人畜及昆虫体内，所以又名寄生物。在多细胞动物中，有“蛭”，有带虫，有线虫，有疥虫诸类；有变形虫，有疟虫，有鞭毛虫，有纤毛虫，有螺旋虫诸类单细胞动物；有丝菌，有线菌，有酵母菌，有球菌，有杆菌，有螺旋菌诸类，统称曰细菌；此外还有一类小生物，小到连显微镜都看不见，科学的名词，叫作“病毒”，天花、麻疹、疯狗咬病等，就是它们所下的毒手。这些怪姓怪名的生物，不过先请出来见一见，以后当有再谈的机会。

这些微生物，有一个侵入人体，去吃人的细胞，病就开始，拼了一个你死我活。它不退尽杀尽，病不能好，或经双方实行共同生活，病也就无形之中去了。

我们的抗敌英雄

像葡萄酒一般殷红的血，比葡萄酒更为鲜明活跃，自肥嫩而有弹性的心房出发，按着心房一放一收的节拍，顺着血管的一胀一缩，像潮水一般汹涌地奔流于全身，分送食粮与各器官、各组织、各细胞；又收集了各处的污物，到了肺，经过氧气的洗涤之后，复归至心房，这样地循环不已，昼夜不息。

血和酒不同，酒是纯净的液体[①]，血里面却含有无数生动而且握有权威的东西。其中有两大群最为明显：一是红血球，它们是运粮使者，我们在这里不谈；一是白血球，这就是我们所敬慕的抗敌英雄。这群小英雄们是一向不知道什么叫作无抵抗主义的，它们遇到敌人来侵，总是挺身站在最前线的。

白血球将军的属下有两种军队。第一种是自由冲击队，到处巡游，遇到有形迹可疑的东西便把它包围起来。它们的标志是内有多形的核，所以叫作“多形核细胞”，因为它们的体积较小，又叫作“小噬细胞”。第二种体积较大，就叫作“巨噬细胞”。它们是不动地分驻在各要隘，专候外敌来攻，即迎头痛击。它们所驻扎的地点如下：肝的微血管、脾窦、淋巴窦、肾上腺的微血管、大脑下垂体的微血管、脾淋巴腺及组织、胸腺。

白血球是人及高等动物防卫身体的战士。自生物进化史上看来，

---

① 这里所谓的“纯净”是相对于血液中的成分而言的。酒是以乙醇和水为主的混合物，并非纯净的。

也是一步一步地演进而成。在原始的单细胞动物，如阿米巴，它们的整个生活方式就是伸出伪足将敌人包围、吞食，而渐消化之，其不能消化者皆逐出于体外。在低等的多细胞动物，如海绵和海蜇，也是用它们的阿米巴式的细胞来吞食敌人。在无脊动物，如棘皮乃至昆虫及至于有脊动物中的青蛙，在它们由幼虫或蝌蚪变成正式形体的过程中，也是用它们阿米巴式的细胞把体内所附有多余的组织一点一点地吸收完尽。这种阿米巴式的细胞吸收幼虫的作用和白血球吸收外来物体的作用相仿。假如我们把女人脸上所擦的胭脂粉注射入暖血动物（如狗）的体内，则狗身上的白血球就会把这胭脂粉包围而吞食进去；若将这胭脂粉放在阿米巴身旁，也会被阿米巴所包围而吞食。又如你的朋友若得了盲肠炎，送到医院里去开刀，手术既毕，医生用羊肠线把他肚皮的伤口缝好。过了数星期之后，伤口完全好了，肚皮上的羊肠线亦不见了，这也是白血球的作用，羊肠线是被白血球吃光了。总而言之，高等动物的白血球是原始动物阿米巴的后裔，它们的容貌性格都很相同，一碰到陌生的物体就要攻击，包围并吞，不稍存畏缩退却之念，真是可敬。

白血球尤恨细菌，细菌这凶狠的东西一旦侵入人体的内部组织，白血球不论远近都立刻动员前来围剿。

然而细菌要侵入人体也不是容易的事。在健康的时候，我们的皮肤是非常结实的，许多细菌虽集在那面上跑来跑去，终究没有缝隙可寻。我们的鼻孔好像两个高耸的烟筒，似乎可以进去，然而鼻毛像刺刀一般林立在那里挡驾，就说是这些狡猾的细菌能慢慢地一步一步偷溜进去，到了气管边，触动了尖锐的神经，我们一喷嚏一咳嗽，又都把它们打出来了。我们张着大口吃东西的时候，这一条康庄大道应当可以长驱直入，但一到了胃，看见了又酸又辣滔滔滚滚的胃汁而兴望洋之叹，就都在那里浸死了。此外，我们的眼泪、鼻涕、口津也都有一点杀菌的力量，时时都可以把它们扫清。但是或因气候变迁而受了寒冷，或因胃口不佳而营养不足，把全身的抵抗力减弱而细菌遂得以乘机侵入内部。在这个当儿，白血球闻警，立刻下了紧急动员令，直趋前线，与犯境的细菌死战。同时在骨髓里，加紧训练新兵，在短时间内，白血球的军队顿增了好几倍。

双方互有死亡，双方互有补充。细菌依靠它们的繁殖力迅速，而白血球则一口能吞尽好几个细菌。白血球的战略有三个步骤：第一步，先与细菌接战；第二步，将细菌包围；第三步，消灭细菌。细菌的战略是在未接战之前放出一种化学毒素使白血球不得近其身。在这个情形之下，我们的身体又产生一种“噬菌素”来助战。这“噬菌素”能调解细菌的毒素使白血球仍得与细菌接战而吞食之。结果，若白血球打了胜仗，将细菌悉数歼灭，病就好了，身体也渐渐地复原了。若白血球抵抗不过，细菌打了胜仗，若再没有别的法子来救治，那性命就危险了。

霍乱先生访问记[①]

这几天报纸传来了“虎烈拉”的消息，卫生局正在动员防御。这是备战声中时疫第一炮[②]。

据报纸上说，“按霍乱症每隔四五年，须流行一次”。这“须”字耐人寻味，那么今年也该叫作霍乱年了。

虎烈拉是霍乱的俗名。霍乱是时疫的一位代表，是从粪窟里出身的害人杀人的凶手。

也许霍乱先生现在已秘密到沪，暗中活动。我还疑惑他一向并没有离开上海，不过是不露声色偷偷地躲在贫民窟里罢了。

霍乱先生好久不见了。自从那一年，在显微镜里和他会过好几次面之后，就没有碰过头。

去年夏天，在沪锡长途汽车上，见过一个中年商人，吐呀吐呀，吐出了一大堆含饭带菜的稀黄水，我陡然地想起他。

此后，每一大早起床，听到弄堂里刷马桶的声音，如急雨一般地呼啦呼啦，就常常担心着，或许他不约而来。

现在外面的风声很不好，我想，他的野性又将发了。因此，索性到贫民区去探访他一下，和他直接交涉，叫他安分些儿。

于是，昨天傍晚，雷雨过后，我换了一双破皮鞋，溜达溜达地溜到了贫民区。

---

① 本篇写作时间为 1936 年 4 月。

② 指的是 1937 年淞沪会战之前在上海暴发的霍乱疫情。

那贫民区在苏州河北岸，新垃圾桥附近，看见粉白壁上那大大的“酱”字，一转弯就到了。

我走进了马桶坊，苍蝇里，仰头一看，是个“阿三旅社”。我觉得这地方有些不妙，一股气味从黑暗的门洞里冲出来，使我打住了足了。

“霍乱先生大概藏在这里吗？”

这时候，一个洗衣的瘦姑娘夹着衣服出来，一个煮饭的黄脸婆揣着菜篮进去了。

我似听到呻吟的微音，霍先生一定在灶披间。灶披间的后门，两只开盖的马桶一排地紧靠着后门口。慢一会，我须装着病的样子进去，霍先生是不怕病人而且喜欢的，就是科学先生病了，他也以为不中用了。

于是我弯了身，低了头，皱额锁眉，瞪了眼，歪了嘴，要吐要泻的样子，踉踉跄跄地进去了。

我四围一看，只见着满目的灰尘垢腻，只闻着满鼻孔的腥气臭味，黑暗暗的一些影子都没有。

霍乱先生伏在哪里呢？

不到一会儿，在臭味最浓厚的一个角落里，我寻着了他。他蹲在一碗冷菜的中央。一对嗡嗡嘤嘤的苍蝇夫妇，在款款地招待着他。

他弯弯的背儿，弯弯的身儿，摇着小尾巴似的鞭毛，还是旧时那样子，不过瘦了些罢了。

他看我的样子，似乎也满不在乎，认不得我了。我有问，他总是忸忸怩怩半吞半吐地回答。

谈了好一个时辰，最后他才表明了他的态度。

他说，他是不一定硬要行凶的。不过那些人等不讲卫生的引诱力太强了，打动了他。

至于每隔四五年须流行一次的话，在学理方面，在经验方面，那“须”字，是没有什么道理啊！只要做好健康教育，民众通力合作，他也可以挨着一肚子的饿，等有机会再出来罢。或许就要回到老家去。

他的老家在印度恒河[①]。那恒河的水，是从喜马拉雅山的脚底，流到孟加拉湾的口里。同时，几千年以来的恒河两岸印度人的粪污，也都流进那黄黄的水里。因此，恒河就诞生了他。他和印度人是混熟的了。

混熟了，就想换个口味。于是自1817年的5月到1902年的8月，他周游了世界共六次。他也就是在这期间，来到中国，遍游扬子江流域及华南一带。那时世界各口埠还没有这么多这么严的海港检疫处，他的进出是很随意的。

记者问他：“霍先生，你是怎样地旅行呢？”

他说：“当然啰，是由商人旅客带来带去啰。此外，我还和苍蝇老板老板娘全体订有密约；苍蝇又和垃圾桶、茅厕坑签了合同；垃圾桶、茅厕坑又和人畜大肠的出口货做了大宗的批发生意。我又和河水湖水池水井水个个都疏通好了。

“水或苍蝇带我到灶披间来了。

“在灶披间里，我最爱和厨子娘姨们握手亲嘴。巴结了他们，就好上屋主人的食桌了。

“主人宴会的终结，是我的宴会的开始。他无情地吞下了我，我决意在他肚子里翻筋斗，吃他的残余，那蠕动不息弯弯曲曲的肠子，一步一步地推我到下边去，我见到了一线的微光，就一溜烟地随着稀

---

① 医学界一般认为，印度的恒河三角洲地区是霍乱的起源地。

黄水溜出肛门之外了。

“这就是我的交通网。

“记得有一回，是 1915 年的夏天吧，我在意大利的一所小饭馆里，遇见一位菲律宾人。他带我回到了马尼拉，十八天以后，他病死狱中，我却在那地方盛行了一时[1]。可见我自身虽小，爬了半天爬不到半英寸，倒可以在你们大人的身上，借光借光，提拔提拔。”

他说到这里，目光盯着记者。记者也故意把舌头伸伸，又开口做进一步的追问。

“霍先生，据你说，要在我们身上流连几多时候呢？”

“少则两星期，多则一个月，三四个月不定，乃至于一年。你们虽有性命的危险，如果抵抗力能斗胜了我，也就可以幸免。不过，有时我仍伏在你们的大肠里，胆囊里，或膀胱里。

“我又爱吃那男子，胜过妇人；爱吃那老年人，胜过少年；爱吃那胃弱体虚的，胜过体格健康的；爱在那温凉潮湿的气候里出去拉人，胜过太干燥的热天。

“在大热天里，我在外界的寿命不过一两日；在稍凉的气候里，我可活至十七天。在普通的河水里，我可活至两星期；在印度的河水里，我竟能活到五星期之久。在苍蝇的脚上，我可以随它飞游十七小时而不至于失踪。”

记者听了，微微地笑，他懂得真多，于是换了一个口意，又问他：

“前几天，《万古流芳》[2] 在上海开映了。你去看了不曾？”

---

① 据文献，1902 年菲律宾暴发霍乱疫情，疫情持续多年，但到 1915 年时，马尼拉只有零星病例，未形成大规模暴发。

② 1936 年上映的美国电影 *The Story of Louis Pasteur*，又译《巴斯德传》，讲述了著名微生物学家路易斯·巴斯德的一生。

他听了一怔，恨恨地说：

“巴斯德那一流人，真是我的对头。

“我的秘密，你们一向是不知道的。自从他的同行，那位戴眼镜的德国医生柯赫先生，在 1884 年的 8 月，在柏林会议席上，把我的真相宣布出来以后，我的生计就感着困难了。

“不久，在 1892 年，又出了一位巴斯德的学生哈夫钦，学着巴斯德灭毒的法子，发明了两种免疫苗，一种可以灭我毒，一种可以杀我身，后来这免疫苗愈制愈凶了。据说，在 1914 年，巴尔干诸国发生战事，希腊的军队曾大批地注射过这免疫苗，成绩如何，那时还看不出。

“不过我说，打针自打针，打过针的人，我不去惹他；不打针的人，一碰到了我，自然还得咬紧他一口，不放他走！

“打针这勾当，如果认真起来，真要忙煞了卫生局呀！”

他讲到这里，时间已经不早了，记者从容辞出，踉踉跄跄回家，急于月光灯影下，草成这篇《霍乱先生访问记》。

肚子痛的哲学[①]

一般的见解

肚子痛是常有的事。有时是来时如风，去时如电，痛一下子也自然就好了，值得什么惊异的呢？一般人以为这痛是偶然的事。

肚子痛得稍厉害些，稍为长久一点，甚至于头也痛了，恶心了，吐了，泻了，全身发烧了，一般人这才有些恐慌了说："这是没有穿够衣服，没有盖好被条，肚皮着了凉所致，下一次要自己小心呀！"这痛以为是受风的痛。

然而有些人还不肯就去治它。于是那病人的肚子大痛起来了，舌头也焦干了，全身痉挛接着就昏迷不省人事，死了。这痛是绝望的痛。一般人到了这里，放声大哭，就怪那死者病前所吃的东西里有龌龊。龌龊自然有龌龊，什么龌龊却不知道，死了还说什么！

哪知道，细菌学者为了这龌龊已争论了半世纪之久，至今各派的意见还不完全一致，还没有下一个最后的判词，这在他们是要彻底研究肚子痛的根由。

肚子痛不是偶然的事，而是这两势力斗争的现象，是由主方受了敌方的压迫而发生。没有敌方的侵略，肚子断不会自然而然地痛呵。

肚子小痛而自好，那是因为敌方的力量薄弱，这矛盾的量的发展

---

① 本篇写作时间为 1936 年 6 月。

不足，不能引起质的突变而发生可怕的病与死的现象。

肚子大痛不是专门因为受风所致，受风不过是帮凶的一种副因罢了。

由肚子的小痛而大痛而死，这之间种种的征象，在病理学上是有一定的认识、一定的名称，这统一的病名，就叫作“急性胃肠炎”。

肚子痛是“急性胃肠炎”的警号。

“急性胃肠炎”是人身里主敌两种势力的对立，而拿了主人的胃肠，作为临时的战场。

那么，我们目前的问题是要集中于敌方势力的研究了。这就要靠着细菌学者的工作了。

细菌学者对于这问题的工作，是向着两方面进展：一方是精确地侦查敌方的真相，这是纵的认识；一方是广博地考察敌方势力发展的过程，这是横的认识。这两道阵线坚定了之后，才能定计破贼哩。

纵的认识

害我们肚子痛的东西，据一般人的推测，都归结于是龌龊的食物，这是对的，然而他们都说不出一个道理来。

化学者在实验室里分析腐败的食物，发现那些食物的蛋白质里面，都含有一些毒质，统称作尸毒，是动植物尸身化解而成的毒。于是就有人说，这尸毒便是肚子痛的主因，至今还有许多不长进的老医生犹信以为真。

自 1902 年以来，经细菌学者不断地研究，证实了这尸毒的毒性并不强烈，要吃了很大量，才使肚子发生小小的痛。而平常的人都不至于吃那么大量的尸毒，更不致因它而发生急性胃肠炎的痛，而且这病反而常常为吃了表面上看得很新鲜的食物而发生。所以，以尸毒为肚子痛的主因，这理论是给细菌学者完全否定了。

细菌学者早已在食物里面寻出两名凶手了，不过当时还不肯贸然地就宣判它们是肚子痛的唯一的主犯。

第一名叫作“肠炎杆菌”。它的寻获是1888年的事。那时，德国有一个著名的屠宰场，有一回杀牛杀得太快了，没有发觉有一头牛是有病的。有58人先后都吃了那病牛的肉，就都得了“急性胃肠炎”的病了。其中有一人吃得最多，吃了一磅半的病牛肉，竟于36小时之内死掉了。这“肠炎杆菌”就是在这位病人的尸体里，和那病牛的尸体里，同时抓到了。

第二名叫作“亚特立克杆菌[①]”。“亚特立克”这个怪名本是比利时的一处乡村的地名。那杆菌第一次被捕的地点就在这乡村里，因此就给它加上了这个称呼。这是1898年的事。

以后，这两名凶手又屡次在病肉和病人身上发现。从此，每有肚子痛，每有“急性胃肠炎”病的发生，细菌学者总拿它们俩当作嫌疑犯，说是它们混着食物里进口，在肚子里捣乱，非捉住它们不可。

然而，有时它们是捉不着的。英国在1920年前那几年，共发生了112次“急性胃肠炎”的传染病，才有39次寻到了它们这一帮的凶手。其余的73次，不是完全寻不见什么病菌的踪迹，就是寻见了也是别的被认为不相干的细菌，如“通常变形杆菌”之类。于是，细菌学者就纷纷争论了。

有的说，肚子痛的传染病的凶手，不限定于它们这一帮，别帮的细菌混入肚子里，也会跟它们一样地行凶，而发生“胃肠炎”。不过，同为凶手也有大有小，同为肚子而其抵抗力也有强有弱，因此肚子痛

① 1917年，法国微生物学家费利克斯·德埃雷勒在研究痢疾患者粪便样本时分离出了噬菌体。

也有大痛小痛，胃肠炎的症象也有轻重之分了。

有的说，它们行凶的手术，并不在于动武，而是使毒，它们的毒是关在它们的细胞里面，死后才放出来的，是一种“菌内毒”[①]。那“菌内毒”是不怕热的，虽烧热到100℃，烧了30分钟之久，还是一样的厉害，也许是更烈了。所以细菌虽死尽不见了，而它的毒仍潜伏在食物里，吃了就会肚子大痛呵！

有的又否认了这纯粹“菌内毒”的理论了。他举了六种理由，我现在单提出最显明一种吧。

就是说，人的肚子痛，十之一二是由于吃了煮得不熟的食物；十之八九是由于吃了半生半熟的食物。如果不怕热的“菌内毒”是其主因，那肚子痛的比例一定不是这样了。这可见在“胃肠炎”的发展中，病菌的主力军仍在参战呵。

那么，这主力军为什么有时寻不见呢？那也许是检查时的迁延，那些病菌们，逃的逃，死的死，不逃不死的也躲在不易寻找的角落里逐渐消失了。

最近，在1929年，又有人用实验来说明了“急性胃肠炎”的主犯，虽是“肠炎杆菌”和“亚特立克杆菌”之类的细菌，然其直接使人肚子痛的原因，不是细菌的本身，也不是什么“菌内毒”，而是食物的蛋白质经过那些病菌的侵蚀，由于它们的小细胞的新陈代谢作用，而分解成的有机毒，再经热力的浸润，而使那毒性强化了。这是食物毒理论新的发展。这理论如经完全证实，则是又否定了以前的学说。这是我们对于食物毒细菌，对于害人肚子痛的恶敌的认识，经过了一番否定之否定了。

---

① 细菌内毒素，是革兰氏阴性细菌细胞壁的一种成分。当细菌死亡溶解或被破坏后才能释放出来，对宿主产生毒性。

这肚子痛的新理论，是予“肠炎杆菌”之类的病菌和我们的食物以更密切的联系了。没有“肠炎杆菌”的参加，平常的食物尽管吃也不会使肚子痛；没有食物做底子，就吞下了一些半死半活的肠炎杆菌的汁也不妨事。所以肚子痛的病，在科学的名词，又叫作“细菌性食物毒”的。

这里，我得声明一下，肚子痛这三字的意义，在这一篇里，有些地方是专门化了。用它来代表“细菌性食物毒”，或“急性胃肠炎”那些冗长名词了。

虽然，人吃了毒药，或河豚之类本身有毒的食物，也会肚子痛，那却不是在我所指的定义之内。

至于霍乱、伤寒、痢疾，这三大水疫的病菌，也会使肚子一痛。那它们在未到肚子之先，要请苍蝇污水引路，不像我们的肠炎杆菌这一帮凶手早已预伏在病牛病猪身上，这些人们所爱吃的肉，在大嘴里一滚就吞进去了。何况它们专会使人肚子痛得更紧，痛得要命。这是这些食窟里的毒菌特别毒辣的手段呵！

横的认识

细菌学者既揭穿了食物毒细菌的层层黑幕，同时对于这侵略我们肚子的恶势力发展的情形也尽力地搜查。

这恶势力的发展似乎和气候也有关。夏天比较冬天肚子痛的人多，这是因为在热的气温里病菌的繁殖格外快。

细菌性食物毒的疾病率是异常的高，高至百分之百。这是说吃了病肉的人，人人都要肚子痛。

反之，死亡率却非常之低，低至百分之一。这是说，吃肉少的人，若不幸而中了食物毒总不至于一下子就死了。

受过病菌洗劫的食物，以肉、鱼、牛奶及其他动物的蛋白质为最危险；青菜及壳类[①]的食物，这危险就减少了；在水果，这危险更少了。而肉里面，则以牛肉猪肉最为危险，羊肉兔肉则不常见。鱼肉虾肉有时有之，至于鸡肉则不大可怕了。

肉的制法煮法也有关系，如制肉包和腊肠之类的食物，制时既有许多破绽，病菌可以乘机进攻，煮时热力又往往不能透心，病菌好不逍遥自在地伏在那里面。

煮好了的肉又往往舍不得一顿吃完，留在茶橱里一天两天不吃，到了吃时已是满碗细菌了，尤其在大热天，然而看不见有什么动静呀！直到肚子痛才着急！

食物有时是外表堂堂的假君子，看去满新鲜而齐整，不知那里面却包藏祸心，吃了就要得着“急性胃肠炎”而死了。这也是常有的事。

猪或牛若有胃肠病，它的肉万万不可吃，这是明显的。然而有时健康的猪肉牛肉是给胃肠炎的带菌人的手染污了，普通人却没有防到这一步。欧战[②]时法国境内就发生了一次大食疫[③]，据说后来就在一所公共厨房里找到了一位带菌的厨子。

有时带菌的还是老鼠、蟑螂之类的小动物。它们偷偷地爬到菜碗上，无意中散布了肠炎的毒菌。

定计破贼

对于食物的恶敌既有这般的认识，我们就当马上和它斗争，斗争要在肚子未痛之先。我们的计划如下：

请兽医检查牲畜的身体，有病的不许进屠宰场。

---

① 这里是指谷物。

② 即第一次世界大战。

③ 食源性疾病暴发。

请细菌学技手检查罐头食品及一切制好的食物，有菌的不准出售。
不用带菌人做厨子。当防蟑螂和老鼠。
留着明天的菜放在冰箱里去。没有冰箱不要留菜到明天。

“破伤风”的毒计

“伤风”载上“破”字的帽子了。

“伤风”是常有的病，而“破伤风”则不常有。

一个人的一生总不免有好几次流流鼻涕伤伤风。而破伤风的紧张病状，则难得一现；除了医生、看护、病人略有知道之外，普通的人真是听也没有听见过。“破伤风”是怎样可怕的一种病呢？

破伤风这病自古已有，西医的老祖希伯古来①老先生早已描写过。不过他对于它的来历，它的真相，恐怕有些渺茫吧。这病的特殊性和它的传染性还是在 19 世纪 80~90 年代才发觉了的。

这病和战争是有密切的联络的，是受伤兵士之一恐怖。

中国古代的名医，如华佗、扁鹊之徒，对于这严重的战疫是很熟识的。华佗为关公刮骨疗毒的时候，若不提防破伤风，关公的性命就难保了。

现代的战争更加残酷，兵士的受伤更加凶狠，破伤风的肆虐也更加厉害了。

然而从前的破伤风，是无法医治，现在细菌学和免疫学的进步，已使我们有了办法去防御这可怕的战疫了。

那么，破伤风的病状怎样的呢？我们一点儿不知道呀！

我似乎看见破伤风的病人，硬硬弯弯地躺在床上。他只能呻吟，

---

① 今译为希波克拉底（约前 460—前 377），古希腊医师，西方医学奠基人。

不能呼喊。他的牙关紧锁着，张口艰难。他的头颈不能前俯，全身的肌肉痉挛，食物不能下咽，脸上呈出似笑非笑可怕的笑状。

这病人中了很深很奇怪的毒了。是谁暗害了他的呀？我看了心中愤愤不平，我记起了显微镜下的凶手。

这凶手的模样儿像是一个又一个的小鼓槌东西排列着。槌之头是它的芽孢，槌之身是它细而长的身子。它的全身还有许多微弱的鞭毛，会轻轻地鼓它活动起来。我说，这不是破伤风病菌[①]的怪相貌吗？我要追捕它，拷讯它的罪。

在土壤的上层里，在牛粪马粪里，在人粪里，在马夫的粪和农民的粪里，我却寻到它了。人粪里也早已有了它吗？是的，在我们的故都北平，每百个贫民之中，就有三十七八人的粪里有它。平均人类四人必有一人，不知不觉地带来带去，带着它在自己的肚肠里。它是什么时候来居人间的肚肠，作长期的寓公呢？还是偶尔来一游呢？这我却不知道。我但知道有一回在人粪里寻出了它的无数芽孢，一小块粪污里竟藏有二万万粒之多。

有这么多，怪不得……在战地上，血肉和粪污四散地乱堆着，伤口和泥土灰尘的接触又很随便，怪不得破伤风的病菌在战时是这么猖獗。我要警告它，为什么不去吃贪官的盲肠，汉奸的脸皮？再不然，我们大众的肚肠既肯让你借宿，就当安分守己地静伏在那里；何苦来，在我们抗战运动吃紧的时期，又出来伸出芽孢来张望，要攻我救亡士兵的伤口啦！

我似闻显微镜下发出强辩的微音，它说：

“我何曾不吃人脸部而发生‘头面的破伤风’，何曾不攻人肠壁而

---

① 即破伤风杆菌。

发生‘内脏的破伤风’？

“但我不知道所攻的是不是贪官与汉奸。也许这时他们的气焰还太高，要等到你们民众乱拳打伤了他们几十处，打倒他们在污泥烂土里，我才容易下手呀。我攻人体又不仅从伤口而入，婴儿初从母胎割断下脐带之小孔也是我进攻的捷径，所以一岁以内的小宝贝之得破伤风者真不少。我也常到庸医的诊所和官僚式的医院去游历。那儿血清和免疫苗的配制，打针的手术，羊肠线的缝合手术，都太马虎，欠了几分消毒的工夫，于是我的机会就来了。

“我不但攻人之忧，也攻人之喜。7 月 4 日是美国的独立纪念日，而年年遇了那天，美国突然增加了许多破伤风的病人。这是因为他们在狂欢之夕大放无子的弹药，以致连累许多人都受伤了呀。

“我不但攻人而已，而且有时还攻许多弱小的动物。小白鼠、家鼠、天竺鼠、兔儿、羊儿、马儿、猴儿之类，都曾为我所征服。狗和猫比较的顽强会抵抗，高空的飞鸟我是无缘攀登，就是鸡鸭之群，它们的抵抗力也太强盛了。至于冷血动物，它们也多过惯了污泥烟土里的生活，和我是同乡，我自然很少去侵犯它们的身体。

“我为什么顶爱吃伤兵的烂肉呢？那是因为烂肉里没有空气，我这一门细菌是最讨厌空气中的氧，有了它，我的芽孢就不会生育了。我只吃伤兵，我自认为是无罪。统一完整的肤体我绝对不敢加害。现在人类自己发生内战，自相残杀，难道还要阻止我坐收渔人之利吗？

“况且我的芽孢本身，清白之体，是没有毒性的。你们若白白地吞了我的芽孢，我担保你们，绝不会发生病变。没有沾染着毒性，没有附带外物的芽孢，就是故意地注射进白净而有生命的肌肉组织里面，也立刻被白血球所包围，丝毫不能发作。

“我固然不时放出极猛烈的毒素，但是，那毒素的发生多半是由于受着外物的刺激。外物之中，如泥土、马粪、死血、烂肉、乳酸、皂素、三烷铵基、矽酸、钙盐。乃至于我的同党，其他厌气细菌的毒素，如此等等没有生气的东西，有少许和我同在一起，和我同到伤口里面去，我才会繁殖起来发出无限量的毒。可见我的单独行动，是不会闹出传染病的乱子来的呀。

“而今，不幸的伤兵，他的伤口里的环境、气候以及空气的压力，各方面都适合于我生活需要，我才肯跑到那里过活呀！我并不好杀人类，我为的是我族的生存、传种、殖民。战争所带来的疫病，是人类的自作孽，是你们自己引我上门，又来迁怒于我，怪我无情呀。

“我的毒素真是强烈，我真可以夸耀我的毒素。它比现代战争所用的毒气、达姆弹[①]都厉害，它是生物界里毒之大王。这毒素若制成干粉，只需用 0.05 微克来注射，就可以杀死一只身重 10 克的小白鼠了。这毒素是我的武装，是我族的军备，我侵入伤口之后，就伏在那里不断地制造这毒素。

“我这毒素在人身，会沿着‘运动神经’而上升，到了神经中枢，猛烈地攻击大小脑，狠命地揪住了各‘运动神经’的细胞；又随着血液而奔流，奔流到全身运动神经的支梢，于是全身一切的肌肉都要痉挛起来了。这是我毒素的厉害，快则三天，迟则一月，你们的身体就要沦亡了……”

我听到这里，忍无可忍了。我想：这破伤风的病菌和我们国家的敌人一样的可恶，强词夺理，刁滑无比，明明是侵略，却造出种种的理由来借口，又拿出它们的毒素，它们的暴力来威吓。

---

① 1897 年，英国在印度达姆 – 达姆镇制造，该弹杀伤力强，1899 年海牙和平会议发布宣言，禁止使用此类枪弹。

科学先生对于衣服的意见[①]

正如对于国防问题的各立门户，各实力派对于衣服，这身防的问题，也没有统一的论调。大众尤其是妇女大众，对于这一件切身的问题，已经纳闷了好久。大众的心理好像潮水一般，后浪逐着前浪的起落而进退。我以为我们不要顾虑着前浪的扑跌，应永远地向着那真理的岸上打去！

真理的岸上立着科学的灯塔。于是，有一回，我特地为了这衣服的问题，去拜访那灯塔里的主人。

科学灯塔的主人是一位老翁，据说年纪已经有五六百岁了。他的母亲在希腊全盛时代已经怀上了他，直到欧洲文艺复兴时代，这才诞生下来的。

这天，他闻我不怕风浪，远道而来求教，就派了他大儿子培根带领其他有关系的科学先生们出来接见。

我先述明来意。培根先生伸出了四个指头说教：

“权威的信赖要不得；习惯的固执要不得；群众的附和要不得；虚骄的成见要不得。这四要不得都革除了，才能养成科学的精神，所以我们的灯塔常放光明。能这样地探究，你们的衣服才有真实的标准呵。”

在座有一位科学先生，操着进化论者的口调接着说：

---

① 本篇写作时间为 1936 年 7 月。

“衣服是人工的皮肤毛发，皮肤毛发是天然的衣服，生物之不知自制衣服者，统统由大自然代办。就是细胞也有胞衣。虽然也有裸体的细胞，如微生物界中的‘放射虫’等。还有那小到绝顶的‘超显微镜的生物’，大家也相信它只有胞浆，没有胞衣。这也许是因为它们寿命太短，生活太忙，所以来不及穿好衣服吧。

“其他的单细胞生物多少总有一层或厚或薄的胞衣胞膜。就是那十分淘气的细菌，有时也披上特制的油衣，叫作‘荚膜’。

“胞衣胞膜是由胞浆里所分泌出来没有生气的东西，却有防卫细胞的能力。动物细胞是爱冶游的，非常不安定，它的胞膜也格外轻而薄，虽然也有笨重的，如指甲和足爪，是角质造的；如软骨和牙齿，是石灰质造的，却都是另有作用的。植物细胞，行动多不能自主，容易受外力的攻击，它的胞衣也特别粗厚而坚实。由青苔海藻乃至于大树上的根干枝叶，都是由那顽固而死板的‘纤维素’造成的。

“谈起多细胞的动物，这天然的衣服真是形形色色，洋洋乎大观。海绵的衣服是著名的吸水而不透水的。珊瑚的衣服会像石头般的坚硬。星鱼（海星）、海蜇的衣服是那样的畸形而浮肿。扁虫、圆虫、环虫之类的蠕形动物，它们的衣服都是那么软绵绵的没有抵抗力。这是怪它们多寄生于人畜体内，那儿是够温暖而舒服了，用不着穿什么好的衣服哩。然而如蚯蚓，它的衣服就有弹性，所以能在土中钻营。蛤蚌蜗螺之类，也是软弱而无力，大自然看它们太可怜了，特地为它们制了两套新装：一套是可以开合的双壳，一套是螺形的单壳，可以避风雨，可以防敌人。

“到了节足动物，这天然的衣服更其坚实而体面了，多是角质所制。龙虾螃蟹的壳是不易毁损的。就是臭虫跳虱也难以压死。它们都是短小精悍，有尚武的精神。

“蚕的蛾和蚕自己都是那么温文儒雅，然而它所吐出的丝本可以网成自己的衣服，巩固自己的地位，不幸却为人所利用了。

“蝴蝶的翅膀是艳丽无比的。它这一类的昆虫是时有新装表演的，这可以说它们是在讲漂亮出风头吗？其实，它们若不这样，没有保护色，生活就没有保障了。

“到了脊椎动物了。它们这一群都是很有些名声和架子的生物呵。它们天然的衣服自然也特别讲究了。大鱼小鱼在水中滑惯了，所以它们的一瓣一瓣的鳞衣都是很滑的，所以容易漏网逃生。癞虾蟆犹承着滑之余风。蛇就略为不同了，它是为钻地洞的，所以蛇衣须坚硬而兼圆滑。龟鳖之属大约是怕大动物要拿它们寻开心，就穿上一件带点古色的护身的坚甲了。鸟要高飞在天空，就披上各种各色飘逸的羽衣，那是最轻松而又温暖的衣服。兽，尤其是蛮荒的野兽，不是厚皮，就是粗毛，冬天可以御寒，夏天可以防热。北极的白熊在冰天雪地之间，还破冰寻鱼，不怕冷风，大自然是赐给它一件特厚的毛衣了。然而猫儿在冬天为什么那样瑟缩缩地怕冷呢？那一定是被人类所娇养惯了。

“被人类所娇养的生物，都一一失去了它自然的能力。人类自己也受了聪明之累，淘汰了原有的毛发，养成了对于衣服的依赖性了。

“衣服的宗旨是要和环境的恶势力对抗的。人类因嫌阳光之太烈，就摘树叶以遮身，因怯北风之太凛，又剖兽皮以盖体。这是人工衣服的起源。它原是要解放人身受着寒与热的压迫的苦痛哩。不幸，经过时代的变迁，民俗的浸润，为礼教所操纵，衣料渐渐成为束缚人身自由的桎梏了。这在今日衣服所以是社会上的一个复杂的难题，时时为投机者所利用了。”

他哩哩啦啦地讲了这一大套。又有一位科学先生，抱着物理学者的态度，接着就说：

“我对于衣服的问题有几种简单的意见。在这大热天，我们痛恨的是太阳的热光，太阳在地面传热的强弱，有三种因素。

“第一传热的因素是色。蓝色的屋瓦在阳光底下，我们觉着非常热气逼人。反之，白色的粉墙虽经烈日的照耀，摸它一下，还有三分凉。一样的受热，黑的收容，白的拒绝。所以白色的衣服在夏天，真比黑衫黑裤凉爽多了。这是很显明的。

“第二传热的因素是物体的本质。如金属在烈日之下，顷刻就热烫了，如砖块就热得慢些儿，这是因为它的质地比较轻发，在空隙中又掺有干燥的空气。干的空气是不易传热的。毛织品比丝织品松，丝织品又比棉织品和麻织品松，传热的程度是一个不如一个了。

“第三传热的因素是看物体的表面。表面粗糙的会吸收热力。反之，光滑滑的明亮的表面就会把大部分的热与光反射走了。

“总结一下，光松白是比粗密黑不易传热多了。

“然而衣服在身上，是一方面吸收着皮肤所发出的热气，另一方面收留了日光和空气的热。它若能抵住外热的进攻，也一定会阻止内热的向外发泄。白色的衣服在夏天较凉，在冬天又较暖了，所以在冬天穿白衬衫合宜。

“在传热而外，关于衣服卫生的问题，还当注意的一点，就是湿气，湿气过多会阻止汗的自然蒸发而妨碍人身管束体温的机能。在这里，以毛织品最为知趣，它随时都会吸收水汽，着了它，流汗之后就不致受冷了。棉织品虽薄而凉，然而在大汗淋漓之时，会浑身通湿，使皮肤觉着格外难受，且有着凉得病的危险哩。”

这时候，座中有一位比较年轻的科学先生插进去说：

“是呀！湿气还是细菌最爱好的东西。它就伏在那湿气里面，冷不及防地攻陷人的皮肤，于是那个人就会发生皮肤病了。”

他讲完了，大家沉寂了一会儿。从塔顶的实验室里，一步一步地走下了我们的科学老人。他点一点头对我说：

“诸位专家的意见，你都听懂了吗？衣服本以自卫，抵抗外力的压迫，不是用来束缚人身的自由。我们要革除已往附和盲从的习性。只要能防晒能保暖，能流通空气，能蒸发湿气，合乎这些科学的原则，其余的却可以通融办理。一切的时髦装饰，反使身体受累，如高跟鞋、尖头鞋、束腰、束胸、太长的领袖、太紧的领带，如此等等。”

听打花鼓的姑娘谈蚊子①

有一天，太阳已经西落了，蚊子马上就要出巡的时候，我们弄堂里忽然来了一位打花鼓的姑娘。

她一面咚咚咚地打着鼓儿，一面张开嗓子高唱道：

“说弄堂，话弄堂，弄堂本是好地方，
自从出了疟蚊子，十人倒有九人慌，
大户人家挂纱帐，小户人家点蚊香，
奴家没有蚊香点，身带着疟疾上病床。”

我想，这曲儿我们大家都很熟识，只那词儿却有些新鲜。这是值得注意的。她又接着唱了：

“说弄堂，话弄堂，弄堂年年遭灾殃，
沟壑不修污水涨，孑孓变成蚊娘娘，
多少人家给它咬，多少人家得病亡，
卫生不把疟蚊灭，到处寒热徒悲伤。”

她能唱出这样含有科学知识的新歌曲，我想，这真是难得，又静听下去。

“说弄堂，话弄堂，弄堂年年遭灾殃，
从前苍蝇争饭碗，如今蚊子动刀枪，
大街死去劳力汉，小弄哭着讨饭娘，

① 本篇写作时间为 1936 年 7 月 28 日至 8 月 13 日。

肚子还欠七分饱，哪有银钱买金霜。”

这位打花鼓的姑娘，倒是一个有心思的女子呀！她唱完了，大家都叫好，我就上前问她道：

“你唱的这首《凤阳歌》，是谁改编过的词儿？跟我们从前所听到的大有些不同了。”

“是呀！今年五月中，我们村里来了一位什么昆虫学专家，对我说：‘朱皇帝已经死了好儿百年了，还唱他干什么？这大热天年年害你们受苦的，害你们病死的，还是那疟……疟……疟……疟蚊子啊。这一类的蚊子，大多数都是从池塘的静水里出身哩。’他就把凤阳二字改成池塘，改编了《凤阳歌》，教给我们唱。从他走了之后，果然蚊子就一天比一天少了。

“后来我卖唱到上海，听说你们弄堂里蚊子也很不少。东区西区都有得着疟疾的病人。因此我又将池塘二字改成弄堂，唱给你们听。”

“你唱得很好！那个昆虫学先生还教些你们什么？难道唱了这首歌儿，蚊子就不敢飞来叮我们么？”我又问了。

“呵呵！那位昆虫家天天都召集我们村里的男女老幼来听他讲演蚊子的故事哩。

“第一天他说：‘你们大概都是打过蚊子的人吧。可是，你们至多都只能打死眼前的蚊子。背后的蚊子，都打不着，这就等于不打。打蚊子是要一网打尽的啊！使你们睡觉的地方，成为无蚊的世界，这才能长久安心地度过了夏夜啊。

“‘不然的话，留下一只母花蚊，它也会照样地叮你一口，也许这一口就使你生病了，它胜利地飞走了。大约十天以后，又带领一群小蚊儿回来再跟着你捣乱了。

“‘别的蚊儿不要紧，它们里面若夹着一两只疟蚊的女儿，那就不是好玩玩意儿了。

“‘你们平日看到了一只蚊子，都是挥手一拍就算了，不肯从眼睛上多用些工夫，蚊子的模样儿很多，仔细一看，也可以长些见识。何况有的蚊子，嘴里有毒，尤非认得它不可。

“‘看看它们翅膀上的花纹吧。普通的蚊子，那花纹并没有什么奇观异彩。如果发现了那花纹呈出特殊的斑点，头上又有长长的触须，粗粗的触角，那样子就有五分可怕的母疟蚊了，再看它站立的姿势，如果身子向前倾，尾巴向上伸，那就一定是母疟蚊无疑了。这我们就非先下手不可，一次都不能让它白叮的。叮了就会发生疟疾的呀！不过各地方的疟蚊，它们的色彩，都有一些小差别。美洲的疟蚊和中国的一比，就大同而小异了。这你们若看多了蚊子，认真地去看它，对于本地的疟蚊，自然不久也就熟识了。若能自备一只放大镜的话，那就更妙了。

“‘讲起蚊子的翅膀，它是顶会飞的，我们的手掌往往赶不上它。所以要用蚊拍，最好是兽皮制的，拍子的面上又须钻有许多小孔，打时无风，蚊子不至惊走。铁纱的拍子用不得，它打在衣服上面，那衣服会打破，在皮肤上面，人会叫痛呀！

“‘蚊子虽飞得满快，它顶多也飞不过二里多的路。但它多在半途就停下来休息了。或许在途中闻见了人味，碰到了肉香，它就认为不必再远飞了。

“‘凭它怎么飞，也飞得不高，高山的蚊子就比平地少。高到6000尺以上蚊子就绝迹了。所以大人先生们在牯岭避暑办公，用不着什么纱窗蚊帐，疟疾绝不会来惊扰他们的。疟蚊之来攻，最先受苦难的，还是我们这一大群光头赤脚没有保障的小百姓呵。

“‘然而，蚊子是怕风的，大风起时，它们就不知去向了。然而，这年头，又哪里天天有大风呢？

“‘蚊子又怕光，黑暗是它们的世界，黄昏以后它们出来打劫，黎明以后就四散逃避，有时竟认我们床下的破鞋里面为避光的好所在哩。所以光明来到人间时，什么蚊子都不必怕了。而在阳光的正面照射之下，它们是不到几分钟就要灭亡哩。’

“那时候，我们一般农民听了，觉得他的话有趣，也有道理。

“第二天，来的人愈多了。他就给我们讲蚊子娘娘下蛋的故事。他说：‘蚊子的女儿，自从出嫁了之后，就很忙。它的丈夫什么都不管，只顾在田园中吃它的菜叶果皮，很少在我们人的身边来往，所以它的嘴没有那样尖，触须也较短而粗。它的女人就不同了，非吃血不可，这又是为着养育儿女打算的。它吃了人血，就不大怕冷，所以在北风一起的时候，它的公公叔叔都已死光了，它还能在壁下墙角躲来躲去，偷过了冬天，而蚊种也赖之以保存。

“‘天气转暖的季节，最好那华氏表的温度只升到七八十度[①]之间，伊的姊妹们就翩翩然起舞飘到水边去了。有时我们很惊异：这么早就有这么多啦！其实还都是去年的蚊子。

“‘它们飞到水边的目的，是负有传种的使命的。它们本来各有所好，有的爱明净的静湖，有的爱活泼的小溪，有的喜太阳走过的水面，有的喜树荫的遮蔽，但都须有点水草与水菌，丛生在那里面，然而到了紧迫的时期，就连阶前檐下的积水，一沟一壑的泥水，垃圾桶里的破碗破瓦破罐头所剩余的污水，都可以据为临时的生儿下蛋之所了。横竖只需十天的工夫，至多也不过十几天，它们的小蚊儿即可远离水乡而飞游了。

---

① 约为21~27℃。

“‘你们若有放大镜的话。也可以到水边去，寻蚊子的蛋，认识它的模样儿，有一种蚊蛋儿似小船儿一般一个个地在水上排着，它们就是可怕的疟疾之前身呀！至于普通蚊子之蛋，那都是近于鸭蛋式的，几个十几个集在一起。

“‘这些蛋儿们在水中，三天之后，一变而成仔虫。就是孑孓，这在疟蚊是卧在水面之下，没有气管；在普通蚊子是倒挂在水面之下，有专门通气的气管。七天之后，仔虫再变而为蛹。蛹在水面栖息，有些驼背老人的样子，头上有喇叭形的呼吸管，这在疟蚊是凹形而短，前面分裂。在普通蚊子是锥形而长，并不分裂。这些都是这两大类蚊子相同相异的各点。

“‘再过两三天，蚊子的形式成立了，就脱去它的蛹衣，在水面略停一下，双翅一振，嗡的一声飞走了。

“‘它飞走了，这是我们的不幸。在这里我们又当以先下手为强了。

“‘这在无用的塘水就当一切填满；在有用的池水就当养鱼铺油，在湖边河沿务必除尽水草；在沟壑及一切蓄水的地方，不要使污水停留；在井口须加盖。处处都使蚊子不得近水，没处下蛋，那蛋儿也无法生存。这是根绝蚊患的基本政策。’

“第三天，来听讲的人更多了。有好些人就嚷着问他：‘这两天我们给蚊子咬得更凶了。腿都抓出血来，您先生有什么切身的办法么？’

“他又讲了很多。可惜我这儿不能细举了，现在把主要的说一说吧：‘蚊子叮人的时候大约可分为两期。从黄昏到我们上床睡觉时止为第一期。这一期以你们乡下人为最苦。乡下人在夏天以穿袜子为一桩难事，而其他各部的皮肤，又多尽量地公开展览，这是优待了蚊子，给它以吃血的便利了。纱窗你们又装不起，驱蚊的药品，如樟油、桉油、鱼石油之类也太贵了。现在只有蒲扇子可以挥挥了，那是消极的，并没有脱离了危险。

“‘上了床一直到黎明为第二期。这一期是蚊子最紧张最活跃的时候。防御的法子，靠着蚊帐；没有蚊帐，靠着蚊香，乡下是有除虫菊、艾药可以代，效力如何，你们自己都有经验的。这若失败，疟疾突如其来，那就要靠着什么金鸡纳霜了。它是从外洋来的，要拿出法币去兑换；法币没有，那是九死一生的。这年头，向人借法币真是难上难呀！所以还是不等蚊子之来，先去水边布防，灭尽它的蛋儿。这种工作，非家家户户合力加紧地进行不可。’

“我们觉着他所讲的句句有理，就依他的话动工起来，他也忙着在一边指导我们，果然村里的蚊子就一天比一天的少了。”

打花鼓的姑娘又到别的弄堂去唱了。我想，弄堂的夏天若没有蚊子，我们应当怎么快活。我又想，我们如能训练打花鼓之类的艺民，深入民间去宣传卫生，她们又有那通俗而伶俐的口齿，艺术的表情，大众是欢喜而容易接受的呵。

漫谈粗粮和细粮[①]

在一次营养座谈会上，我们讨论粗粮和细粮的问题，在座的有好多位伙食委员、经济专家、营养专家等。现在我把我们座谈的内容总结如下。

首先，我们谈到主食和副食的关系。

我们的伙食都是以粮食为主的，所有的粮食，如米饭、馒头、窝头、烙饼等，都是主食。所有的小菜，如青菜、豆腐、鱼、虾、肉、蛋以及水果等，都是副食。

我国广大人民过去由于生活困难，在伙食方面养成了一种习惯，就是只注意主食而不注意副食，只注意吃饭而不注意吃菜，人们把大部分伙食费都花在主食方面。有许多单位和家庭把百分之八十的伙食费都花在主食方面，只有很少一部分花在副食方面。

到了新中国成立以后，因为国民经济状况逐步好转了，大家都富裕了一些，都想吃得好些，可是很多人就不想在副食上多花些钱，而光是想把粗粮换成细粮。有好些学校、机关、团体负责伙食的同志们，也犯了这个毛病，他们把大部分的伙食费买了白米、白面，结果副食费就很少了，不够补偿白米、白面的缺点，使大家不能得到所需要的营养。这样就使得好些人从前在伙食不好的时候还不常患什么营养缺乏病，这时候吃得“好”了，倒反而患病了。

---

① 本篇写作时间为 1954 年 1 月。

为了满足我们身体对营养的需要，我们应当多增加些副食。白米、白面的绝大部分，在化学上说来，是碳水化合物（白面中还有一部分蛋白质），它所起的作用，主要是供给我们身体热和能。副食除了有主食的这种作用以外，还供给我们身体所需要的其他营养成分。

但是为了要普遍满足广大人民对副食的需要，我们还必须促使国民经济进一步发展，这里包括发展工业来推动农业的机械化和大力兴修水利工程以及发展畜牧业和渔业。在目前的经济情况下，要改进广大人民的营养条件，除了适当地增加副食以外，还必须在主食方面解决一部分问题。这就是：调剂主食，把主食的种类增多，吃细粮，也吃粗粮。

其次，我们谈到粗粮和细粮的区别。

细粮是指白米、白面，粗粮是指一般杂粮，这里面有小米、高粱米、玉米、杂合面、黑面、荞麦面等。

各种谷类的蛋白质成分各不相同，因此它们的营养价值也不相同。这是因为，蛋白质是由各种不同的氨基酸组成的，一种谷类的蛋白质可能只含有某几种氨基酸，而缺乏其他几种。我们的身体需要各种不同的氨基酸。假使我们平常只吃一种粮食，就使我们的身体得不到充分的、各种不同的氨基酸。因此，粗粮细粮掺和着吃，是有好处的。

从维生素方面来讲，粗粮也有它的优点。我们知道，胡萝卜素是维生素 A 的前身，它在动物的体内能转化成维生素 A，可是它在细粮里面的含量太少了，在小米和玉米里面它的含量就比较多。硫胺素和核黄素都存在于谷皮和谷胚里面，因此它们在粗粮里面的含量也比细粮高。至于说到其他维生素如尼克酸和无机盐如钙质和铁质等，一般也是粗粮比细粮含量高。

再次，我们谈到我们身体所需要的营养成分。

我们身体每天所需要的营养成分，就是碳水化合物、脂肪、蛋白质、无机盐和维生素等。因此，我们每天所吃的食物里面也必须含有它们，一种也不能缺少。

碳水化合物的作用主要是供给我们身体热和能。

脂肪的作用，除了供给热和能以外，还能保持体温，保护神经系统、肌肉和各种重要器官，使它们不会受到摩擦。

蛋白质是构成我们身体组织的主要材料，它能使我们身体生长新的细胞和修补旧的组织。正在生长中的儿童应该多吃含有蛋白质的食物，使他发育成长。正在恢复期间的病人和产妇，也需要多吃含有蛋白质的食物，来修补被破坏了的组织。

无机盐有很多种，它们的作用都不一样。铁是造血的原料，钙是制骨的器材，磷是大脑、神经、奶汁、骨的建筑用品，碘可以预防甲状腺的肿大，其他如钠、钾、镁等也各有各的用处。

维生素也有许多种（已发现的有三十来种，其中有些是有机酸，有些是别种有机化合物），它们是生活机能的激动力，是日常食物中必不可少的物质。吃了充分的维生素，我们的身体才能达到均衡发展。它们还能加强我们身体的抵抗力，不仅能帮助白血球和抗体抵抗传染病的侵犯，而且还可以预防各种营养不足的病症。

如果我们的身体缺乏了维生素 A，就会得夜盲病和干眼病。得夜盲病的人一到了傍晚，眼睛就看不清东西了，厉害的就会变成盲人。得干眼病的人，最初的病症是眼球发干，眼泪少，后来渐渐发炎，出很多的眼屎；再坏下去就会流血流脓，眼球上起白斑，到后来眼球烂坏，眼睛就看不见了。

如果我们的身体缺乏硫胺素，起初是胃口不开、精神不振、情绪不佳、易发脾气、消化不良、晚上睡不着觉、心脏跳动没有规律、思想不集中，后来就得了脚气病，两腿瘫软，不能直立行走，这就是干性脚气病。如果心脏受了障碍，影响了血液循环，就有两腿浮肿的现象，这就是湿性脚气病。

如果我们的身体缺乏了核黄素，就会发生口角炎、唇炎、舌炎，或者有阴囊皮炎、颜面皮肤炎等症状。

如果我们的身体缺乏了尼克酸，就会发生神经、皮肤和肠胃系统的各种症状。神经症状严重的人会发呆。皮肤症状最常见的就是癞皮病：皮肤发炎、红肿、发黑变硬、起皱纹、有裂缝。肠胃症状主要的是腹泻，拉出的屎像水一样，混杂着未消化的食物，气味难闻得很，有时候可以一天拉 30 多次。如果治疗不当，也可以引起死亡。

如果我们的身体缺乏了维生素 C（这种维生素虽然不存在粮食里面，但也是我们不可缺少的一种营养成分；一切新鲜的蔬菜和水果，如辣椒、番茄、橘子、橙子、柚子、柠檬、白菜、萝卜等里面都有它），骨头容易变质，牙齿容易坏，微血管容易破裂出血，结果就会成为坏血病（维生素 C 缺乏病）。

维生素 C 在我们身体里面，可以促进抗体的产生，增加人体对传染病的抵抗力。

此外，还有其他维生素，在这里就不一个一个细讲了。

这样说来，我们的食物里面所含有的各种营养成分，对于我们的身体是非常需要的。可是，这些营养成分，在精白细粮里面的含量不能满足人体的需要，大多数的粗粮里面才有充足的含量。吃细粮，也吃粗粮，我们身体在这方面的需要就能得到完全满足。这样看来，粗粮细粮都吃的人的身体比单吃细粮的人好，难道还不够明显吗？

最后，我们还指出了粗粮的价钱比细粮贱。

有一位经济专家说："白米白面，不但营养价值不如粗粮，而且价钱反而贵得多。譬如说，一斤小站大米价格是二角一分，一斤白面约合到一角九分，而一斤小米只有一角四分，一斤玉米面只要一角二分。这就是说，买一斤小站大米的钱，够买一斤半小米；买一斤白面的钱，也可以买一斤九两多玉米面。那么，我们为什么不掺和着吃些粗粮，省下钱来多买一些副食品吃呢？"

说到这里，有一位有胃病的同志提出了疑问，他说："粗粮怕不会比细粮容易消化吧？"

营养专家说："我们必须从影响消化的各种因素来看问题，先要看我们的食物里面所含的粗纤维多不多。任何食物都含有一定分量的粗纤维，粗纤维有刺激肠蠕动的作用。如果食物所含的粗纤维过多了，肠蠕动受了过分的刺激，使食物在比较短的时间内就通过消化器官，以致消化液不能有充分的时间发挥分解食物的作用，便会造成消化不良。但是如果粗纤维含量过少了，也会肠蠕动不良，容易引起便秘。因此，食物中有适当含量的粗纤维（每天每人 5~10 克），那是必需的。有些粗粮如高粱和小米，粗纤维的含量不比细粮高，其他粗粮的粗纤维的含量，除了大麦、莜麦①之外，也不至于对消化有什么影响。

"容易消化不容易消化再要看怎样煮法。大米煮熟以后是比高粱米和小米煮熟后消化得要快一些，但是如果将大米磨成米粉，再用水来煮，它的消化速度和经过同样处理的高粱粉和小米粉并没有什么区别。

"容易消化不容易消化更要看怎样吃法。有许多人吃东西是采取

① 又称油麦，禾本科，学名为"裸粒型燕麦"或"裸燕麦"，原产中国的燕麦品种。

狼吞虎咽的办法，不经过咀嚼，没有发挥唾液的消化作用就吞下去，这样的吃法，不但粗粮不容易消化，就是吃细粮也一样不会消化完全的。此外，每次吃的分量，也会影响到消化的能力。

“还有，人体消化器官的功能和饮食习惯也有很大的关系。没有习惯吃粗粮的人，吃了粗粮之后起先是不容易消化的，到习惯以后，一样可以很好地消化这些粮食。”

最后，有些同志提出粗粮好吃不好吃的问题。

他们说：“吃粗粮虽然比吃细粮好，但是粗粮究竟没有细粮好吃呀！”

营养专家说：“白米、白面比较粗粮容易做得好吃些，但是人们觉得白米、白面好吃，有一部分还是由于老的习惯。这种习惯是可以逐渐改变的，觉得好吃不好吃的标准也是可以逐渐改变的。况且，粗粮如果能稍稍加以精制和调和，也可以使它更适合人们的口味。在粗粮的制作方面，只要能注意多种多样化，时常改变花样，就可以提高人们对粗粮制品的兴趣。把小米面、玉米面和黄豆面三种混合起来吃，不但营养价值能增高，滋味也是很好的。”

我们在主食中吃粗粮以后，就可以将节余下来的伙食费，增买一些蔬菜。每人最好每天吃到蔬菜一斤，其中有一半是叶菜，尤其是绿叶菜（绿叶菜含有丰富的胡萝卜素和维生素 C）。在冬季绿叶菜比较少些，可以多吃豆芽和甜薯，这两种食物都含有很丰富的维生素 C。其他副食品要看经济条件而定，如果不能吃到鸡蛋和瘦肉、肝类的话，就多吃些黄豆制品，如豆腐等。

此外，在烹饪操作上也还有几点要注意的地方：

（1）维生素大多数都是有机酸，它们都是怕碱的，所以做饭、做菜都不要加碱，免得维生素受到破坏。

（2）维生素 C 和维生素 B 都是容易溶解在水里的，它们又都怕热，所以不要用热水洗菜，应该先洗后切，切好马上下锅。洗米的时候次数也不要太多，不使这些维生素损失掉。

（3）把米或其他食物放在不透气的蒸锅里蒸，不用火焰直接来煮，是一种很好的烹饪方法，蒸汽的压力不但能使食物熟得快，而且食物的营养成分也能够保存下来。

笑①

随着现代医学的发展，我们对于笑的认识，更加深刻了。

笑，是心情愉快的表现，对于健康是有益的。笑，是一种复杂的神经反射作用，当外界的一种笑料变成信号，通过感官传入大脑皮层，大脑皮层接到信号，就会立刻指挥肌肉或一部分肌肉动作起来。

小则嫣然一笑、笑容可掬，这不过是一种轻微的肌肉动作。一般的微笑，就是这样。

大则是爽朗的笑、放声的笑，不仅脸部肌肉动作，就是发声器官也动作起来。捧腹大笑，手舞足蹈，甚至全身肌肉、骨骼都动员起来了。

笑在胸腔，能扩张胸肌，肺部加强了运动，使人呼吸正常。

笑在肚子里，腹肌收缩了而又张开，及时产生胃液，帮助消化，增进食欲，促进人体的新陈代谢。

笑在心脏，血管的肌肉加强了运动，使血液循环加强，淋巴循环加快，使人面色红润，神采奕奕。

笑在全身，全身肌肉都动作起来。兴奋之余，使人睡眠充足，精神饱满。

笑，也是一种运动，不断地变化发展。笑的声音有大有小；有远有近；有高有低；有粗有细；有速有慢；有真有假；有聪明的，有笨

① 本篇写作时间为 1981 年 4 月。

拙；有柔和的，有粗暴的；有爽朗的，有娇嫩的；有现实的，有浪漫的；有冷笑，有热情的笑，如此等等，不一而足，这是笑的辩证法。

笑有笑的哲学。

笑的本质，是精神愉快。

笑的现象，是让笑容、笑声伴随着你的生活。

笑的形式，多种多样，千姿百态，无时不有，无处不有。

笑的内容，丰富多彩，包括人的一生。

笑话、笑料的题材，比比皆是，可以汇编成专集。

笑有笑的医学。笑能治病。神经衰弱的人，要多笑。

笑可以消除肌肉过分紧张的状况，防止疼痛。

笑也有一个限度，适可而止，有高血压和患有心肌梗死毛病的病人，不宜大笑。

笑有笑的心理学。各行各业的人，对于笑都有他们自己的看法，都有他们的心理特点。售货员对顾客一笑，这笑是有礼貌的笑，使顾客感到温暖。

笑有笑的政治学。做政治思想工作的人，非有笑容不可，不能板着面孔。

笑有笑的教育学。孔子说："学而时习之，不亦乐乎！"这是孔子勉励他的门生们要勤奋学习。读书是一件快乐的事，我们在学校里，常常听到读书声，夹着笑声。

笑有笑的艺术。演员的笑，笑得那样惬意，那样开心，所以人们在看喜剧、滑稽戏和马戏等表演时，剧场里总是笑声满座。笑有笑的文学，相声就是笑的文学。

笑有笑的诗歌。在春节期间，《人民日报》发表了有笑的诗。其内容是："当你撕下 1981 年的第一张日历，你笑了，笑了，笑得这样甜蜜，是坚信：青春的树越长越葱茏？是祝愿：生命的花愈开愈艳丽？呵！在祖国新年建设的宏图中，你的笑一定是浓浓的春色一笔……”

笑，你是嘴边一朵花，在颈上花苑里开放。

你是脸上一朵云，在眉宇双目间飞翔。

你是美的姐妹，艺术家的娇儿。

你是爱的伴侣，生活有了爱情，你笑得更甜。

笑，你是治病的良方，健康的朋友。

你是一种动力，推动工作与生产前进。

笑是一种个人的创造，也是一种集体生活感情融洽的表现。

笑是一件大好事，笑是建设社会主义精神文明的一个方面。

让全人类都有笑意、笑容和笑声，把悲惨的世界变成欢乐的海洋。

人与自然

清水和浊水[①]

去年夏天各省抗旱，今年夏天江河泛滥，农民叫苦连天，水的问题够严重的了。

伍秩庸[②]先生论饮水说：

“人身自呼吸空气而外，第一要紧是饮水。饮比食更为重要，有了水饮，虽整天的饿，也可以苟延生命。人体里面，水占七成。不但血液是水，脑浆78%也都是水，骨里面也有水。人身所出的水也很多，口涎、便溺、汗、鼻涕、眼泪等都是。皮肤毛管，时时出气，气就是水。用脑的时候，脑气运动，也是出水。统计人身所出的水，每天75两[③]。若不饮水，腹中的食物渣滓填积，多则成毒。果能时时饮水，可以澄清肠脏腑的积污，可以调匀血液使之流通畅达，一无疾病。”这一篇话，自然是根据生理学而谈。于此可见，水的问题对于人生更密切了。

然而，一杯水可以活人，一杯水也可以杀人。水可以解毒，也可以致病。因为，水可以分为清水和浊水两种，清水不易多得，浊水不可不预防。

---

① 本篇写作时间为1935年8月。

② 伍廷芳（1842—1922），字文爵，号秩庸。清末民初杰出的外交家、法学家。1874年自费留学英国，入伦敦学院攻读法学，获博士学位及大律师资格，成为中国近代第一位法学博士，后回国在香港任律师，成为香港地区立法部门第一位华人议员。

③ 两，质量单位，旧制1斤（500克）为16两，75两约等于2.34千克。

18世纪中，英国大化学家卡文迪许[1]在试验氢与氧的合并时，得到了纯净的水。后来法国大化学家拉瓦锡[2]证实了这个实验，于是我们知道水是氢和氧的化合物。这种用化学法来综合而成的水，当然是极纯净极清洁的了。然而这种水实在不可多得，只好用它作清水的标准罢了。

一切自然界的水，多少总含有一些外物。外物愈多则水愈浊，外物愈少则水愈清。这些外物里面，不但有矿物，如普通盐、镁、钙、铁等的化合物之类还有有机物。有机物里面，不但有腐烂的动植物，还有活的微生物。微生物里面，不但有普通的水族细菌，如光菌、色菌之类，还有那些专门害人的病菌，如霍乱弧菌、伤寒杆菌、痢疾杆菌之类。

自然界的水的来源，可分为地面和地心两种。地面的水有雨水、雪水、雹、冰、浅井、山泽、江河、湖沼、海洋等。地心的水就是深井的泉水。

雨水应当是很干净的。然而当雨水下降的时候，空气中的灰尘愈多，所带下来的细菌也愈多。据巴黎门特苏里气象台的报告，巴黎市中的空气，每立方米含有6040个细菌，巴黎市中的雨水，每升含有19 000个细菌。在野外空旷之地，每升的雨水，不过有一二十个细菌[3]。

雪水比雨水浊，这大约是因为雪块比雨点大，所冲下的灰尘和细菌也较多吧。然而，巴斯德曾爬上阿尔卑斯山的最高峰去寻细菌，那儿的空气极清，终年积雪，雪里面几乎是完全无菌的了。

雹比雨更浊。1901年的7月，意大利柏杜亚地方下了一阵大雹，

---

① 又译作卡文迪什（1731—1810），英国物理学家和化学家。

② 安托万-洛朗·德·拉瓦锡（1743—1794），著名化学家、生物学家。他使化学从定性转为定量，给出了氧与氢的命名，预测了硅的存在，提出了“元素”的定义。

③ 一般野外环境，每升雨水的细菌含量约为几十万到几百万个。

据检查，每升雹水至少有 140 000 个细菌。这或是因为那时空气动荡得很厉害，地上的灰尘吹到云霄里去，雹是在那里结成的，所以又把灰尘包在一起，带回地上了。

冰的清浊，要看是哪一种水结成的。除了冰山冰河而外，冰都是不大干净的啊，因为在冰点的低温度下，大多数的细菌都能保守它们的生命啊。

浅井的水，假如井保护得法，或上设抽水机，细菌还不至于太多。若井口没有盖，一任灰尘飞入，那就很污浊了。

山涧的水，不使粪污流入，较为清净，所含的微生物，多是土壤细菌，于人无害，但经一阵大雨之后，细菌的数目立刻增加了好几倍。

江河的水最是污浊，那里面不但有很多水族细菌和土壤细菌，而且还有很多的粪污细菌，这些粪污细菌都有传染疾病的危险呀。粪污何以曾流入江河里面呢？这都是因为无卫生管理，无卫生教育，于是一班无训练的民众都认了江河是公开的垃圾桶，在这一个大错之下，不知枉送了多少生命呀。

湖沼的水比江河为净。水一到了湖就不流了，因为不流，那儿无数的细菌都自生自灭，所以我们说湖水有自动洗净的能力，而以湖心的水比傍岸的水尤为清净少菌。

海水比淡水为净，离陆地愈远愈净。1892 年，英国细菌学家罗素在那不勒斯海湾测验的结果，在近岸的海水中，每立方厘米有 7 万个细菌，离岸 4000 米以外，每立方厘米的海水，只有 57 个细菌了。在大海之中，细菌的分布很平均，海底和海面的细菌几乎是一样的多。

由地心涌出的泉水和人工所开掘的深井的水是自然界最清净的水。据文斯洛的报告，波士顿的 15 个自流井，平均每立方厘米只有

18个细菌。水清则轻，水浊则重。清高宗[①]曾品过通国之水，以质之轻重，分水之上下，乃定北平海淀镇西之玉泉为第一。玉泉的水有没有细菌，我们没有试验过，就是有，一定也是很少很少的了。

水的清浊有点像人，纯洁的水是化学的理想，纯洁的人是伦理学的理想，不见世面，其心犹清，一旦为社会灰尘所熏染，则难免污浊了。

清水固然可爱，然而有时偶尔含有病菌，外面看去清澈无比，里面却包藏祸心。这样的水是假清水，这样的人是假君子，其害人也而人不知，反不如真浊水真小人之易显而人知预防。而且浊水，去其细菌，留其矿质，所谓硬性的水，饮了，反有补于人身哩。

化学工作上，常常需要没有外物的清水。于是就有蒸馏水的发明，一方将浊水煮开，任其蒸发，一方复将蒸气收留而凝结成清水。这种改造的水比较的是很清净无外物的了。

医学上用水，不许有一粒细菌芽孢的存在，于是就有无菌水的发明。这无菌水就是将装好的蒸馏水放在杀菌器里消灭，将水内的细菌一概杀灭。这样人工双重改做过的水，是我们今日所有最纯净的清水了。

浊水还可以改造为清水，人呢?

---

① 即清乾隆帝。

地球的繁荣与土壤的劳动者[①]

吾乡福州，环山抱海，在人迹未到之前，原是闽江北岸鼓山脚下一片荒地，几块乱石而已。后来，由苗民部落，而田舍、小村、小镇，而县城，而府治，而今日福建的省会，其间也曾做过好几年帝王的宫城。至今城内犹留下三座秀丽的小山于山、乌石山及屏山，是当初的三块大石头，当苗民初来时，荆棘野草满目，不堪行人。后经他们一步一步地踏成羊肠小径，渐渐化为泥路。汉族移民到此，把它砌成石子路，又改造为石板路。吾家在于山之麓，我幼时，到明伦小学去读书，天天从家里出来，要转好几个弯，这些石板路，是走得极其纯熟的了。谁知 15 年之后，回到故乡，已街道改观，不识旧人，三坊七巷之间，都是宽大平坦的马路了。

由羊肠小径变成平坦大道，由荒野乱石变成热闹的都市，这个浩大的工程，谁的功，谁的力，谁的汗滴成的呢？

埃及的金字塔，中国的万里长城，欧洲各处的大教堂、皇宫，纽约的摩天大厦，地球上一切伟大的建筑物，君王只需一道命令，阔佬只需一张支票，工程师不过绞了一点脑汁，谁在那里天天流汗、呼喊、挣扎而造成的呢？这些建筑物，千古长存，任人凭吊，而流汗的大众却早已被后人所遗忘了。

太阳是群星的一颗，地球又是太阳的一粒碎片，福州只是地球上

---

① 本篇写作时间为 1935 年 10 月。

的一抔黄土、几根青苔而已。那些大的建筑物，在地图上，却不过是一点一圈一横一直罢了。

地球是我们人类的家乡。地球的年龄，据地质学家的估计，大约是46亿年。当它初从太阳怀里落下来的时候，是一团火焰，熔化着各种元素。后来慢慢地冷下来了，凝结成了一块橘子形的大石头，直径不及8000英里[①]，地心犹是火焰，地面热腾腾的蒸气。后来地面起了皱纹了，凹凸不平，凹处蒸气冷了，变成海洋，凸处成为高山。高山的岩石，被风霜冰雹打成碎片散沙，为大雨所冲洗而下，随江河的急流而入于海。这些散沙，在海底浸润了几千万年之久[②]，变成烂泥。等到了环境和气候都适合于生物生存的时候，于是小小的生物，如阿米巴、海藻之类，斯斯文文、不慌不忙地，从烂泥中，一个个跳出来，和太阳行见面礼。这时候的地球是阿米巴和海藻的世界了。

又过了几千万年之后，三叶虫[③]出世，夺了阿米巴的宝座，自称为大海霸王。

再过了几千万年，大鱼小鱼[④]都出世了，还有一跳一跳的癞蛤蟆也跟着后面来了[⑤]。有一天癞蛤蟆露出头来在水面观光，发现了陆地，大喜，哇的一声，一跃而上，觉得这里倒很清净。从那天起，时时带它的老婆儿女，出没于水陆之间，号称两栖。这时候陆地上也有了一层烂泥了。

由于蛤蟆的领导，大海里的动物，都要爬到陆地上去觅食，但是

---

① 1英里≈1.609千米。

② 本页中所说“几千万年”不准确，地球上生物的演化以“数亿年”计。

③ 已灭绝的一类节肢动物，身体纵向、横向都三分，故名三叶虫。目前已知最早的三叶虫生活在大约5.21亿年前的寒武纪。

④ 目前已知最早的鱼是昆明鱼和海口鱼，生活在大约5.18亿年前的寒武纪。

⑤ 四足动物登陆大约出现在3.6亿年前的晚泥盆世。

它们水里游泳已惯，一旦爬上岸，只得步履蹒跚而行，后来觉得陆地上有趣，都不肯回到水中，于是就有爬虫类的出现。这些洪荒时代的爬虫，都是奇形怪状，庞大无比。它们无时不在追捕弱小的动物，以充饥肠。弱小的动物，被它们迫得无处逃生，经过几百万年的奋斗，果然有一天，前身两臂渐渐化成翅膀，奋力一伸，飞上天空，于是天空就有了飞鸟了①。

地面上的气候，一天比一天冷了。赤身光体的爬虫，抵不住寒风的侵袭，为应付新环境，自然界就产生了哺乳类动物。哺乳类全身都有很厚很长的毛，可以御寒。它们又感到卵生之不便，把孵育的工作收回子宫里面，等到胎儿的雏形完成之后，才离开了母体。胎儿既生之后，又把它放在安全的地方，喂以母乳，教之觅食，直到长成能自往觅食为止。这时候陆地上已有了森林②。

哺乳类动物以猿猴为最聪明，它利用了两手攀登树木，剖吃果实，渐渐有了起立步行之势。

大脑渐渐地发达了，有了记忆力，就发生了情感作用；有了想象力，就发生了理智作用。合情感与理智，便有了创作发明的力量，于是原始人竟和猴子有些不同了。他看见地上有许多石子和火石，就拣几个起来，制成种种石器，或粗或细，可以猎食，可以防身。由原始人到现在，据说已有 50 万年的光阴了。至少，在第四次冰河退走之后，第一个和现代人一样身材容貌之真人出现的时候，距今也有 25 000 年了。

石器时代过去了。人类分支繁殖起来，征服了动植物，居然做了地球上唯我独尊的主人翁了。由狩猎的生活而进为渔牧的生活，而进

---

① 鸟类起源于大约 1.5 亿年前的晚侏罗世，通常认为鸟类起源于兽脚类恐龙的某一支系。

② 森林大约形成于 3.85 亿年前的中泥盆世，远早于哺乳动物。

为耕种的生活，而进为工厂机械商人大腹贾[①]的生活了。由野人一变而为酋长，由酋长一变而为国王皇帝，由国王皇帝一变而为资本家，资本家一亡，便为劳动者的世界了。由于怕鬼怕天怕黑暗而入于神学的思想，神学不足信，乃代以玄学，玄学不足信，乃代以科学发达起来。于是，火车、汽车、轮船、飞机、无线电、一百二十层摩天楼、电梯，一上一下，飞来飞去，时东时西，忙个不了，流线型的生活，穷极物质之奢，把地球的面皮抓得怪痒难受的。设使原始人复活起来，走到南京路上，一定目瞪口呆，东张西望，不知怎样是好，手里所存的一块石头子也忘其所用了。现代人果然厉害！

然而，追本还原，生物的原始，是从烂泥中出来的；地面上一切生物的繁荣，也都靠着烂泥里面食料的供给，源源不绝。人类一切的进步、科学一切的发明，也都要归功于烂泥。烂泥是一切生命创作的源泉啊。

烂泥就是土壤。土壤的结构，是矿物的粉粒与有机物的碎片相拌，再和以水或空气。有机物是由于动植物的尸身分解而来。动植物的死亡相继不已，则有机物的供给无穷。然而矿物的粉粒有时不足，徒有有机物而无矿物，则是垃圾堆，不是土壤；徒有矿物而无有机物，则是沙滩，也不是土壤。

所以，要使土壤里面的食料不至于完尽，以维持地球的生活，一定要时时补充，时时变换。这变换和补充的职务，谁能担任呢？谁是土壤的劳动者呢？

是蚂蚁吗？是蚯蚓吗？

蚂蚁、蚯蚓，在土壤里，钻来钻去，忙的是自己的吃饭和居住的

① 旧时称富商，含讥讽意。

问题。不过它们奔走的结果，确有松解土壤之功，使空气得以流通，然而对于变换和补充土壤的工作，它们是丝毫没有能力的啊。

是人类的锄头么？是农人所施种的肥料么？

锄头也不过是松解土壤，肥料只是增加土壤里有机物的容量而已。

土壤的劳动者，就是我们肉眼看不见的小宝宝，叫作细菌啊。土壤细菌的生生世世，唯一的工作、唯一的使命，就是变换土壤的性质，补充土壤的原料。这等工作，除了土壤细菌而外，断非其他生物所能胜任。

大多数的土壤细菌，都盘踞在离地面 0~20 厘米深的土壤里面。入土愈深则细菌愈少，在含湿气多的土壤，50 厘米以下，就几乎完全没有细菌了。在经人灌溉过的轻松的土壤里面，到了 300 厘米深，还有细菌。每克的土壤，含有 300 万至 2 亿个细菌。有这样多的细菌在那里工作，无怪乎土壤常常都是又肥又新鲜。

自阿米巴以至于人类，自青苔绿藻以至于大树上的残花枯叶，地球上一切的生物，不死则已，死了都要归入土中。细菌见了，就围着吃，慢慢地把它们身上的复杂的蛋白质，或纤维素，一点一点地都分解下来。有的变成碳酸气[①]，送入空气中。有的变成氨水，又氧化成为硝酸盐，这硝酸盐就是植物的最重要的一种食料，植物的根可以向土中自由吸收。硝酸盐是土壤的宝藏，它的供给所以能源源而来，就是靠着土壤细菌，昼夜不息地工作哩。土壤细菌实是地球上最重要的劳动者，土壤的变换与补充，实是地球上最浩大的工程。

---

① 即二氧化碳。

灰尘的旅行[①]

灰尘是地球上永不疲倦的旅行者，它随着空气的动荡而漂流。

我们周围的空气，从室内到室外，从城市到郊野，从平地到高山，从沙漠到海洋，几乎处处都有它的行踪。真正没有灰尘的空间，只有在实验室里才能制造出来。

在晴朗的天空下，灰尘是看不见的，只有在太阳的光线从百叶窗的隙缝里射进黑暗的房间的时候，才可以清楚地看到无数的灰尘在空中飘舞。大的灰尘肉眼固然可以看得见，小的灰尘比细菌还小，就是用显微镜也观察不到。

根据科学家测验的结果，在干燥的日子里，城市街道上的空气，每一立方厘米大约有 10 万粒以上的灰尘；在海洋上空的空气里，每一立方厘米大约有 1000 多粒灰尘；在旷野和高山的空气里，每一立方厘米只有几十粒灰尘；在住宅区的空气里，灰尘要多得多。

这样多的灰尘在空中游荡着，对于气象的变化产生了不少的影响。原来灰尘还是制造云雾和雨点的小工程师，它们会帮助空气中的水分凝结成云雾和雨点，没有它们，就没有白云在天空遨游，也没有大雨和小雨了。没有它们，在夏天，强烈的日光将直接照射在大地上，使气温不能降低。这是灰尘在自然界的功用。

在宁静的空气里，灰尘开始以不同的速度下落，这样，过了许多

---

① 本篇写作时间为 1956 年 10 月。

日子，就在屋顶上、门窗上、书架上、桌面上和地板上铺上了一层灰尘。这些灰尘，又会因空气的动荡而上升，风把它们吹送到遥远的地方去。

1883年，在印度尼西亚的一个岛上，有一座叫作克拉卡托①的火山爆发了。在喷发的时候，岛的大部分被炸掉了，最细的火山灰尘上升到八万米——比珠穆朗玛峰还高八倍多的高空，周游了全世界，而且还停留在高空一年多。这是灰尘最高最远的一次旅行了。

如果我们追问一下，灰尘都是从什么地方来的？到底是些什么东西呢？我们可以得到下面一系列的答案：有的是来自山地的岩石的碎屑，有的是来自田野的干燥土末，有的是来自海面的由浪花蒸发后生成的食盐粉末，有的是来自上面所说的火山灰，还有的是来自星际空间的宇宙尘。这些都是天然的灰尘。

还有人工的灰尘，主要是来自烟囱的烟尘，此外还有水泥厂、冶金厂、化学工厂、陶瓷厂、锯木厂、纺织工厂、呢绒工厂、面粉工厂等，这些工厂都是灰尘的制造所。

除了这些无机的灰尘而外，还有有机的灰尘。有机的灰尘来自生物的家乡。有的来自植物之家，如花粉、棉絮、柳絮、种子。有的来自动物之家，如皮屑、毛发、鸟羽、蝉翼、虫卵、蛹壳等，还有人畜的粪便。还有各种细菌和病毒。

有许多种灰尘对于人类的生活是有危害性的。自从有机物参加到灰尘的队伍以来，这种危害性就更加严重了。

灰尘的旅行，对于人类的生活有什么危害性呢？

它们不但把我们的空气弄脏，还会弄脏我们的房屋、墙壁、家

---

① 现译为喀啦喀托火山。

具、衣服以及手上和脸上的皮肤。它们落到车床内部，会使机器的光滑部分磨坏；它们停留在汽缸里面，会使内燃机的活塞发生阻碍；它们还会毁坏我们的工业成品，把它们变成废品。这些还是小事。灰尘里面还夹杂着病菌和病毒，它们是我们健康的最危险的敌人。

灰尘是呼吸道的破坏者，它们会使鼻孔不通、气管发炎、肺部受伤，而引起伤风、流行性感冒、肺炎等传染病。如果在灰尘里边混进了结核菌，那就更危险了，所以必须禁止随地吐痰。此外，金属特别是铅的灰尘，会使人中毒；石灰和水泥的灰尘，会损害我们的肺，又会腐蚀我们的皮肤；花粉的灰尘会使人发生哮喘病。在这些情况之下，为了抵抗灰尘的进攻，我们必须戴上面具或口罩。最后，灰尘还会引起爆炸，这是严重的事故，必须加以防止。

因此，灰尘必须受人类的监督，不能让它们乱飞乱窜。

我们要把马路铺上柏油，让喷水汽车喷洒街道，把城市和工业区变成花园，让每一个工厂都有通风设备和吸尘设备，让一切生产过程和工人都受到严格的保护。

近年来，科学家已发明了用高压电流来捕捉灰尘的办法。人类正在努力控制灰尘的旅行，使它们不再成为人类的祸害，而为人类的利益服务。

土壤世界[①]

土坡——绿色植物的工厂

水稻产量已大大地增加了，这是前人所梦想不到的事。如果举行一次庆功大会的话，土壤应该受到特别的表扬。

但是，在一般人的心目中，土壤却没有受到应有的重视。有些人认为，土壤就是肮脏的泥土，它是死气沉沉的东西，静伏在我们的脚下不动，并且和一切腐败的物质同流合污。

这种轻视土壤的思想，是和轻视劳动的态度连在一起的。这是对土壤极大的诬蔑。

在我们劳动人民的眼光里，土壤是庄稼最好的朋友。要使庄稼长得好，要多打粮食，就得在土壤身上多下点功夫。

要知道，土壤和阳光、空气、水一样，都是生命的源泉。“万物土中生”，这是我国一句老话。苏联作家伊林也曾把土壤叫作“奇异的仓库”。

不错，土壤的确是生产的能手，它对于人类生活的贡献非常大。我们的衣、食、住、行和其他生活资料都靠它供应，它给我们生产粮食、棉花、蔬菜、水果、饲料、木材和工业原料。

老实说，没有土壤我们就不能生存。

---

① 本篇写作时间为 1959 年 3 月。

因此，我们要很好地去认识土壤，了解它，爱护它。

土壤是制造绿色植物的工厂，它对于植物的生活负有大部分的责任，它是植物水分和养料的供应者。

纯粹的土——没有水分和养料的泥土，不能叫作土壤。土壤这个概念，是和它的肥力分不开的。

肥力就是生长植物的能力，就是水分和养料。这些水分和养料，被植物的根系吸取，通过叶绿素的光合作用，在阳光照耀之下，它们会同空气中的二氧化碳，变成植物的有机质。

能生长植物的泥土，就叫作土壤。这是苏联伟大的土壤学家威廉斯给土壤所下的科学定义。他说："当我们谈到土壤时，应该把它理解为地球上陆地的松软表面地层，能够生长植物的表层。"

肥沃性是土壤的特点，它随着环境条件的改变经常不断地发生着变化。

有的土壤肥沃，有的土壤贫瘠。

肥沃的土壤是丰收的保证；贫瘠的土壤给我们带来不幸的歉年。

土壤一旦失去肥力，不能生长植物，就变成毫无价值的泥土而不再是土壤了。

土壤是大实验室、大工厂、大战场。在这儿，经常不断地进行着物理、化学和生物学的变化；在这儿，昼夜不息地进行着破坏和建设两大工程；在这儿，也进行着生和死的搏斗、生物和非生物的大混战，气氛非常热烈而紧张。

在参加作战的行列中，有矿物部队，如各种无机盐；有植物部队，如枯草、落叶和各种植物的根；有动物部队，如蚂蚁、蚯蚓和各种昆虫以及腐烂的尸体；有微生物部队，如原虫、藻类、真菌、放线菌和鼎鼎大名的细菌等。此外，还有水的部队和空气部队。所以，有人说："土壤是死自然和活自然的统一体。"这句话真不错。

自从人类进入这个大战场之后，人就变成决定土壤命运的主人。

人类向土壤进行一系列的有计划的战斗，例如耕作、灌溉、施肥和合理轮作等。于是，土壤开始为农业生产服务，不能不听人的指挥，服从人的意志了。这样，土壤就变成了人类劳动的产物，为人类造福。

土壤是怎样形成的？

大约几万万年以前，当地球还是非常年轻的时候，地面上净是高山和岩石，既没有平地，也没有泥土。大地上是一片寂寞荒凉的景象，毫无生命的气息。

白天，烈日当空，石头被晒得又热又烫；晚上，受着寒气的袭击，骤然变冷。夏天和冬天相差得更厉害。几千万年过去了，这一热一冷，一胀一缩，终于使石头产生了裂缝。

有的时候，阴云密布、大雨滂沱，雨水冲进了石头裂缝里面，有一部分石头就被溶解。

到了寒冷的季节，水凝结成冰，冰的体积比水的体积大，更容易把石头胀破。

狂风吹起来了，像疯子一样，吹得飞沙走石，连大石头都摇动了。

还有冰川的作用，也给石头施上很大的压力，使它们破碎。

就是这样，风吹、雨打、太阳晒和冰川的作用，几千万年过去了，石头从山上滚落下来，大石块变成小石块，小石块变成石子，石子变成沙子，沙子变成泥土。

这些沙子和泥土，被大水冲刷下来，慢慢地沉积在山谷里，日子久了，山谷就变成平地。从此，漫山遍野都是泥土。这是风化过程。

但是呀！泥土还不是土壤，泥土只是制作土壤的原料。要泥土变成土壤，还得经过生物界的劳动。

首先，是微生物的劳动。

微生物是第一批土壤的劳动者。在生命开始那一天，它们就参加建设土壤的工作了。微生物是极小极小的生物，它们的代表是原虫、真菌、放线菌和鼎鼎大名的细菌。

这些微生物繁殖力非常强，只要有一点点水分和养料，就会迅速地繁殖起来。它们对于养料的要求并不高，有的时候有点硫黄或铁粉就可以充饥；有的时候能吸取到空气中的氮也可以养活自己，于是泥土里就有了氮的化合物的成分。同时，泥土也变得疏松了些。这是泥土变成土壤的第一步。

但是，微生物的身子很小，它们的能力究竟有限，不能改变泥土的整个面貌，只能为比它们大一点的生物铺平生活的道路。经过若干年以后，另外一种比较高级的生物——像地衣之类的东西——就在泥土里出现了。它们的生活条件稍微高一点，它们死后，泥土里的有机质和腐殖质的成分又多了一些，泥土也变得更肥沃一些。

随着生物的进化，苔藓类和羊齿类的植物相继出现了。

每一次更高一级的生物的出现，都给泥土带来了新的有机质和腐殖质的内容。

这样，慢慢地、一步一步地，泥土就变成了土壤。

如果没有生物界的劳动，泥土变成土壤，是不能想象的。

不过，在不同的地方，不同的泥土、不同的气候、不同的地形和不同的生物，都会影响土壤的性质。

对于植物的生活来说，随着自然的发展，有时候土壤会变得更加肥沃；有时候土壤也会变得贫瘠。

农民带着锄头和犁耙来同土壤打交道，要它们生产什么，就生产什么；要它们生产多少，就生产多少。在人的管理下，土壤不断地向前革命。

在我们社会主义国家里，土壤的情绪是非常饱满而乐观的，它们都以忘我的劳动为农业生产服务。

什么决定土壤的性质?

土壤的种类繁多，名称不一，有什么黑钙土、栗钙土、红壤、黄壤之类奇异的名称。这些不同名称的土壤，各有不同的性质，有的非常肥沃，有的十分贫瘠。

决定土壤性质的有五种因素，这些就是：母质、气候、地形、生物和土壤年龄。

首先谈谈母质。

母质又叫作生土，它们是土壤的父母、岩石的儿女。土壤都是由母质变来的，母质又都是从岩石变来的。

地球上岩石的种类也很多：有白色的石英岩，有灰色的石灰岩，有斑斑点点的花岗岩，有一片一片的云母岩，等等。这些不同的岩石，是由不同的矿物组成的。不同的矿物具有不同的性质，有的容易分解和溶解，有的比较难，它们的化学成分也不相同。

母质既然是岩石的儿女，它们的化学成分既受岩石的影响，又转过来影响土壤质量的好坏。例如，母质所含的碳酸盐越多，土壤也就越肥沃；相反，如果碳酸盐缺少，土壤就变得贫瘠。

母质——土壤的父母，它们的密度、多孔性和导热性也影响土壤的性质。如果母质是疏松多孔又容易导热，就能使土壤里有充分的空气和水分，那么土壤的肥沃性就有了保证。

其次谈气候。

不同的地区，有不同的气候。风、湿度、蒸发的作用、温度和雨量，都是气候的要素，它们都会影响土壤的性质。其中以温度和雨量的作用更为显著。温度越高，土壤里的物理、化学和生物学的变化就进行得越快；温度越低就进行得越慢。雨量越多，土壤里淋洗的作用就越强，很多的无机盐和腐殖质就会被带走；雨量越少，土壤就会变得越干燥，淋洗作用也减弱。

再次谈地形。

地形的不同，对于土壤的性质也有很大影响。这是由于气候和地形的关系很密切，往往由于一山之隔，山前山后、山上山下的气候都不相同。一般说来，地势越高，气候越冷；地势越低，气候越热；背阴的地方冷，向阳的地方热。如果是斜坡，土壤容易滑下来，土层就不厚；如果是洼地，土粒就很容易聚集起来，土层就堆得厚。地势越高，地下水越深；地势越低，地下水离地面越近。

所以，由于地形的不同，影响了土壤的性质，使有些地方植物生长得很好，有些地方植物生长得不好。

复次谈生物。

生物界对于土壤的影响是很大的，它们的行列中有植物、动物和微生物。

植物是土壤养料的蓄积者，它们的遗体留在土中，可以增加土壤有机质和腐殖质的成分，以供微生物活动的需要。植物的根还会分泌带有酸性的化合物，可以使土壤中难于分解的矿物质得到分解。

由于植物的覆盖可以改变气候，就会使土壤的性质发生变化。例如，森林能缓和风力，积蓄雨水和雪水，润湿空气，减少土壤的蒸发。

动物中如蚯蚓、蚂蚁和各种昆虫的幼虫，也都是土壤的建设者，它们在土壤里窜来窜去，经过它们的活动，就会使土粒松软。

微生物对于土壤的性质影响更大。微生物的代表有原虫、真菌、放线菌和细菌，它们一面破坏复杂的有机物，一面建设简单的无机盐，促进了土壤的变化，使植物能得到更多的养料。它们之中，以细菌最为活跃。细菌不但是空气中氮素的固定者，它们还经常和豆科植物合作，把更多的氮素固定起来，使土壤肥沃，就是它们死后的残体也变成了植物的养料。

最后谈土壤年龄。

土壤的年龄有大有小。土壤从它的发生到现在，一直都在变化和发展。它由一种土壤变成另一种不同的土壤，因而土壤的年龄和它的性质是有关系的。土壤越老，它的内容越复杂。

以上五种因素，对于土壤的性质都有影响。但是，它们都可以由人类来控制。人类向大自然进军的目的，就是要改变土壤的性质，用人的劳动来控制土壤发展的方向，使它能更好地为农业生产服务。

把死土变成活土

——从深翻地谈到土壤的改造

用农民的话来说，深翻可以使死土变成活土。这就是说，使没有肥力的泥土，变成有肥力的土壤；使没有生产价值的死土，变成能生产作物的活土。

分层施肥可以保证活土变成油土，使有肥力的土壤更加肥沃，从而获得高额的丰产。

深翻土地，是我国固有的一种耕作法，它能改变土壤的面貌和特性，使土壤有利于作物生长。

深翻的好处，在于它能加厚土壤的疏松层，又能使土壤里的孔隙增大，可以适当调节水分、空气和温度，这就有利于农作物根系的发育和伸展，加强抗风力，防止倒伏。

深翻虽然不能直接增加有机质和氮素，但是它能加强土壤矿物质的风化作用，把大量的磷素和钾素解放出来，使土壤里的生命活动更加活跃起来。

深翻土地，能使土壤中的水分和养料保蓄得更多更好，减少了雨水的流失；同时也减少了水分蒸发的损失。深翻又可以平整土地，消除土壤的一切有害作用，它能消灭杂草、病虫害和氧化土壤的有毒物质。

但是，有些人对于深翻问题还有顾虑。他们认为：如果每年翻耕土层，就会破坏土壤的团粒结构，降低了土壤的肥力。又有的人说：如果把下面的生土翻上来，反而要使当年庄稼减产。

分层施肥解决了这些矛盾。

分层施肥使土壤熟化，增加土壤里的有机质和腐殖质的成分，使土壤由活土更进一步变成油土。

有机质和腐殖质是有胶结性的，它们能把单粒结构的土壤变成团粒结构的土壤，这样就能大大地提高土壤的肥力。

在单粒结构的土壤里，土粒都是一个一个地紧靠在一起，它们之间的孔隙非常小，因而保水保肥的能力还很差。下雨的时候，只有30%以下的雨水能够渗到土壤里去，70%以上的雨水都从地面上流走了。一到晴天，渗下去的雨水，就沿着毛细管上升而蒸发掉。

在团粒结构的土壤里，由于有机质和腐殖质的作用，把单粒的泥土都胶结起来成为团粒。团粒和团粒之间的孔隙比单粒和单粒之间的孔隙大得多，同时团粒土壤的内部还存在着许多小孔隙。下雨的时候，雨水可以直接穿过团粒间的大孔隙，无论多大的雨水，都能渗到土壤里的深层。雨一停，大孔隙里的雨水都溜光了，随着空气就来接替它的位置。当团粒里的水分开始蒸发的时候，因为毛细管的作用被打断，下面土壤的水分蒸发就较慢。因此，团粒结构的土壤就不会旱涝成灾。

土壤的建设者和改造者——肥料

肥料是土壤的建设者和改造者，它们对于提高土壤的肥力有决定性的作用。

在物质的世界里，有许多种元素都是肥料大军的成员，这些元素就是氮、磷、钾、钙、镁、硫、铁以及铜、锌、硼、锰等，其中以氮、磷、钾三种元素最活跃，人们把它们叫作肥料的三大要素。

氮是蛋白质的基本成分，蛋白质又是细胞的组织者。如果土壤中的氮素不够，植物的茎秆就会变得矮小微弱，叶子发黄，结实减少，所以长叶子的作物如蔬菜，特别欢迎氮肥。但是，如果氮肥施得过多，对于作物的生长也会不利：作物延迟成熟，而且变得柔嫩，容易遭受病虫害，有时更会引起倒伏。

磷是细胞核所特有的一种基本元素，没有磷或缺少磷，细胞就不能繁殖，所以使用磷肥对于种子发芽和幼根生长是有积极的作用的。它能使作物提早开花结籽，使谷粒长得肥满丰硕。

钾也是植物细胞的基本元素之一。它能使作物的光合作用进行得更为顺利，使作物生长得健壮，并能增加它们抵抗病虫害的能力。土壤里如果缺少钾肥，作物的茎秆就会变得十分脆弱而容易倒伏，它们的种子也会因此失去固有的健康。作物中如甘蔗和洋芋等的茎和块根特别发达，对于钾元素就更需要。

各种肥料内氮、磷、钾的含量各有不同。例如人粪尿、豆饼、石灰氮、硫酸铵、硝酸铵等肥料，主要含有氮素，就叫作氮素肥料；骨粉、过磷酸钙等肥料，含量以磷素为主，叫作磷素肥料；草木灰、硫酸钾等肥料是以钾素为主，就叫作钾素肥料。

在肥料的大军中，有些肥料，如肥田粉之类，容易在水里溶解，因此就能很快地被植物的根所吸收。这种肥料见效快，叫作速效肥料，它们很容易受到控制，但也容易流失，所以只适合于做追肥用。

在肥料的大军中，有些肥料，特别是有机肥料，如厩肥、堆肥和绿肥，它们所含氮、磷、钾虽然比较均匀，但是不容易在水里溶解，要先经过微生物的作用才能溶解在水里，只能让它们慢慢地被作物吸收。这种肥料见效慢，叫作迟效肥料，它们不容易受到控制，也不容易流失，所以适合于做基肥用。

土壤里的一群小战士

土壤是个大战场，日日夜夜都在进行着非常激烈的生命斗争。参加作战的，除了形形色色的动物和植物外，还有庞大的微生物大军。它们的数量大得惊人，根据最新的估计，在每克的土壤里，它们的数量可以达到 1 亿到 10 亿之多，其中以细菌部队的力量最为雄厚和活跃。

一般说来，在生命活动的竞赛中，细菌部队是以数量多、繁殖快和发酵能力强获得优胜的。在自然界里，哪里有有机物和水分，哪里就有细菌存在。

土壤是细菌的根据地，每一颗湿润的土粒，都是它们的集中场所。它们的繁殖非常快，一遇到可吃的东西，就一而二，二而四，四而八……一直分裂下去，大约每隔 20 分钟就分裂一次。但是，它们繁殖的快慢，还要由环境的条件来决定。

第一，要看土壤的酸碱度。一般细菌都适应在略带碱性的土壤里居住。在这种土壤里，它们能繁殖得更快。如果土壤变成酸性，它们的活动就减弱了。

第二，要看季节，这是和温度有关的。有些细菌适应温热，有些细菌适应寒冷，但大部分的细菌都是适应在正常的气候里繁殖，所以它们的生命活动，以春秋二季最为活跃。

第三，要看湿度。在干燥的土壤里，细菌活动大受限制，湿度在50%~70%，最利于细菌的生长繁殖。

第四，要看氧气的供应情况。有些细菌需要足够的氧气才能生活，这类细菌叫作好气菌；有些细菌不需要氧气，在有氧气的环境里，反而不能生存，这类细菌叫作厌氧菌。

当细菌部队参加土壤的战斗的时候，会给农作物带来什么影响呢?

有许多种有机质或有机肥料，植物不能直接吸收，这就必须经过细菌的作用，把它们分解，使它们变成植物可以吸收的状态。例如，硝酸盐就是这样产生出来的。

有些细菌的活动，可以把空气中的氮固定起来，成为植物所需要的氮素肥料；有些细菌可以把土壤中不易溶解的无机盐类都溶解掉，帮助植物获得无机养料中的某种元素，例如磷等。

还有些细菌，由于新陈代谢的结果，能把有机质变为腐殖质，产生了一种有机酸，可以把土壤的粒子胶结起来，变成稳固的团粒，提高土壤的肥力。

植物在它们发育生长的过程中，有的时候还能吸收抗生素和维生素，这些有机物质，是由其他微生物如真菌和放线菌等所分泌出来的。

但是，也有些微生物的作战，对于植物的生存，起了破坏的作用。这些微生物，有的因为吃得过火，把土壤中的硝酸盐和硫酸盐都还原了，使植物不能利用；有的减低了根系的氧的浓度，造成了对于植物生长不利的环境；有的甚至产生了危害植物生命的毒素；更有的简直盘踞在植物上面使农作物发生了病害。

怎样使土壤微生物的生命活动朝着有利于农业增产的方向发展？这是目前正在研究的问题。这个问题，有一部分已经由细菌肥料的施用而解决了。

细菌肥料种类很多，如根瘤菌和固氮菌等都是最常用的。它们都能吸收空气中的氮，把它固定起来，变成植物的养料。细菌肥料，可以用人工的方法来培养，这是科学参加土壤的战斗以后的事。

让那些有益的菌种——土壤里的一群小战士，发挥它们最大的效用，为农业生产服务吧！

大海给我们的礼物①

大海是生物的家乡，也是地球上一切元素的归宿地。

在大海的怀抱里，生长着千奇百怪、种类繁多的海生动植物，可供人们食用；有的还可以充当肥料，叫作海肥。

在大海的浪涛里，溶化着一切可能溶解的物质，几乎大陆上的每一种元素，在海水里都能找到它的踪迹。

据估计，全世界海水的总体积是 13.7 亿立方千米。全世界的河流，每年从陆地带到海洋里去的溶解物质，就有 30 亿吨之多。无疑，大海里的宝藏是非常丰富的。

在这些溶解物质之中，连水的元素都算在内，有氧、氢、氯、钠、镁、硫、钾、溴、碳、锶、硼、氟、硅、铷、锂、氮、碘 17 种元素，占海水总重量的 99.99%以上，其中食盐、碘、溴、镁 4 种物质，是人类所特别需要从海水中提取出来的。这些就是大海送给我们的最好的礼物。

大海送给我们最好的礼物之一是食盐。

食盐是氯元素和钠元素的化合物。虽然内陆也有一些盐湖和盐井，但海水却是它最丰富的来源。人们把海水引进海滨的盐田，让太阳把水蒸发掉，食盐的结晶体就出现了。

一般说来，我们每个人的身体里面，都含有 50~60 克的钠，我们

---

① 本篇写作时间为 1959 年 3 月。

不吃食盐是不行的。此外，食盐还是制造肥皂、玻璃、漂白粉以及许多其他化学工业产品的重要原料。

大海送给我们最好的礼物之二是碘。

碘是带有金属光泽的紫黑色结晶体，很容易挥发出紫色蒸气。

地球上不论哪块地方，都含有少许的碘；在岩石里，在土壤里，在河流里，都含有碘的成分；动植物和人的身体里，含有更多的碘，而以海水里含的碘最丰富，每一升海水含碘两毫克。海生动植物，如海藻、海绵、海带之类，都含有大量的碘，每一吨海藻约含有几千克碘。

碘对人体是有救伤治病之功的。它有止血、杀菌、防止伤口感染的能力（但是，用碘过多，也会使人中毒）；它还有促进新陈代谢、防止血管硬化和治疗甲状腺肿的功效，人的身体里，如果缺少了碘，就会发生甲状腺肿的症状。

碘在工业上的用途也很广，碘的有机化合物能不让X光透射过去，把这种化合物注射到人体组织里，就可以把组织内部特别清晰地照出相来。

如果我们把一种碘盐加进赛璐璐[①]里，就会阻止光波从各方面透进。这种加了碘盐的赛璐珞片，可以制造非常优良的放大镜，完全可以代替显微镜，尤其是适合于在野外勘探的时候用。如果把加有碘盐的赛璐珞片装在汽车的玻璃窗上，你在夜间马路上行驶的时候，就不会被迎面开来的汽车的灯光迷住眼睛。

大海送给我们最好的礼物之三是溴。

溴也是一种有色的元素，它经常处在液体状态中，不断挥发出红

---

① 赛璐璐（celluloid）：是塑料行业所用的旧商标名称，也是商业上最早生产的合成塑料。

褐色的气体。在所有的海水里，都含有溴的化合物。除了海水以外，地球上的一切天然盐水如盐湖和矿泉等，蒸发干了以后，留下来的盐类残渣里，都能找到溴的化合物。溴是工业中的一名能手：在照相馆里、在汽油公司里、在药房里、在染料厂里以及在许多其他工业部门，都有它的工作。

大海送给我们最好的礼物之四是镁。

镁是一种活泼的轻金属，在自然界里，它不能单独存在，经常和其他元素化合在一起。在大海里所含有的，是它和氯的化合物，含量非常丰富。

氯化镁经过电解，就可以取得金属镁。金属镁是各种轻便而耐用的合金的重要成分。它很容易燃烧发出一种强烈的白光，照相用的镁光灯和各种信号灯以及焰火等，都是用它制造的。它的各种合金用途很广，如手推车、小儿车、打字机和照相机等的架子，都是它们的制品；至于飞机、汽车和各种机器上的零件，那就更不用说了。

地下王国漫游记[①]

地下王国的历史非常悠久，利用铀的衰变作钟表来计算，大约在20多亿年以前，当地球有了固体地壳的时候[②]，这个王国就成立了。它的领域非常深广，从地球的表层到地球的核心，就有6377千米，相当于地球的半径。它的物产非常丰饶，各种矿藏应有尽有，地球上各种金属和非金属、各种放射性元素和稀有元素、各种岩石和岩浆，还有煤和石油，都归它所保管。

过去，人们对于地下深处这个伟大国家的认识是极其模糊的。长期以来，人们对地下王国充满想象，有些人甚至以为地下深处是阴间地狱的所在，是死神和魔鬼所盘踞的地方，这就在人们的脑子里引起无限的恐怖，哪里还有胆量去做一次幻想的旅行呢！

现在，这些迷信观念都一一被打破了。为了寻找矿石和石油，以适应生产建设的需要，把人们的幻想引导到一个新的方向，这就要开发地下宝藏。于是，人们对于地球深处开始关注了。千百架钻探机和一些地震仪开始运作起来，勘探队员一批又一批被送到全世界各个角落去探宝，因此地下王国的真面目，才逐渐为人们所了解。

俄国有一个幻想着到地下王国去旅行的人——罗蒙诺索夫，在他的许多著作中都表示了这个有趣的志愿。后来，抱有这种强烈兴趣的人逐渐多了起来。现在我们不但有了钻探机，并且有了各种各样的物

① 本篇写作时间为1959年8月。

② 地球的固体地壳最早可能在大约44亿年前就形成了。

理探矿仪器，如利用磁力、电流、无线电波和地震波等来研究地下王国的情报，对于地下这个概念比先前的幻想要真实得多了。

到地下王国去旅行，都要从地球表层出发，第一站的名称叫作土壤，比起地球的半径来，这仅仅是一层薄膜。植物的根在这儿舒腰伸臂，吸取水分和养料；蚂蚁和蚯蚓在这儿钻洞造窝。这儿是生物的摇篮，也是生命的归宿地；这儿有古人的坟墓，也有地下宫殿；有城市的废墟和从废墟里所发掘出来的文物，如青铜器、陶器和石器等。所以这一站的名称，又叫作文化层。我们的钻探机就在这儿开始顽强地工作，穿过黏土和泥沙，一站又一站掘下去，不断地发现各种各样生物的残骸和遗迹。有几层地层形成得比较早，其中所含古代生物的残骸和遗迹也特别多，在这里我们仿佛看到，原始人披着兽皮，拿着石头做的武器，生活在苔原上猎取猛犸——这是一种现在已经绝种了的长着毛的古象。

一站又一站，再往下走，在岩层里我们发现一副几乎是完整无缺的头盖骨。这是一种凶恶野兽的头盖骨，这种野兽叫作剑齿虎，因为它有像利剑似的獠牙而得名。它是冰川时期最可怕的一种凶兽，它常常追捕着野马——现在家马的祖先。原始的猿猴就只好长年地居住在树上。

这是大约几百万年以前的事。我们的旅行只不过走到离地面几十米深。我们越往下走，回到历史上去的时间越古老。大约在 1.5 亿年以前，那时候连人类的影子也没有，一切哺乳类动物都还没有出现，那时候是恐龙的世纪。这些恐龙都是庞大无比[①]、奇形怪状的爬行动物，其中有一种叫作雷龙。它的身长有 20 米，体重有象的 8 倍，只

① 恐龙的体型多种多样，既有体长超过 30 米的阿根廷龙，也有体长不足 40 厘米的近鸟龙。

要把脖子抬起来，就很容易把头伸进现代三层楼房高的窗口里。

我们越往下走，经过的地层越多，这些地层会讲给我们更多更动人的故事听，地层会告诉我们地球上生命的全部历史。

黏土、泥沙和石灰石，一层又一层地交替着，再往下深入，就到了地下王国的煤专区，这是煤的根据地。人们把这个时代叫作石炭纪。

大约在 3 亿年以前，地球上的气候是那么温暖潮湿，在江河湖沼的沿岸，遍布着茂密的森林。这些森林，都是羊齿类植物，如凤尾草、木贼和石松等[①]。这些巨大的植物，死后倒身在沼地里，被沙石所掩盖，越埋越深，由于和空气隔绝，日子久了，就变成了煤。

今天，蕴藏在地下的煤，不是一个时代所形成的，但是以石炭纪所生成的最为丰富。在那个时代的森林前面，我们时常可以发现一种庞大的两栖类动物，它们住在水里，用鳃呼吸，常常爬到陆地上去观光。

过了煤的专区，再往下走，就到了石灰岩专区。这个石灰岩有几百米深，它告诉我们：从前这个地方是海，石灰岩就是大海的一种沉积物，它是由无数小贝壳、骨骼和溶解在水里的石灰质所形成的。

在这个厚厚的石灰层里，我们还可以发现三叶虫的遗迹，在全盛时代，曾被称作大海的霸王，它们在海水里游泳，横行无忌，不可一世。

那时候，陆地上还没有生命出现，一片荒凉，而在海里却非常热闹，无数的三叶虫、海百合、海星和贝壳，都生长得极其旺盛。

别了石灰层，我们向 1500 米的深处进军，那儿生存的环境越来越艰苦，生物就变得越简单、越原始了。再往下走，连生命的痕迹都

① 这时的森林主要由各种孢子植物组成，如石松类、木贼类和真蕨类，以及一些种子蕨类和早期的裸子植物。

找不到了。我们碰到了极其坚硬的结晶底层，碰到了花岗岩。这是一种结晶的岩层，它是由一种熔化的岩浆逐渐冷却而形成的。

从花岗岩专区再往下去，就是玄武岩专区，这是最重的岩层，它的岩浆曾经多次从地球裂缝和火山口突破花岗岩的外壳，喷射到地球表面上来和人类见面。

在玄武岩专区下面，大约70千米的深处，有一层中间壳膜，这层壳膜的岩石的出现，曾引起全世界地质学家的极大注意。因为这种岩层，就是金刚石、白金及其他稀有金属的蕴藏地带。这是地下王国最贵重的宝库。

地下王国的旅行，在这里告一段落。因为在这里光靠钻探机是不能完成勘探任务的，要了解地下更深的情况，还得另想办法。

有一种非常灵敏的仪器，叫作地震仪，这是地下旅行者更锐利的武器。通过它，不但可以察觉短距离的震波，而且也可以察觉环绕全地球的震波，察觉从地球核心反射回来的震波。

这种震波，就是地下深处最重要的见证人，它告诉我们：地下旅行深到1200千米，情况就急剧改变，这里已经不是固体的地层，而是熔化的岩浆；深到2900千米，地层密度的改变就更加急剧。我们已开始进入地球的中心核了，这是由铁和镍组成的核，同时还含有钴、磷、碳、铬、硫等杂质。

地下王国的气候，据地下旅行者看来，是逐渐由冷变热的。我们越往下走，就觉得温度越高，大约每往下100米，就升高3℃；一到了地球中心，温度可达3000℃到5000℃。同时越往下走，压力也越大，到了2900千米的深处，压力要增加到1300个大气压。在这么大的压力下面，什么原子都要缩得紧紧的，所有的电子，也都要靠拢起来了。

我们在黑暗中旅行了许多千米的路程。我们参观了元素的旅馆、金属的集体宿舍、化石的陈列所、矿石的故乡、岩石的老家、煤和石油的根据地。我们走过发烫地喷着热气的矿井，走过发亮的岩层，这些岩层，最初发出的光是很微弱的，越往下走，就越明亮起来，由暗红、猩红、鲜红、橙黄色到耀眼的白色。到了地球的中心，那光亮就更刺眼了。

我们旅行的终点，是地球的最中心，这是地下王国的首都，在这里一切都是高热滚烫、光芒迫人的；这里已经达到 3500 万个大气压。

地下王国，并不是如人们最初所想象的那样死气沉沉、静止不动的，它的生活是非常复杂而多样化的，这里物质的斗争是非常剧烈的，至少靠近地面 100 千米厚的地区是这样。这是化学活动的地带，是大自然进行化学反应的地带，这里有许多猛烈的事件发生，如温度和压力的波动、山脉的升降、冰川的进退、地震、火山的爆发，有的地方受到严重的破坏，有的地方却在欢庆新生。深层的岩浆、滚热的泉水和矿脉都在冷却，许多种放射性元素都在衰变。这里有生命和死亡的搏斗；有化学分子的悲欢离合。这里永远是新的作用和新的变化的发源地。

这就是地下王国的情景。

生命的奥秘

色——谈色盲

有些泥古守旧的人，对于色，只认得红，其余的都模糊不清了，以为红是大喜大吉，红会升官发财，红能讨老婆生儿子，其余的色，哪一个配！

有些糊涂肉麻的人，如《红楼梦》里的贾宝玉之流，有特种爱红之癖，其余的色都被抹杀了，其余的色哪里赶得上？

然而，在今日的世界，红似乎又带有危险性了。有些人见了它就猜忌了。不是前不多时报纸上曾载过，德国有一位青年，因用了红领带，而被处了六星期的徒刑吗？

但是，我这里所要谈的，并不是这些喜红、爱红和疑红的人，而是另一种人，认不得红的人。

这一种人，对于红，一向是陌生的。

这一种人，见了红以为是绿，见了绿又以为是红。

这一种人，就叫作色盲。

色盲不是假装糊涂，而实是生理上的一种缺憾。

这些话，在色盲者听了，或者能了然；不是色盲的人听了，反而有些不信任了，说是我造谣。

因此，我须从色字谈起。

色，这迷离恍惚、变幻莫测的东西，从来就有三种人最关心它。

物理学者关心它的来路、它的结构。

生理学者关心它的现实、它和人眼的反应。

心理学者关心它的去处、它对于心理上的影响。

虽然，还有化学者在研究色料的制造，诗人美术家在欣赏、调和色的美感，政治家在用色来标榜他们的主义，市政交通当局在用色以表明危险与安全，如此等等的人，对于色，都想利用，都想揩油，于是色就走入歧路了。这些，我们不去细谈。

物理学者就说：

色是从光的反映而成。光是从发光体送出来的一种波浪。这一波一浪也有长短。太长的我们看不见。太短的也看不见。

看不见的光，当然是没有色，然而它们仍在空气中横冲直撞，我们仍有间接的法子，去发现它们的存在。如紫外光、爱克斯光之类。

看得见的光，就可以分析而成为种种色了。

大概，发光体所送出的光，多不是单纯的光，内容很复杂，因而所反映出的色，也就不止一种了。

满天闪闪烁烁的群星，都是极庞大的发光体，和我们最亲热的就是太阳。

地球上一切的光，不，整个太阳系的光，都是来自太阳。

电光、灯光、烛光，乃至于小如萤火虫的光，乃至于更小如某种放光细菌的微光，也都是受了太阳之赐。

太阳的光线，穿过了三棱镜，一受了曲折，就会现出一条美丽的色系，由大红，而金黄，而黄，而蓝，而绿，而靛青，而紫。红以上，紫以外，就因光波太长太短的缘故，不得而见了。而且，这色系之间的演变，又是渐变而不是突变，所以色与色之间的界线，就没有理想那样的干爽清脆了。

色之所以有多种，虽是由于光波的长短不齐，然而其实也靠着人眼怎样的受用，怎样去辨识。没有人眼，色即是空，有人眼在，空即是色。这太阳的色系，是一切色的泉源，普通的人眼，都还认不清，何况所谓色盲的人。

生理学者花了好些工夫去研究人眼，又花了好些工夫研究人眼所得见的色。他们说：

人眼的构造和照相机相似，最里层有一片薄膜，叫作“视网膜”，那“视网膜”就好比是底片了。一色至一切色的知觉都在这底片上决定，又伏有视神经的支脉，可以直接通知大脑。

色的知觉，可分为两党：一党是无色，一党是有色。

无色之党，就是黑与白及中间的灰色。

有色之党，就是太阳色系中的各色，再加上各种混合的色，如橄榄色、褐色之类。

有色之党，又可分为两派：一派是正色，一派是杂色。

正色，就是基本的色，纯粹的色。有的说只有三种，有的说可有四种。说三种的，以为是红、黄、蓝，又有以为是红、蓝、紫。说四种的，以为是红、绿、蓝、紫，也有以为是红、黄、绿、蓝。

总之，不论怎样，有了这些正色之后，其余的色，都可以配合混制而成了。因此，其余的色，都叫作杂色。据说，世间的杂色，可有1 000种之多哩。

太阳、火焰，血的狂流，都是热烈的殷红。晴天的天，海洋的水，都是伟大的深蓝。大地上，不是一片青青的草、绿绿的叶，就是一片黄黄的沙、紫紫的石。这些不都是正色吗?

傍晚和黎明的霓霞、花儿的瓣、鸟儿的羽、蝴蝶的翅、金鱼的鳞，乃至于化学药品展览室里一瓶一瓶新发明的染料，这些不都是杂色吗?

有了这些动人而又迷人、醒人而又醉人、交相辉映而又争妍夺艳的种种的色，使我们的眉目都生动起来，活泼起来。然而外界的引诱力是因之而强化，于是我们有时又糊涂起来，迷惑起来了。我们的心房终于是突突不得安宁了。为的都是色。

这些话都是根据人眼的经验而谈的。

然而，色，迷人的色，把它扫清罢！设使这世界是无色的世界，从白天到黑夜，从黑夜到白天，净是黑与白与灰，这世界未免太冷落寂寞了，太清寒单调了，太无情无义了。

然而，世间就有这么一类的人，对于色，是不认识了。大家看得见的色，他偏看不见，或看得很模糊，或大家看是红，他偏看出绿来，大家看是蓝，他偏看是白，大家看是黄，他看是暗灰色。

这一类人，有的是全色盲，对于一切色，都看不见；有的是一色盲，对于某色看不见；有的是半色盲，对于色，都看得模模糊糊罢了。

最可怜的，就是那全色盲，他的世界完全是黑与白与灰，是无彩色的有声电影的世界。

这些事实，人们是不大发觉的。在这奔波逐浪、汹涌澎湃的人海潮里，不知从哪一个时代，哪一位古人起，才有色盲，我们是没有法子去考据的，也许有好些读者从来没有听见过色盲这名词，也许你们当中就有色盲的人，而连自己都还没有发觉。

科学界注意了这件事，是从 18 世纪末英国的化学家道尔顿起。这位科学先生，本身就是色盲。他就是认不得红色的色盲之一员。

认不得红色是有危险的呀！后来的生理学者、心理学者，都渐起注意了。他们说：

水路、陆路的交通，都是以红色作危险的记号。轮船、火车上的司机，若是红色盲，岂不危险吗？十字大街上的红绿灯，是指挥不动这些色盲的路人呀。于是，这问题就为市政和交通当局所重视了。

色盲的人，虽不是普遍的现象，然而也到处都有，尤以男子为多。据说，男子每百人中，色盲者有三四人；妇女每千人中，色盲者有一人乃至十人。

不过，完全色盲的人很少很少。最常有的还是红色盲。其次的，还有绿盲、紫盲、蓝盲、黄盲，如此之类的色盲。

这些色盲，都是对于某一种正色的朦胧，不认识。对于杂色，更是糊涂弄不清了。

然而，红盲的人，听了人家说红，就去摩挲揣度，有时他也自有他的间接法子——他的自定标准，去认识红，去解释红，所以人家说红，他也不去否认。这样地，我们要侦察他的实情，是真红盲，还是假红盲，就得用红的种种混合色、杂色，请他来比较一下，他的内幕于是乎被揭穿了。

医生检查色盲的种种手术，就是按照这个道理。

触——清洁的标准①

人是什么造成的呢？

生理学家说：人是血、肉、骨和神经等各种细胞组织而成。

化学家说：人是碳水化合物、蛋白质、脂肪等配制而成。更简单点说，人是糖、盐、油及水的混合物。

洋车夫、小姐、少爷、女工，不论是哪一种人、哪一流人，在科学家眼光看去，都是一样耐人寻味的活动试验品，一个个都是科学的玩具。

说到玩具，我记起昨天在一位朋友家里看见了一个泥美人。这个美人，虽是泥造的，而眉目如生，逼肖真人，也许比我所看见过的真的美人还美一分。泥美人与真美人不同的地方，一是没有生命的泥土，一是有生命的血肉。然而表面的一层皮，都是一样的好看，鲜艳可爱。

记得不久之前，我到“新光”去看《桃花扇》，从戏院里飘出来了一位装束时髦的贵妇人，洋车夫争先恐后地抢上去拉生意。那贵妇人，轻竖娥眉，装出不耐烦而讨厌的样子，“呲”的一声，急急地和她后面的一个西装革履的男子，跳上汽车走了。我想，那贵妇人为什么这样讨厌洋车夫呢？恐怕都是外面这一层皮的颜色和气味不同的缘故吧！里面的血肉原是一样的啊！

---

① 本篇写作时间为 1935 年 10 月。

现在让我们细察皮肤的结构，看上面到底有些什么。

皮肤的外层是由无数鱼鳞式的细胞所组成。这些皮肤细胞时时刻刻都在死亡。同时，皮肤的内层，有脂肪腺，时时都在出油；有汗腺，时时出汗。这些死细胞、油、汗和外界飞来的灰尘相拌，便是细菌最妙的食品。于是细菌，远近来归，都聚集于皮肤毛孔之间，大吃特吃。

这些细菌里面，最常见的为白葡萄球菌，占 90%，每个人的皮肤上都有。这种细菌，虽寄食于人，而无害于人，但它的气味，却有一点酸。

次为黄葡萄球菌，占 5%。这种细菌可厉害了。它不甘于老吃皮肤上的污垢，还要侵入皮肤内层，去吃淋巴，被微血管里的白血球看见了，双方一碰头，就打起仗来。于是那人的皮肤上就生出疖子，疖子里面有白色的脓液，脓液就是白血球和黄葡萄球菌混战的结果。

其他普通的细菌，如大肠杆菌、变形杆菌及白喉类杆菌，也有时在皮肤上被发现。但是，皮肤不是它们用武之地，不过偶尔来到这里游历而已。

皮肤走了倒运，一旦遇到了凶恶狠毒的病菌，如丹毒链球菌、麻风杆菌、淋球菌之类，那就有极大的危险，不是寻常的事了。

我们既不能停止皮肤流汗出油，又不能避免它和外界接触。所以，唯一安全的办法，就是天天洗澡。然而天天洗，还是天天脏，细胞还须天天死，细菌还要天天来，何况在夏天，何况不能常洗之人，如洋车夫、工人等，真是苦了一般长期劳动者了。

虽然，整天地在烈日下奔走操作的劳动者，袒胸露臂，光着两腿，日光就是他们的保障。日光可以杀菌，他们无时不在日光浴，而且劳动不息，肌肉活泼，血液流通，皮肤坚实，抵抗力甚强。这使他们天然健康，细菌可吃其汗，而不敢吃其血，所以他们身上，汗的气味虽浓，皮肤病则不多见也。

我们再移转眼光去观察鼻孔、咽喉、口腔以至于胃肠各部的清洁程度。

鼻孔的门户永远开放。整天整夜在那里收纳世界上的灰尘，虽经你洗了又洗，洗去了一丝丝的鼻涕，一下子，灰尘携着成千成万的细菌又回来了。在北平，大风一刮，走沙飞尘，这两个鼻孔，更像两间堆煤栈，犹幸鼻毛是天然的滤斗，把细菌灰尘都挡驾了。这些来拜访的小客人，多半都是白喉类杆菌及白葡萄球菌。它们有时来势凶猛，挡不住，被冲进去，就到了咽喉。

咽喉是入肺的孔道，平时四面都伏有各种细菌，如八叠球菌、绿链球菌及革兰阴性球菌之类。咽喉把守不紧，肺就危险了。

口腔虽开关自主，而一日三餐，说话之间，危机四伏，睡眠之时，张开大口，尤为危险。从口腔，经胃肠，至肛门，这一条大道，自婴儿“呱呱”坠地以来，即辟为食品商埠，更进而为细菌殖民地。细菌之扶老携幼，移民来此者摩肩接踵，形形色色，不胜枚举，就中以寄居于大肠里面的大肠杆菌，为最著名，足迹遍人类之大肠。

味——说吃苦①

春秋时代有一位报仇雪耻、收复失地的国君——越王勾践。

当时越国被吴国侵略，几至于灭亡，勾践气得要命。他弃了温软的玉床锦被不睡，而去躺在那冷冰冰的、硬生生的、二三十根树枝和柴头搭成的柴床上，皱着眉头，咬着牙关，在那里千思万想，怎样救亡，怎样雪耻。

想到了不能开交的时候，又伸手取下壁上所挂的那一双黑黄色的胆，放在口里尝一尝。不知道是猪胆还是牛胆，大约总有一点很难尝的苦味罢。

这种卧薪尝胆，不忘国难国耻的精神，真是千古不能磨灭。

但，对于苦味的意义，我们都还没有一番深切的了解吗?

为什么尝一尝胆的苦味，就会想起国家于脆弱呢?

这是因为胆的苦味，触动了舌头上的神经，那神经立刻通知大脑，大脑顿时感到苦的威胁了。由小苦而联想到大苦，由小怨而联想到大怨，由一身的不快而联想到一国的大恨，由局部的受侵害而全民族震撼了。胆的味虽小，我们民众，个个都抱着尝胆的决心，那力量是不可侮的。

大脑分派出的感觉神经，在舌头的肉皮下四面埋伏着。那些神经的最前线，叫作“味蕾”，是侦察味之消息的前哨。这些味蕾的外层

① 本篇写作时间为 1935 年 12 月。

有好几个扁扁平平的普通细胞，内层则由六个或八个有特种职务的“味细胞”所织成。味蕾不是舌头上处处都有，有的单有一个孤独的味细胞散在各处，也就能知味了。所以，“味蕾”好比一队一队的武装警士，味细胞就好比是单身的便衣侦探了。从口里来往的客货，通通要经过它们的检查盘问呀。

运到口里的客货，大部分都是充为食品，那些食品当中，有好有坏，有美有丑，一经味蕾审查，没有不发觉的。虽然，这也不一定十分靠得住。有时，无味而有毒的物品，也可以混过去。何况有美味的食品，不一定就没有毒。又何况有毒的食品，也可以用甜美的香料来装饰，就如我们的敌人，一面步步尺尺侵略，一面还要口口声声亲善。倒是胆的味虽苦而无毒，反可以时时刻刻提醒我们雪耻精神，再接再厉地奋斗。

味的发生，是有味物品和味细胞的胞浆直接接触的结果。

然而干的物品放在干的舌头上面，是没有味的。要发生味的感觉，那物品一定要先变成流体，或受口津的浸润、溶化。这就像民众的爱国观念，须先受民族精神的训练，知识的灌溉。没有训练，没有知识的民众，只堪做他人的奴隶、牛马，而不自觉。

味并不是物品所固有，并不是那物品的化学结构上的一种特性。

味是味细胞的特有情绪，特具感觉，受外物的压迫而发动。

蔗糖、麦芽糖和糖精三种物品，在化学结构上大不相同，而它们的味，却都是甜甜的。糖精的甜味且500倍于蔗糖。

反之，淀粉反而白白净净，一些味儿都没有。

味又不一定要和外来的物品接触而发生，自家的血液内容，若起了特殊的变化，也会和味发生关系。

糖尿病的人，因为血里面的糖太多，有时终日都觉得舌头是甜甜的。

得了黄疸病的人，因为胆汁无限制地流入血中，因此成天地舌底卧面都觉得是苦苦的。

有的生理学者说，这些手续，这些枝节，都不是绝对必要的。只需用电流来刺激味的神经，也会发生味的感觉。用“阳极”的电来刺激，就发生酸味；用“阴极”的电，就发生苦味。

总之，味的感觉，是“味细胞”的潜伏着的特性，不去触动它，是不会发作的。

在这一点，味仿佛似一般民众的情绪。不论是国内的汉奸，或本地的土劣①，不论是哪里冲来的敌人，东洋还是西洋，谁叫我们大众吃苦头的，谁就激起了大众的公愤，一律要反抗，一律要打倒。

生理学家又说：味的感觉，虽有种种色色，大半不相同，基本的味，单纯的味，只有四种。

哪四种?

一种是糖一般的甜，一种是醋一般的酸，一种是盐一般的咸，一种是胆一般的苦。

这四种，再加上香、臭、腥、辣、冷、热、油滑或粗糙，味的变化可就无穷了。这些附加的感觉，都不是味，而味的本身，却为之所影响，而变成混杂的感觉。

所以，我们若塞着鼻子吃东西，许多杂味，都可以消除。许多杂味，都是高鼻子的感觉，不是我们舌头真正的感觉呀。

纯甜、纯酸、纯咸、纯苦，这四种单纯的味，在舌头上，各有各的势力范围，各的地盘。舌尖属甜，舌底属咸，舌的两旁属酸，舌根

---

① 土豪劣绅。

属苦。

生理学者就各依它们的地盘，去测验这四味的发生所需要的刺激力之最小限度。

研究的结果是，每100立方毫米的清水里面：

盐，只需放0.25克，就觉着咸；

糖，只需放0.50克，就觉着甜；

盐酸[①]，只需放0.007克，就觉着酸；

金鸡纳霜，只需放0.000 05克，就觉着苦。

可见我们对于苦，有极大的感觉。我们的舌根，只需极轻微的苦味，已能发觉了。

真的，我们要知苦，还用不着尝胆哩。

这年头，是苦年头，苦上加苦，身家的苦，加上民族的苦。

苦是苦到头了，现在所需要者，是对于苦之意义的认识。要解除苦的羁縻，还是靠我们吃苦的大众，抱着不怕苦的精神，团结起来，努力向前干。

---

① 此处可能是作者笔误，可能指醋酸。

声——爆竹声中话耳鼓[1]

在首都[2]，旧历新年的爆竹声，已不如从前那样通宵达旦、迅雷急雨般地齐鸣了。

不知被甚风吹走，今年的爆竹声，虽仍是东止西起，南停北响，但须停了好一会，才接着响下去，无精无采地，既像疏疏的几点雨声，又像檐下的滴漏，等了许久，才滴一滴。

色、声、香、味、触，这五种特觉，只有声是防不胜防，一时逃不出它的势力范围。

声音一发，听不听不能由你。这责任一半在于声音的性质，一半在于耳朵的构造。

声音是什么呢？

声音是一种波浪，因此又叫作音波。这音波在空气中游行，空气的分子受了震荡，一直向前冲，中间经了无数分散而凝集、凝集而又分散的曲折。

音波是由发音体发出来的，起先一定是发音体先受了震荡，所以两个坚实的物体，互相抨击，就可以成音。这音波是一波未平，一波又起的，而每一波的长度都不相等，有时相差很远。

大凡合于音乐的音波，我们常人的耳朵所听得到的，它的波长，最长 17 米，最短的波长只有 17 毫米。

---

① 本篇写作时间为 1936 年 1 月。

② 指当时的南京。

这些音波在空气中飞行极快，平均的速率也要看所穿过的空气的寒暖程度如何。

不论怎样，这些合于音乐的音波，是有规则的，有韵节的。

不合于音乐的音波，就乱七八糟一点没有规律，没有韵节的了，所以听了就讨厌。

在从前，新年的爆竹声，家家户户合奏像一阵一阵的交响曲，非常使人高兴。今年的爆竹声，受了当局不彻底的禁止，受了民间不景气的潮流的影响，好久，好久，忽儿发出三四声，短而促，真是不痛快而讨厌。

这是声音的不协调，而叫我感到不耐烦。

耳朵的结构是怎样呢?

在我们的头颅上，两旁两扇翅膀似的耳翼，是收集音波的。在有的动物身上，它们还会听着大脑的指挥而活动的，然而它们的价值只是加强了声音的浓度和辨别音波的来向罢了。

不谙生理学的人，尤其是星相家之流的人，太看重了这两扇耳翼，以为耳的宝贵尽在这里，而且还拿它们的大小做富贵和寿命的标准。如老子耳长七寸，便以为寿，刘先主目能自顾其耳，便以为贵。

其实，若不伤及耳鼓，就割去两扇耳翼，也还听得见，不过声音变得特别一点罢了。这两扇露在外面的耳翼，有什么了不得呢?

围着耳翼里面那一条黑暗的小弄，叫作耳道。耳道的终点，是一个圆膜的壁，叫作耳鼓。这耳鼓才是直接接收音波，传达音波的器官。这一片薄薄的耳鼓膜厚大约十分之一毫米，却也分作三层：外层是一层皮肤似的东西，内层是一层黏膜，中间是一层接连组织。它的形状有点像一个浅浅的漏斗，而那凸起的尖端，却不在正中央，略略的偏于下面。这样带一点倾斜的不相称的形状，能敏锐地感到音波的威胁而振动。音波的威胁一去，那耳鼓的振动就停止了，所以耳鼓若是完好的，那外来的声音听得很干脆而清晰了。

紧靠在耳鼓膜的里面有三颗耳骨，一是锤骨，一是砧骨，一是镫骨，各因其形而得名。这三颗耳骨的那一面是靠着另一层薄膜，叫作耳窗，又名前庭窗。

这些耳骨是我们人身上最轻而最小的骨。它们的构造是极尽天工的巧妙，只需小小一点音波打着耳鼓，就可以使它们全部振动，那音波便被送进内耳里面去了。

内耳里面是伏有听神经的支脉，叫作耳蜗神经。那耳蜗神经的细胞非常灵便，不论多么低微的声音，它们都能接收而传达于大脑。

现在像爆竹这般大而响的声音，我们哪里能逃避不听呢！就是掩着两扇耳翼，空气的分子，既受了震荡，总能传进耳鼓里面去呀。

不过，这也有一个限制，空气是无刻不受着震荡，有的震荡的速率是太快或太慢，达到了我们的耳鼓上面，就不成其为声音了。

我们一般人所能听到的声音，极低微的振动率，大约是在每秒钟 24 次至 30 次之间。有的人，就是低至每秒钟 16 次的振动率的音波，也能听见。最高的振动率，要在每秒钟 2 万次以内，才听得见。

在这里又要看各个人耳朵的感觉如何敏锐了。聋人是不用说了。有的人虽然没有到了聋人的地步，然而对于好些尖锐的声音，如虫鸟的叫鸣，就听不见。

爆竹的声音，它的振动率不太高也不太低，只要距离得不太远，是谁都要听见的哩！

香——谈气味[①]

气味在人间，除了香与臭两小类之外，似乎还有第三种香臭相混的杂味罢。

植物香多臭少，动物臭多香少，矿物除了硫、硒、碲三者之外，又似乎没有什么气味了。

这些话是就鼻子的经验所得而谈。

香是鼻子所欢迎的，臭是鼻子所拒绝的，香臭不甚明了的第三种味，也就马马虎虎让它飘飘然飞过去了。

鼻子是两头通的，所以不但外界冲进来的气味瞒不过它，就是口里吞进去的，或胃里呕出来的东西，它也知道。捏着鼻子吃苦药，药就不大苦了。

然而鼻子是有时而塞住了，如得了伤风及鼻炎之类的疾病，那时就是尝了美酒香果，也是没有平日那么可口了。

气味到底是什么东西组成的，而有这样的轻贵呢？是不是也和“光波”“音波”一样，也在空气中颤动呢？从前果然有人以为气味的游行，也是波浪似的，一波未平，一波又起。而今这种观念却被打破了。

现代的生理学者都以为，气味是从各种物体中发出来的细粉。这细粉大约是属于气体罢。既发出之后，就渐散渐远，渐远渐稀，终于稀散到乌有之乡去了。

---

① 本篇写作时间为 1936 年 2 月。本篇有删节。

但若在半途遇到了鼻子，就飘进了鼻房里面，在顶壁下，和嗅神经细胞接触，不论是香是臭，或香臭相混，大脑顷刻就知道了。

据说，同属一类的有机化合物，结构愈复杂，气味也愈浓。这样看来，气味这东西，似乎又是化学结构上“原子量”的一种作用了。

因此，要把世间的气味，一一分门别类起来，那问题便不如初料的那样简单了。

于是，我想鼻子真是一副极灵巧的器官啊，无论什么气味，多么细微，多么复杂，它都能分辨出来。

鼻子在所有特觉当中，资格算是最老了。

然而文明愈进步，鼻子就愈不灵；生物的进化程度愈高，鼻子的感觉也愈坏。原始人之类，他们的鼻子，都比现代人灵得多。它们常以鼻子侦察敌人，审查毒物，而脱离了危险。

狗的鼻子是著名的敏锐了。无论地上留有多么细微的气味，它都能追寻到原主。然而，它也只认得熟人的气味，才是好气味。如果是生人，就是你满身都是香，也要对你狂吠几声，因为你不是它的圈子以内的人。

昆虫的嗅觉，似乎也很灵，不然房子里一放了食物，蟑螂、蚂蚁之类的虫儿，怎么就知道出来游历考察呢？

气味的感觉，也是当局者迷，外来者清。鼻子是有时而倦了，它也只有几分钟的热心。所以古人说：“入鲍鱼之肆，久而不闻其臭；入芝兰之室，久而不闻其香。”在生理学上看来，这句老话倒也不错。很多人总不觉得自己屋子里有臭味，一到外头去跑跑，回来就知道了。

气味有时也会倚强欺弱，一味为一味所压迫、所遮蔽、所中和。所以，两味混在一起，有时我们只闻见这味，而闻不到那味，如尸体的味一经石炭酸的洗浸之后，就只有石炭酸的气味了。

因此，人们常用以香攻臭的战术来消灭一切不愿闻的气味。这种巧妙的战术，是大大地被有钱的妇女所利用了。这也是香粉、香水之类化妆品的入超[①]之一原因吧！

肉的气味，大家都是一样，本来没有什么难闻。然而不幸有的人常常发生特种的气味，则不得不借香粉、香水之力以遮蔽了。然而，又有的人竟大施其香粉政策以取媚于其腻友，或在社交上博得好声誉。

然而，香粉、香水之类的东西是和蜂采蜜一般，从花瓣花蕊里面采出来，榨出来的，究竟不是肉的本味，而是偷来的气味，似乎有些假。

因此我还有一首打油诗送给偷香的贵人们：

窃了花香作肉香，
花香一散肉香亡，
剩下油皮和汗汁，
还君一个臭皮囊。

据说气味这东西与心理还有些联络，所以讨厌这个人也讨厌这个人的味，欢喜另一个人也欢喜那个人的味，这是常有的事。而且还有闻着气味而动了食指或色情的君子咧。

气味这东西真是不可思议了。

在这个年头，气味有时使我们气闷，使我们掩了鼻子不是，不掩鼻子又不是。掩了鼻子又有不亲善的嫌疑，不掩鼻子又有人说你的鼻子麻木了不中用了。

社会上有许多事是臭而又臭，绝没有一些香气，又不是第三种的杂味可以让它飘过去，真是左右难以做人啊。

---

① 贸易逆差。

热血和冷血[①]

有热血动物，有冷血动物，这是我们一般人所知道的。这热与冷之分在哪里呢？我们现在要追问了。

我们先探一探动物身上的热气，是从哪里发生出来的。

这问题，19 世纪以前的人，是不清楚的。他们以为热大半由摩擦而生，于是他们也以为动物身上的热，是由在心房和血管里流动的血液摩擦而生了。

在 18 世纪末，氧气刚刚发现没多久，法国的大化学家拉瓦锡就说，体热也是一种燃烧或氧化的作用，从此生理学者都注意呼吸与氧的关系了。

拉瓦锡以为生理上的氧化作用，完全是在肺部执行的。血液一到了肺，血里面所含的碳水化合物就和吸进去的氧气火并起来，结果，除产生了水及二氧化碳，又发出了大量的热。

后来生理学者的实验又修改了这个学说，以为体热的发生，是全身血液的功劳，不仅仅限定于肺。

又经过了好久的论战，这才决定了体热也不是单单从血液里发生，而是全身各细胞组织的责任了。氧气是先运到了各细胞里面，才实行氧化，而发生热。

热的分配，是要全身一致的，这分配的责任，则在于血液，由它

① 本篇写作时间为 1936 年 2 月。

的流动，而将太热的器官所过剩的热，送到太冷的部分去了。

至于身体永久保持一定的温度，则另由体内一种管束的机能去担负这责任。

这就是我们现时所知道的关于体热发生的理论。

由此可见，一身的热气也和一国的民气一样，不是局部的独自鼓舞，而须全体一致，才能振作起来。

然而在动物界里面，又有所谓冷血动物的一群了。这是为着什么呢？是不是因为它们的身体都是冷冰冰的？就没有一丝热气吗？

据说，动物之有冷血和热血之分，是依照它们的体温和环境空气的比较而定的。

那么鸟兽及人之类的动物，号称热血，是不是因为它们的血都比空气热呢？爬虫、蛤蟆及鱼之类的动物，号称冷血，是不是因为它们的血比四周冷呢？

考究一下来讲，这些名词实在有点不妥的地方。

其实，热血动物的体温，不受环境的影响，所以不论是在夏天或在冬天，不论四周空气是比身体热或冷，它们的体温都是一样的，不为所迁移，所以热血动物毋宁叫作有恒体温的动物。

冷血动物的体温，就要随环境的情形而发生变化了。在冬天，它们的体温，常常是低的，低至和四周的空气或水相近。在夏天，环境的温度升高，它们的体温也随着升上去。严格地讲，它们是在冷的环境之中，才变成冷血了，所以它们毋宁叫作无恒体温的动物。

热血动物所以能维持一定的高体温者，是因为它们氧化的力量很充足，而且具有管束体温的机能。

冷血动物氧化的力量就没有那么充足，而且它们没有管束体温的机能，就有，也不十分发达吧。

又有所谓冬眠动物者，它们体温的性质，又似乎居于热血和冷血之间。它们也具有管束体温的机能，在平时都能保持一定的体温，但是在非常时期，如遇到极冷的时候，它们就不能支持了。所以在冬眠的期间，它们的体温只比四周空气高出一点儿。

有的冷血动物，在暖和的气候，体热的发生要比体热的消失快一点，所以它们体温也比环境高出一点。

蜜蜂在工作的时候，常常能使蜂窝的温度比平常加高了几摄氏度。蛇和许多其他的爬虫类的体温，有时比它们的环境高出 2℃至 8℃。又有的爬虫类粗具一点管束体温的机能，可以防止体温升得太高了，例如它们一到了太热的时候，就会喘气，喘气就是把肺的水量蒸发了，于是热也就消失了不少。

统观起来，动物所以分为热血与冷血，并不是绝对的彼此不相同。但它们的不相同，也是相当明显的，而显出这两类在生理学上互不相容的特性。

人固然是热血动物之一。但，人之中也可以各依其性格，而分为热血与冷血两类。爱国志士和抗敌的义勇军，矢诚报国，始终如一，不为环境的恶劣空气所屈服，不为利欲声色所引诱，这等人不都是浩气长存、热血满腔吗？至于汉奸卖国不抵抗者之流，虽不是冷血的人，却同样的可鄙了。

然而，介于热血与冷血之间者，又正不知有多少人啦！

谈细胞[①]

军队的单位是兵士，国家的单位是人民，生命的单位是细胞。

兵士，我们常看见，人民便是我们自己；细胞二字，有点生疏，我们不大懂。

细胞是不是小肉包呀？我看胞字，肉之旁有包，包之旁有肉，因此想起。

是了，是了，我们中国人不是称兄弟作同胞吗？就是说同一小肉包所生。不过，这里胞字系指子宫的胞衣。我以为还应当指细胞更为切实。

不但兄弟二人是同一细胞所生，就是四万万七千万中国人，就是世界所有各民族，地球上一切生物，也都是由一粒原始细胞生下来的，所以“天下一家”这句老话，说得非常得对。

以小肉胞来形容细胞，很有点像。细胞的中心有胞核，好比肉包的肉心，外面有一层胞浆，好比肉包的包皮。可是这块肉包儿似的东西，身体小得很，小到人眼看不见。小虽小，在那胞核里面，却包藏着一切生的原动力啊！

既是人眼看不见，怎生知道细胞的来历呢？

这是显微镜的功劳。

显微镜这东西一般人都买不起，除非走到生物实验室里去参观，

① 本篇写作时间为 1936 年 8 月。

很少有和它见面的机会。它的构造相当复杂，我们现在只要知道它是一件科学宝贝罢了。

有了这科学宝贝，可以把微小的东西放大至几百倍，或一千倍以上，于是连苍蝇的卵，也可以看得如鸡蛋一般地清清楚楚了。

苍蝇的卵，就是一粒细胞，一粒颇大的细胞。由那一粒蝇蛋，变成一只大苍蝇，不知要积了好几千、好几万一样大小的细胞才成。可见细胞真小。

还有比苍蝇卵略小的细胞，要算是“阿米巴”了。

“阿米巴”，又名“变形虫”，是很小的单细胞动物，一身只有一粒细胞。它的直径，最长不过 0.3 毫米，不能再大了，再大了就要分身，一粒细胞裂成为两粒，变成两个阿米巴。

比阿米巴再小的细胞，就是一般人素不熟识的细菌。

细菌是单细胞生物。它的细胞太简单了，有时看不出胞核和胞浆的分别来，因而有人说它并没有胞核，又有人说它全身都是胞核。它也是用分身法来传种，而它分身的花样，可多着呢。这小小的细菌，生殖又快，又容易，所以子孙众多，地盘最大，真是最作怪的细胞。

还有比细菌更小的小生物，真是小到绝顶了。这些绝小的生物，连显微镜都看不见，所以有时称作“超显微镜的生物”。关于它们的消息，都是用间接的方法得来的。

它们虽和人眼这样地隔膜，却没有和人类绝缘，天花、疯狗咬，这一类的传染病，就是由于它们所发生。但，它们一身，有没有一粒完完全全的细胞，还是只有一点儿、一滴儿、零零碎碎的胞浆呢？真是渺茫得很，我们一般人也不必深加追问了。

细胞不尽是那么样的，一个小过一个，大的细胞也有。大的细胞多半是动物的蛋。

虽然哺乳类动物的卵，因为是生在子宫里面，所以也大不起来。女人的卵只有四分之一毫米，真是好容易变成我们这样大个子。母老鼠的卵，又比女人的卵，小了四分之一了。

然而，鱼的卵就大得可观了。蛇的蛋又大了。鸟的蛋更大，乃至于长颈脖大脚子的鸵鸟，鸵鸟的蛋，实是蛋中的大王，细胞中最大的汉子了。这些蛋，都是生在身体外面，所以不得不大，不得不有蛋黄，蛋黄是蛋细胞的滋养料，占一粒蛋的大部分，可见蛋细胞的本身，仍是大得有限的啊。

至于普通动物身上的细胞，大小相去不远。最小的如小淋巴细胞，也有千分之六点五毫米的直径。最大的，如神经细胞，如骨髓细胞，也不过大至十分之一毫米。其余的细胞，大小都在百分之一与百分之二毫米之间，都须用显微镜，才看得清楚。

细胞的大小，实在没有多大关系，不占若干便宜。鸵鸟固然常自夸它的蛋最大。然而它那大蛋，变来变去，只变出一只鸵鸟，不会变成更大的动物，一旦遇着一只金睛斑斓猛虎，还要拨起腿就跑，拚命地逃难。巨象的细胞，比小老鼠的细胞只大一点儿，会长出那样粗皮厚掌、利牙长鼻，雄赳赳的样子，就是狮子见了，也要恂恂地让它走过。

细胞的实力不在大，而在多，不在个身的独肥，而在群众的平均发展与一致团结。细胞团结起来，是生命最伟大的力量，是任何环境压力所不能屈服的啊！

现在我们民族的生命，感到绝大的威胁了。国内连年的灾荒兵匪，已把我们民族的细胞，饿得极瘦小疲乏了[①]。国外敌人又半用武力，半用狡策，步步进攻，咄咄迫人，要剥削、残杀，灭亡我们民族

① 指20世纪30—40年代，中国各地军阀土匪猖獗，天灾连年不断，导致国力衰弱，百姓生活困难。

的细胞。而那些汉奸以及不抵抗主义者们，只顾自身细胞的独肥独富，卖国求荣，不激发全民族抗争的力量，迁延误国。在这国家生死存亡的关头，我们要全体民众总动员，全民族的细胞团结起来，一致对外。

中国民众起来吧！我们中华民族细胞团结的力量，斗争的精神，是任何外力所不能屈服的啊！

细胞的不死精神

滴答、滴答……滴答又滴答。

壁上挂钟的声音，不停地摇响，在催着我们过年似的。

不会停的啊！若没有环境的阻力，只有地心的吸力，那挂钟的钟摆，将永远在摇摆，永远“滴答、滴答”。

苹果落在地上了，江河的潮水一涨一退，天空星球在转动，也都为着地心的吸力。

这是18世纪，英国那位大科学家牛顿先生告诉我们的话。

但，我想，环境虽有阻力，钟的摇摆，虽渐渐不幸而停止了，还可用我的手，再把发条开一开，再把钟摆摆一摆，又“滴答、滴答”地摇响不停了。

再不然，钟的机器坏了，还可以修理的呀。修理不行，还可以拆散改造的呀。

我们这世界，断没有不能改良的坏货。不然，收买旧东西的，便要饿肚皮。

钟摆到底是钟摆，怕的是被古董家买去收藏起来，不怕环境有多么大的阻力，当有再摇再摆的日子。

地心的吸力、环境的阻力，是抵不住、压不倒，人类双手和大脑的一齐努力抗战啊。你不看，一架一架，各式各样的飞机，不是都不怕地心的吸力，都能远离地面而高飞吗?

这一来，钟摆仍是可以“滴答、滴答”地不停了。也许因外力的压迫，暂时吞声，然而不断地努力、修理、改造，整个“滴答、滴答”的声音，万不至于绝响的啊！

无生命的钟摆，经人手的一拨再拨，尚且永远不会停止；有生命的东西，为什么就会死亡？究竟有没有永生的可能呢？

死亡与永生，这个切身的问题，大家都还没有得到一个正确的解答。

在这年底难关大战临头的当儿，握着实权的老板掌柜们，奄奄没有一些儿生气，害得我们没头没脑，看见一群强盗来抢，就东逃西躲，没有一个敢出来抵抗，还有人勾结强盗以图分赃哩。真是 1935 年好容易过去，1936 年又不知怎样[①]。不知怎样做人是好，求生不得，求死不能，生死的问题愈加紧迫了。

然而，这问题不是悄悄地绝望了。

我们不是坐着等死，科学已指示我们的归路、前途。

我们要在生之中探死，死里求生。

生何以故会生？

生，是因为在天然的适当环境之中，我们有一颗不能不长、不能不分的细胞。

细胞是生命的最小、最简单的代表，是生命的起码货色。不论是穷得如细菌或阿米巴，一条性命，也有一粒寒酸的细胞；或富得像树或人一般，一身也不过多拥几万万细胞罢了。山芋的细胞、红葡萄的细胞，不比老松、老柏的细胞小多少。大象、大鲸的细胞，也不比小鼠、小蚁的细胞大多少。在这生物的一切不平等声浪中，细胞大小肥瘦的相差，总算差强人意吧。

这细胞，不问它是属于哪一位生物，落到适合于它生活的肉汁、

---

① 据此推测本篇写作时间为 1936 年。

血液，或有机的盐水当中，就像磁石碰见铁粉一般地高兴，尽量去吸收那环境的滋养料。

吸收滋养料，就是吃东西，是细胞的第一个本能。

吃饱了，会胀大，胀得满满大大的，又嫌自己太笨、太重了，于是不得不分身，一分而为二。

分身就等于生孩子，是细胞的第二个本能。

分身后，身子轻小了一半，食欲又增进了。于是，两个细胞一齐吃，吃了再分，分了又吃。

这一来，细胞是一刻比一刻多了。

生物之所以能生存，生命之所以能延续下去，就靠着这能吃、能分的细胞。

然而，若一任细胞，不停地分下去，由小孩子变成大人，由小块头变成大块头，再大起来，可不得了，真要变成大人国的巨人，或竟如希腊神话中的擎天大汉，或如佛经中的须弥山王那么大了。

为什么，人一过了青春时期，只见他一天老过一天，不见他一天高大过一天呢？

是不是细胞分得疲乏了，不肯再分哪？有没有哪一天、哪一个时辰，细胞突然宣告停业了倒闭了呀？

细胞的靠得住与靠不住，正如银行商店的靠得住与靠不住，不然，人怎么一饿就瘦，再饿就病，久饿就死呢？不是细胞亏本而涅槃吗？那么，给它以无穷雄厚的资源，细胞会不会超过死亡的难关，而达于永生之域呢？

这是一个谜。

这个谜，绞尽了几十个科学家的脑汁，费光了好几位生理学者的心血，终于是打破了。

1913 年那一年，有一天，在纽约，在那一所研究院里，有一位戴着白金眼镜的生理学者葛礼博士，手里拿着一把消毒过的解剖刀，将活活的一只童鸡的心取出。他用轻快的手术，割下一小块鲜红的心肌肉，投入丰美的滋养汁中，放在一个明净的玻璃杯里面。之后，他立刻下了一道紧急戒严令，长期不许细菌飞进去捣乱，并且从那天起，时时灌入新鲜的滋养汁，不使那块心肌肉的细胞有一刻饿。

自那天起，那小小一块肉胚，每过 24 个钟头，就长大一倍，一直活到现在。

前几年，我在纽约城，也曾亲见过这活宝贝，那时候它已经活了 16 年了，仍在继续增长。

本来，在鸡身内的心肉，只活到一年，就不再长大了。而且，鸡蛋一成了鸡形，那心肉细胞的分身率，就开始退减了。而今这个养在鸡身以外的心肉细胞，竟然已超过了死亡的境界，而达到永生之域了。至少，在人工培养之中，还没有接到它停止分身的消息啊！

葛礼博士这个惊人的实验证实了细胞的伟大。

细胞真可称为仙胞，它有长生不死的精神与力量，只可惜为那死板板的环境所限制。一颗细胞，分身生殖的能力虽无穷，恨没有一个容纳这无穷之生的躯壳，因而细胞受了委屈，生物都有死亡之祸了。

说到这里，我又记起那寒酸不过，一身只有一粒细胞的细菌。它们那些小伙伴当中，有一位爱吃牛奶的兄弟，叫作“乳酸杆菌”。当它初跳进牛奶瓶里去时，很显出一场威风，几乎把牛奶的精华都吃光了。后来，谁知它吃得过火，起了酸素作用，大煞风景了。因为在酸溜溜的奶汁里，它根本就活不成。

这是怪牛奶瓶太小，酸却集中了。设使牛奶瓶无限大，酸也可以散至“乌有之乡”去，那杆菌也可以生存下去了。

这说明细菌的繁殖，也受了环境的限制。

环境限制人身细胞的发展，除了食物和气候而外，还要算形骸。

形骸是人身的架子，架子既经定造好了，就不能再大，不能再小，因而细胞又受着委屈了。

据说限制人身细胞的发展，还有“内分泌”咧。

内分泌这稀奇的东西，太多了也坏事，太少了也坏事，我们现在且不必提它。

中华民族的生存，也和细胞一样，受着环境的威胁了。内有汉奸的捣乱、不抵抗弱者的牵制，外有强敌的步步压迫，已到了生死存亡的关头了。

然而，我们民族有着不死的精神和斗生的力量。

中华民族固有的不死精神和潜伏的斗生力量，消沉到哪里去了？还不跳出来！

我们要打破“由命不由人”这个传统的糊涂意识。科学已指示我们，环境的阻力可以一一克服。我们民族的命运，还在我们民众自己手里。全体中华民众团结起来，武装起来，奔腾怒吼起来，任何敌人的飞机、大炮都要退避。

用人手一拨，钟摆可以不停。

用人工培养，细胞可以永生。

集合民众力量，一致抗敌，自力更生，自力斗生，中国不亡！

单细胞生物的繁殖

《西游记》里，孙行者有七十二变，拔下一根毫毛，迎风一吹，说一声“变”，变出一个和他一般模样的猴儿，手里也拿着金箍棒，跳来跳去。他把全身的毫毛都拔下，就变出无数拿金箍棒的猴儿来，可以抗尽天兵天将。不这样讲，不足以显出齐天大圣的神通广大了。

羽扇纶巾的诸葛亮，坐在手推车里，也会演出分身术的戏法来，把敌人兵马都吓退了。

这两段故事，虽荒诞无稽，可是大众的脑子，已给深深地印上分身变化的影子了。

我们现在把这影子，引归正道，用它来比生物学上的现象。

地球上一切生物，哪个不会变化，哪个不会分身？有了分身的本领，才可以生生不灭哩。

我们眼角边，没有挂着一架显微镜，所有自然界中，一切细腻而灵活、奇妙而真实的变动，肉眼虽大，总是看不见的啊！

春雷一响，草木个个都伸腰舒臂，呵一口气而醒来了。一晚上的工夫，枯黄瘦削的树干上，已渐渐长出新枝嫩叶，又渐渐放出一瓣一瓣的花儿蕊儿。娇滴滴的绿、艳点点的红，一忽儿看它们出来，一忽儿看它们残谢。它们到底是怎样发生、怎样变化呢？

吃过了一对新夫妇的喜酒，不久之后，便见那新娘子的肚子，渐渐膨胀起来，一天大似一天。又过了几个月头，那妇人的怀中，抱着一个啼啼哭哭的小娃娃在喂奶了。新婚后，女人的身体上，起了什么突变？那孩子又怎样地变出来呢？

这一类的问题，大众即使懂得一点儿，也还是一知半解，没有整个地明了、全部地认识过。

在显微镜下看来看去，不论是人——拥有一万万个以上的又丰又肥的细胞，或是阿米巴——孤零零地只有一个带点寒酸气的穷细胞，基本上的变化，千变万变万万变，都是由于一个原始细胞，用分身术，一而二，二而四，而八，而十六，不断不穷地，自有生之初，一直变下来，变成现在这样子了。不过，这期间，经过一期一期的外力压迫，而发生一次一次的突变，于是连变的方法，也改良了，各有各的花样了。

这些变的方法、变的花样，归纳起来，可分为两大类：一类是孤身独行，一粒一粒单单的细胞，自由自主地，分成两个；一类是偏要配合成双，先有两个细胞，化在一起，而后才肯开始一变二、二变四地分身。前一类，无须经过结合的麻烦，所以叫作“无性生殖”；后一种，非有配偶不可，所以叫作“有性生殖”。它们的目的都是生殖传种，而它们的方法则有有性、无性的分别。

单细胞生物，寂寞地运用它那一颗孤苦伶仃的细胞，竟然也能完成生存的使命。

慢一点，生存的使命是什么？

一切生物共同的目标，是利用环境的食料与富源，不惜任何牺牲，竭力地把本种本族的生命，永远延续下去，保持本种本族在自然界中固有的地位，尽量发展所有的本能。凡足以危害，甚至于灭亡吾种吾族的种种恶势力，皆奋力与之斗争；凡是大众生活的友好对象，全予以提携互助，合力维护生物全体的均衡。

总之，种的留传和生物界的均衡，便是生存最终的使命。而同时一切的变化与创造，乃是生活过程中，种种段段的表现而已。

单细胞生物中，单纯用无性生殖以传种者居多，用有性生殖以传种者，也有。

就无性生殖而言，这其间，至少也有三种花样，样样不同，各自有道理。

从荷花池中、烂泥污水里，滤出来长不满 500 微米的阿米巴，婆娑多态，佶屈不平，那一条忽伸忽缩的伪足，真够迷人。在墙根底下、雨水滴漏处，刮下来纷纷四散的青苔绿藓，形似小球儿，结成一块儿，有时蔓延到屋瓦，浓绿淡青，带点古色古味，爽人心脾。这两种，一是最简单的动物，一是最简单的植物。它们的单细胞当中，都有一粒核心，核心里面都有若干染色体，不能再少了。当它们吃饱之后，染色体先分为两半，继而核心也分作两粒，最后整个的细胞，也分裂而变成两个了。两个细胞，一齐长大起来，和原有的细胞一般模样又重新再分了。这样的分法，一代传一代，不需一个时辰，然而其间也曾经过不少细微的波折，非亲眼在显微镜下观察，未能领悟其中真相，这是无性生殖之一种。

圆胖圆胖的酵母，身上带点醉意和糖味，专爱啖水果，吃淀粉，成天地在酒桶里胡调。吃了葡萄，吐出葡萄酒；吃了麦芽，吐出啤酒；吃了火上烘的麦粉浆，发成了热腾腾的面包、馒头。小小的“酵母”，真不愧是我们特约制酒发酵的小技师。这个单细胞小生物宽约 2~6 微米，长约 5~30 微米，胞中也有核心，身旁时时会起泡，东起一个泡，西起一个泡，那泡渐涨渐大，变成大酵母，和原有的细胞分家而自立了。这种分身法，叫作发芽生殖，是无性生殖之第二种。

水陆两栖的青蛙，我们是听惯见惯的了。还有“两寄”的疟虫，可惜很多人都没有机会和它会会面，然而我们小百姓，年年夏秋之间常常吃它的亏，遭它的暗算。这疟虫，是一种吃血的寄生虫，也是单细胞动物之一种，和阿米巴小同而大异。

疟虫两寄，是哪两寄？

一寄生于人身，钻入红血球，吃血素以自肥，血素吃厌了，变成雄与雌，蚊子咬人时，趁势滚进蚊子肚里去了。一寄生于蚊身，在蚊胃里混了半辈子，经过一段一段的演变，变成许多镰刀形似的疟虫儿，伏在蚊子口津里，蚊子再度咬人，又送到人血里去了。这样地，奔来奔去，一回蚊子一回人，这里寄宿几夜，那里寄宿几天，这就叫作“两寄”。

本来，同是生物，尽可通融、互惠，让它寄寄又何妨。但恨它，阴险成性，专图破坏我们的组织，屠杀我们的血球，使受其害者，忽而一场大寒，忽而一阵大热，汗流如注，性命交关，不得已吞服了金鸡纳霜。把这无赖的疟虫，一起杀退，还我们失去的健康！

那疟虫钻进红血球里去之后，就蜷伏在那里不动，这时候它的形态，佶屈不平，颇似阿米巴。它坐在那里，一点一点地把红血球里可吃的东西，都吃光了，自己渐渐肥大起来，变成十二个至十六个，小豆子似的芽孢，涨满了红血球，涨破了红血球，奔散到血液的狂流中，各自另觅新的红血球而吃了。当这时候那病人，便牙战身抖，如卧寒冰，接着全身热烫起来。那疟虫吃光了新血球，又变成那么多的芽孢，再破红血球而流奔，重觅新血球，这样地循环不已，血球虽多，怎经得起它的节节进攻、步步压迫呢？这利用芽孢以传种的勾当，就叫作芽孢生殖。这是无性生殖的第三花样。所以，像疟虫这一类的单细胞动物，统称作吃血芽孢虫。

如此这般专用分身的法子以传种，这条妙计，永远行得通吗？分身术可以传之万世、万万世，终不至于有精竭力尽，欲分不得、欲罢不能的日子吗？太阳究竟会不会灭亡？生物究竟会不会绝种？细胞永远维持它食料的供给，究竟会不会有那一天，再也分不下去了？然而，那一天，终究没有到，没有见证，我们不能妄下判词呀。

不过，自然界为维护生之永续起见，已经及早预防了。物种生命的第二道防线，已经安排好了。

这道防线，就是有性生殖。

有性生殖，就是有配偶的生殖。它的功用，是使生殖的力量加厚、生殖的机能激增，两个异体的细胞合作，彼此都多了一个生力军，物种也多了一份变化的因素了。

孤零零的一个细胞，单枪匹马地分变，总觉有些寂寞、单调，进生出厌烦。好了，现在也知追寻终身的伴侣了，大家都得着贴身的安慰了，地球因此也愈加繁荣了。

然而，无性生殖者，好不自在，无牵无挂，逍遥遥地，吃饱了就分，分疲了又吃，岂不很好？有性生殖者，就大忙特忙了，既忙找配偶，又须忙结婚，哪有一分自由？

但是，太信任自由，易陷于孤立，一旦遇到暴风雨的袭击，就难以支持了。

于是，生物都渐由无性生殖，而发展至有性生殖，换一句话，由独身生活，而进于婚姻生活了。

在单细胞生物中，以无性而兼有性生殖者，草履虫就是一个好榜样。

草履虫，也可以从池塘中，烂泥污水里寻出。一小白点，一小白点，会游会动的小东西，放在显微镜下一看，形似南国田夫所穿的草鞋，全身披着一层细毛，借这细毛的鼓动以前进后退。它真是稳健实在多了，不学阿米巴那样假形假态，虽仍是单细胞，也有口，有食管，有两个排泄用的收缩泡，有食物储存泡，核心也有两颗，一大一小。

有这一大一小的核心，它生殖传种的花样，就比较得复杂了。

起先是身体拉长，小核心分作两个，继而大核心也分而为二，口、食管、收缩泡等，都化成细胞浆了。于是，身体中断，变成一双草履虫儿了，口、食管、收缩泡等，又各自长出来了。大约每24小时，它就分身一次。据说有人看它分身，分到二千五百次，它还没有停止咧。

但，不知怎样，它后来终于是老迈无能了，赶紧和它的同伴结婚，两只草履虫，相偎相倚，紧紧贴在一起，互吐津液，交换小核心。其中情形，曲曲折折，难分难舍，难以细描了。总之，经过了这一番甜蜜蜜的结合，唤回了青春，又彼此分栖，各自分成两个儿子，又分成四个孙儿，一共是八个青春活泼的草履虫，重返于从前独身分变的生活了。

这虽是有性生殖之一种，但不分阴阳，不别雌雄，随随便便，找到同伴，结合结合，就行了。

然则，真的两性结合，又是怎样呢？

话又说到前面去了，不是那吃血的疟虫，正在用芽孢生殖法，循环地破坏我们的红血球吗？它若光是这样吃下去，老是躲在血球里面去，哪里会有这八面威风的架子？重见蚊子的肚肠，再乘着蚊子当飞机，去投弹于另一个人的血液里去呢。

疟蚊深明疾病大势，精通攻人韬略，它在人血里，传了好几代，儿孙满堂，饮血狂欢，不知哪里听到蚊子飞近的消息，有好几房的疟虫儿虫孙，在血球里面闷不过，不肯再分芽孢了，突然摇身一变，变成雌雄两个细胞，十分威仪。有一次，一对一对疟虫新夫妇，正在暗红的血洞里游行，忽然瞥见洞壁上插进来刺刀似的圆管，大家一看都乐了，都明白这是蚊子的刺，来接它们出去，于是它们一对一对，争先恐后地都跳进这刺管，冲到蚊子肚子里去了。在蚊子肚子里，那雄的细胞，放出好几条游丝似的精虫，有一条精虫跑得独快，先钻入那雌的细胞，和核心结合去，其余的精虫就都化走了。这样的结合之后，慢慢地胀大起来，分成了无数小镰刀似的疟虫芽孢，又伏在蚊子口津里，等着要吃人血了。

这就是雌雄两性生殖，顶简单的例子。

这一篇所讲的形形色色的杂碎的东西，就是单细胞生物繁殖的种种花样。至于多细胞生物的性生活又是怎样呢？那是后话。

名词对照表

旧称	现称	旧称	现称
阿比西尼亚	埃塞俄比亚	光辉霉素	光神霉素
白血球	白细胞	过锰酸钾	高锰酸钾
胞核	细胞核	哈夫钦	哈夫金
胞浆	细胞液	毫微米	纳米
丙种射线	γ 射线	核黄素	维生素 B_2
丙种维生素	维生素 C	红卫霉素	柔红霉素
肠炎杆菌	肠炎沙门菌	红血球	红细胞
吃屎链球菌	粪链球菌	化腐作用	腐殖化作用
大食疫	食源性疾病暴发	甲种射线	α 射线
丹毒链球菌	酿脓链球菌	酵素	酶
蛋白酵	蛋白酶	节足动物	节肢动物
德尔夫市	代尔夫特市	金鸡纳霜	奎宁
淀粉酵	淀粉酶	卡文迪许	卡文迪什
丁种维生素	维生素 D	抗菌素	抗生素
发芽生殖	出芽生殖	克拉卡托火山	喀啦喀托火山
疯狗咬病	狂犬病	腊肠毒杆儿	肉毒杆菌
福基迭德斯	修昔底德	来苏水	甲酚皂溶液
更生霉素	放线菌素 D	癞皮病	糙皮病

续表

旧称	现称	旧称	现称
癞虾蟆	蟾蜍	石炭酸	苯酚
冷血动物	变温动物	食道	消化道
淋球菌	淋病奈瑟球菌	食疫	食源性疾病
硫胺素	维生素 B_1	通常变形杆菌	普通变形杆菌
罗尼河	罗讷河	无脊动物	无脊椎动物
滤过性病毒	病毒	《物种原始》	《物种起源》
密拉德脱	米亚尔代	希伯古来	希波克拉底
免疫苗	疫苗	矽肺	硅肺
母花蚊	母疟蚊	矽酸	硅酸
尼克酸	维生素 B_3	血球	血细胞
疟虫	疟原虫	血色素	血红蛋白
欧林壁山	奥林匹斯山	亚特立克杆菌	痢疾杆菌
欧他奥	渥太华	伊利诺河	伊利诺伊河
破伤风病菌	破伤风梭菌	乙种射线	β 射线
蒲菜	香蒲	12 号乙种维生素	维生素 B_{12}
汽缸	气缸	莜麦	油麦
热血动物	恒温动物	有脊动物	脊椎动物
乳枝杆菌	双歧杆菌	约翰 · 霍布金大学	约翰斯 · 霍普金斯大学
三烷铵基	季铵盐类化合物	甾体激素	类固醇激素
色粒	染色质	争光霉素	博来霉素
升汞水	氯化汞	自力霉素	丝裂霉素
湿性脚气病	硫胺素缺乏性心肌病